张耀灿思想政治教育学术研究基金资助
本书是国家社会科学基金教育学青年课题
"移动社交网络对青少年自我控制的影响研究"
（CBA150157）研究成果

现代大学德育创新研究丛书

张耀灿◎主编

大学生道德认同与培育研究

平 凡◎著

中国社会科学出版社

图书在版编目（CIP）数据

大学生道德认同与培育研究/平凡著. —北京：中国社会科学出版社，2017.10

（现代大学德育创新研究丛书/张耀灿主编）

ISBN 978 - 7 - 5203 - 0443 - 6

Ⅰ. ①大… Ⅱ. ①平… Ⅲ. ①大学生—品德教育—研究—中国 Ⅳ. ①G641.6

中国版本图书馆 CIP 数据核字（2017）第 115286 号

出 版 人	赵剑英
责任编辑	卢小生
责任校对	周晓东
责任印制	王 超

出 版	中国社会科学出版社
社 址	北京鼓楼西大街甲 158 号
邮 编	100720
网 址	http://www.csspw.cn
发 行 部	010 - 84083685
门 市 部	010 - 84029450
经 销	新华书店及其他书店

印 刷	北京明恒达印务有限公司
装 订	廊坊市广阳区广增装订厂
版 次	2017 年 10 月第 1 版
印 次	2017 年 10 月第 1 次印刷

开 本	710 × 1000 1/16
印 张	18
插 页	2
字 数	268 千字
定 价	78.00 元

总　序

大学德育是一个常研常新的领域。这是因为，大学是培养中国特色社会主义事业合格建设者和可靠接班人的摇篮，是为各行各业输送专门人才的阵地；学校教育必须坚持贯彻党和国家的教育方针，在德智体美诸育中坚持德育的主导地位，才能顺利完成立德树人的根本任务。随着国内外形势的发展变化，党和国家中心任务的与时俱进；随着大学一届届毕业生走向社会，一级级新生又入学，都必然要求大学德育适应新形势，研究新情况，解决新问题。为此，对大学德育理论和实践的研究，从来都受到学术界的高度关注。

新中国成立60多年来，大学为国家社会主义建设各条战线培养输送了大批人才，许多大学毕业生在实践磨炼中成长为各行各业的精英或各级各地的骨干。在社会主义高等教育发展史上，大学德育做出了应有的贡献，也积累了丰富的经验。认真总结大学德育的历史经验和新鲜经验，能促进我们更好地认识和掌握客观规律，不断地加强和改进工作，从而推进大学德育的实践创新和理论创新。

思想政治教育学是一门应用学科，在重点开展应用研究的同时，也要注意加强基础研究。大学德育就是对大学生开展的思想政治教育，即对大学生开展的思想教育、政治教育、道德教育和心理健康教育的总称。正是由于大学德育的突出地位，所以，在思想政治教育研究中长期受到重点关注。"现代大学德育创新研究丛书"专题开展新中国成立以来大学德育创新发展的研究，专题开展我国高等教育走向现代化过程中的大学德育面临的新课题研究，其中，《新中国高校德育史论》《现代大学德育创新论》《现代大学德育方法论》侧重于德育基础理论研究，《大众文化影响下大学生生命价值观教育研究》《文化多样化背景下大学生志愿服务育人功能研究》《价值多元背景下大学生价值观引导研究》《大学生生态德育新论》《大学生道德认同与培育研究》《非意识形态化思潮对社会主义核心价值体系的影响及其对策研究》等则侧重于应用研究。

本套丛书的各位作者长期在思想政治教育工作的第一线，坚持以马列主义、毛泽东思想和中国特色社会主义理论体系指导研究，特别注重以习近平总书记系列重要讲话精神指导新的实践和研究。习近平总书记高举中国特色社会主义伟大旗帜，在治国理政中提出了许多新理念、新思想、新战略，如"以人民为中心""敢于担当""创新、协调、绿色、开放、共享"的发展理念，"两个一百年"的奋斗目标和中华民族伟大复兴的中国梦，"五位一体"的总体布局和"四个全面"的战略布局等。习近平总书记特别关怀大学生的成长，对大学生培育和弘扬社会主义核心价值观等也有直接的教导和深刻的论述。这一系列新理念、新思想、新论述既是我国高校德育创新发展的指导思想，也是现代大学德育重要的时代内容。在五大发展新理念中，创新居于首要和核心的地位。习近平在 2013 年 8 月 19 日中央宣传思想工作会议上的重要讲话强调了理念创新、手段创新、基层工作创新；2015 年 2 月 19 日在新闻舆论工作座谈会上的重要讲话中指出要以创新为要，实现理念、内容、方法、手段、体制机制等的全面创新。之所以如此强调创新，是因为我国的改革、发展进入了"深水区"和"攻坚期"，发展已从主要靠资源投入转向主要靠创新驱动转变。高校的改革、发展同样要适应和顺应经济新常态；在经过世纪之交大学扩招的规模急速拓展之后，同样需要通过全面深化教育改革，重点抓好结构优化调整和质量效益提升的工作，因此，同样应当重视创新，主要靠创新驱动发展。创新从来就是事物发展的不竭动力，在大众创业、万众创新的时代更是如此。因此，大学德育及其研究也要以创新为要，推进理念创新、手段创新和基层工作创新，适应新常态，引领新常态，推进新常态。本套丛书便是为此而作的一次新尝试。

当今在校就读的大学生基本上是 20 世纪末出生的"95 后"，很快"00 后"也将进入大学。在国内外复杂多变的形势下，在国家仍将处在社会主义初级阶段，仍要坚持基本经济制度的背景下，以公有制为主体、多种所有制共同发展，必然反映到观念上层建筑领域，思想文化、价值取向也必然呈"一元主导，多元并存"的态势，大学生也不例外。因此，以社会主义核心价值体系和核心价值观引领现代大学德育创新发展就显得十分重要；提高德育的实效性也势必对德育创新提出新要求。相信本套丛书的出版，将会对高校干部、教师有所启迪。

"现代大学德育创新研究丛书"的编撰出版，是我所在的华中师范大学思想政治教育研究所加强思想政治教育学科建设的又一个重点项目。研究所自1994年成立以来，为社会培养了一大批思想政治教育专门人才，有的已经成为各级思想政治教育管理部门的领导，有的已经成为思想政治教育学科领域的中青年专家，更多的成为思想政治教育实践领域中的优秀工作者。恰逢学校110周年校庆之际，我的学生罗爱平捐资设立"张耀灿思想政治教育学术研究基金"，让我感到十分欣慰。正是因为有了该基金的资助，"现代大学德育创新研究丛书"才能得以顺利出版。当然，该丛书的出版也得到了学校和马克思主义学院领导的大力支持，得到了中国社会科学出版社卢小生等同志的无私帮助，我们全体丛书作者是不会忘记的。

张耀灿

2016 年 3 月

目 录

引　论

　　道德规范作为人类社会重要的行为规范，是国家的稳定、社会的和谐、生活的安定的重要保证。自古以来，道德一直都是中外学者们所关心的重要主题。我国古籍记载，"道"和"德"这两个字最早出现在西周时期，只不过当时它们是被分开使用的。"道"，是万物万法之源，天地万物都是由"道"生出来的。先秦思想家老子所著《道德经》开篇就用"道可道，非常道；名可名，非常名。无名天地之始，有名万物之母"来说明"道"不是口头的空谈，而是真实存在的。"德"指内心的情感或者信念，用于人伦，则指人的本性、品德。"德"在中国古代不同领域中有着不同的含义，儒家以"温、良、恭、俭、让"为修身五德，兵家以"智、信、仁、勇、严"为将之五德。"德"的外化即为礼，在心为"德"，发之于心而表现为行为即为"礼"。管仲在《管子·君臣下》中写道："君之在国都也，若心之在身体也，道德定于上，则百姓化于下矣"，《荀子·劝学》一书中则有"礼者，法之大分，类之纲纪也，故学而至乎礼而止矣，夫是之谓道德之极"的论述。道是在承载一切，德是在昭示道的一切。德和道相对应，组成道教教义的核心。老子在《道德经》中写道："道生之，德畜之，物形之，器成之。是以万物莫不尊道而贵德。道之尊，德之贵，夫莫之命而常自然。"将"道"和"德"两者看作"生长万物"和"畜养万物"的关系。此后，我国各朝代的思想家都对道德赋予了新的理解与定义。

　　在西方文化中，"道德"（Morality）源于拉丁语"Mores"，意为风俗和习惯。西方的哲学家对道德进行了大量的论述和研究。古希腊哲学家苏格拉底曾经援引德尔斐神庙门相上的铭言"认识你自己"，并进而提出了一个著名的伦理学命题"未经理性审查的生活是不值得过的", 即 "为人之道"。他将善和知识等同起来, 认为认识善就是行善, 知识就是德性。对他而言, 德性意味着履行一个人的功能, 作为一个理性的存在者, 一个人的功能就是理性的行事。柏拉图的《理想国》一书蕴含了丰富的德育思想, 他描述灵魂有三个部分, 称之为理性、精神和欲望。与灵魂的三个部分相对应, 也就有三种德性。当这三个部分各自都实现了它们的功能时, 也就达到了这三种德性, 分别是智慧之德、勇敢之德和节制之德。这三种德性相互关联, 节制是对欲望的理性控制, 勇敢是对精神的理性规范。当灵魂的每个部分都实现了其特殊功能时, 就达到了第四种德性——正义, 意味着让每个部分各得其所。正义是一个全面的德性。亚里士多德将灵魂分成非理性部分和理性部分, 人的理性或非理性成分冲突导致了道德问题。他认为 "幸福……就是灵魂按照美德或理性活动", 这意味着灵魂的理性成分要控制非理性成分。之后, 伊壁鸠鲁、奥古斯丁、阿奎诺等哲人对 "道德" 进行了探讨。

在马克思的著作中, 也包含了大量对资本主义进行激烈道德批判的内容, 这表明马克思思想中也包含丰富的道德判断, 他认为: "人们在自己生活的社会生产中发生一定的、必然的、不以他们的意志为转移的关系, 即同他们的物质生产力的一定发展阶段相适应的生产关系。这些生产关系的总和构成社会的经济结构, 即有法律的和政治的上层建筑竖立其上并有一定的社会意识形式与之相适应的现实基础。" 马克思认为: "物质生活的生产方式制约着整个社会生活、政治生活和精神生活的过程。"① 由此可见, 马克思所讲的道德是社会意识形态的重要组成部分, 属于建立在经济基础之上, 并为之服务的上层建筑范畴。从马克思的大量著作来看, 他的道德论述始终坚持着为人类解放而奋斗的道德追求, 是为最终实现共产主义而奋斗的道德学说。

当今社会经济科技的迅速发展, 中西文化的碰撞, 给我们的道德准则带来了巨大的冲击, 发生了使我们无法理解的道德现象, 也引发了社会热议。例如, "扶不扶" 问题, 扶, 可能被讹。如被评为 2007 年网络十大事件之一的南京 "徐老太事件"。2006 年 11 月 20 日, 南

---

① 《马克思恩格斯文集》第二卷, 人民出版社 2009 年版, 第 591 页。

京市民徐寿兰女士在某公交车站等车，据其称被正在下车的市民彭宇撞倒，而彭宇则称下车时见老人摔倒，所以扶至旁边，并且在其亲属到来后一起送该老人到医院，其还垫付了 200 元的医药费。当好心的彭宇离开以后，却被告知要赔偿医药费用。不扶，眼睁睁看着生命的流逝。如广东佛山"小悦悦事件"，该事件发生于 2011 年 10 月 13 日，在佛山南海黄岐广佛五金城，年仅 2 岁的小悦悦相继被两辆车碾轧，在被碾轧后的 7 分钟内，先后有 18 名行人路过，但他们都视而不见，漠然离去，最后是一位拾荒的阿姨将小悦悦送至医院。但小悦悦终因医治无效，于 10 月 21 日失去了宝贵的生命。2014 年 2 月 17 日，35 岁的 IBM 深圳公司管理人员梁娅倒在深圳地铁蛇口线水湾站 C 出口的台阶上，并保持这一姿态达 50 分钟，没有人将她扶起来，也没有采取急救措施，最后死在地铁口。再比如，2013 年复旦大学研究生遭室友投毒身亡事件、西安的"药家鑫事件"、云南大学"马加爵案件"等，我们都无法用传统道德观念或现代道德理论进行分析和解释。虽然也有很多的好人好事，比如 2011 年的山东"最美女孩"刁娜，她在公路上为了救助因车祸受伤的妇女而被车撞伤。但是，不道德事件给予人们的冲击力更大。

越来越多的人开始反思和质疑：我们这个社会的道德水平是不是出现了滑坡？这些年来在重视经济快速发展的同时，是不是带来了整个社会的道德缺失？我们的基础教育中的道德教育到底有哪些问题？对于这些疑问，政府也开始从国家宏观的角度进行反思，并提出了相应的政策和计划。习近平主席指出："国无德不兴，人无德不立。必须加强全社会的思想道德建设，激发人们形成善良的道德意愿、道德情感，培育正确的道德判断和道德责任，提高道德实践能力尤其是自觉践行能力，引导人们向往和追求讲道德、尊道德、守道德的生活，形成向上的力量、向善的力量。"中国共产党十七届六中全会指出，建设文化强国的目的，就是要推动社会主义精神文明和物质文明全面发展，不断提升人民思想道德素质和科学文化素质，为人类文明进步做出更大贡献。党的十八大报告把立德树人作为教育的根本任务，报告中明确提出，"倡导富强、民主、文明、和谐，倡导自由、平等、公正、法治，倡导爱国、敬业、诚信、友善，积极培育和践行社会主义核心价值观"，分别从国家、社会和公民三个层面反映了现阶段全国人民"最大公约数"的社会主义核心价值观，为培育核心价值观奠定了基础。中央宣传部、中央文明办等中央单位多年来也一直在举办中国公民道德论坛，为道德建设提供定期的学习、交流平台。无论是事关个人日常生活的行为规范和伦理准则，还是作为维系社会稳定、人际融洽的调节器，甚至说是作为实现中国梦的有力保证和重要内容，道德在人们社会生活的各个领域都起着极其重要的作用。

一　道德自我：道德认同的基石

"道德"和"伦理"可以视为同义异词，指的都是社会现象，但道德多以个人行为为对象，伦理多以群体内的关系为对象。道德不仅是传统社会心理学和现代道德心理学的基本主题，而且还在现实生活中起着重要作用，它一直是人类生存和发展中不可或缺的要素。道德主要针对的是人的内心世界和行为，它不仅影响个人的心理意识，也调节着人与人在劳动、生活和日常交往方面的相应关系。

道德自我作为伦理学的一个基本且重要的范畴，其相关理论有着深远的研究历史。如唐君毅先生就著有《道德自我之建立》一书，其中提出："道德是主要的人生层面，在人的精神生活中，有一种永恒的追求向上超越的现象。这就是人类精神生活的本体，即道德自我。"杨国荣教授在《伦理与存在》一书中提出："自我是人格的核心部分，作为伦理关系中的存在自我总是承担着某种道德的责任，自我具有价值理想并以善为其追求的目的，德性的完善是以我为出发点，对道德现象的理解显然不能略去道德自我。"牟宗三也提出："我"可分为三个方面说：一是生理的我；二是心理的我；三是思考的我。而这些都不是具体而真实的我，具体而真实的我只是"人的道德的自我"，他才是"我的真正的主体"，他是一种超越性的存在。丰富的前人研究成果都阐明了"道德自我"作为个体对自己道德状态的看法和把握，是人类精神生活的内在的本体。人从天性到德性的提升，达致在道德上的自我完善，人才能真正成为目的意义上的存在。

美国研究者布拉西（Blasi）认为，道德判断与行为之间连接的桥梁是道德自我。[①] 人们在进行道德判断的时候，会想到"我"是一个什么样的人？应该采取什么样的行为才能符合"我"的形象。在实际生活中，我们很容易讨厌一个人，对他形成坏的刻板印象，却需要花很多的时间去信任一个人。[②] 因此，我们对不道德行为的关注似乎也要大过道德行为，因为相比于追求一个正面的自我形象，我们首先需要做的是避免一个负面的自我形象。[③] 也就是说，在做个好人与不做坏人之间，我们首先选择后者。对道德自我形象的选择也就是道德认同，依赖道德自我的形成与发展。

（一）道德自我的含义

道德自我在心理学词典中被定义为："自我意识的道德方面，或道德的自我意识，包括自我道德评价、自我道德形象和自我道德调节，它们是道德自我意识的最重要成分。"道德自我是一个人对自身道德品质的某种认识或某种意识状态，也是对自己道德品质的判断，从而产生的道德价值感及区分好人坏人的看法。总体上说，道德自我是个体对自身道德状况的意识。并且，我国著名的教育和儿童心理学家朱智贤先生认为："12—15 岁是道德自我发展的关键期。"[④]

道德自我在个体心灵内的存在并在心理生活中具有最高的指导作用。唐君毅认为，由于生活的烦恼而对道德问题进行深入思考时，即发现人类精神生活中有一种永恒的追求向上超越的倾向。这就是人类精神生活的内在的本体，即道德的自我。"而当这种精神的本体一旦被发现之后，就立即改变了过去对生活的全部看法。"[⑤] 这种道德自我

① Blasi, A., "Moral Identity: Its Role in Moral Function", In W. M. Kurtines and J. L. Gewirtz, eds. *Morality*, *Moral Behavior*, *and Moral Development*, New York, NY: Wiley, 1984, pp. 129 – 139.

② Hamilton, D. L. and Zanna, M. P., "Differential Weighting of Favorable and Unfavorable Attributes in Impressions of Personality", *Journal of Experimental Research in Personality*, No. 6, 1972, pp. 204 – 212.

③ Baumeister, R. F., Bratslavsky, E., Finkenauer, C. and Vohs, K. D., "Bad is Stronger than Good", *Review of General Psychology*, No. 5, 2001, pp. 323 – 370.

④ 朱智贤：《心理学大词典》，北京师范大学出版社 1989 年版，第 106 页。

⑤ 罗义俊：《评新儒家》，人民出版社 1989 年版，第 509—510 页。

实际上就是一种真实自我，牟宗三即认为："我们普通泛说的'我'，可分为三方面说，即一、生理的我；二、心理的我；三、思考的我。……此上一、二、三项所称的我，都不是具体而真实的我。"具体而又真实的我，只是人的道德的自我，它才是"我的真正的主体。""它是一种超越的存在，不属于经验的东西。"①

道德自我是自我意识的重要内容，既包括个体对自己道德世界的认知、体验等经验性内容，也包括对这些经验进行统合组织的方式和能力。青少年时期是自我意识发展的关键期，青少年逐渐关注自身的性格、能力、品质等心理内容，道德自我的发展相对于自我的其他方面占据着主导地位。② 研究者从不同角度对道德自我进行定义，比如，"一个人对自身道德品质的某种认识或某种意识状态"③，"道德自我是对自己道德品质的判断从而产生的道德价值感以及区分好坏人的看法"④，"道德自我是指个体对自己的品行及其与社会规范要求契合程度的认识"。⑤ 虽然研究者从不同角度来定义道德自我，但是也存在一致的地方，即认为道德自我是自我意识的重要组成部分。

（二）道德自我的结构

对道德自我的研究有两种不同的途径：一条是 self 途径，即将道德自我看作是对自我道德的反身意识，尝试在自我概念的体系下探究道德自我的要素结构；另一条是 ego 途径，即将道德自我看作是道德人格内部的核心调节功能。⑥

西方自我心理学界最早关注道德自我成分的是詹姆士（James），他提出自我具有反省能力（reflexity），将自我分为主我（I）和客我（me），并进一步将客我又分为物质自我、社会自我和精神自我，其中精神自我包括了对自我道德、宗教信仰的认识、评价和体验，是最

---

① 罗义俊：《评新儒家》，人民出版社 1989 年版，第 61 页。
② 章志光：《学生品德形成探新》，北京师范大学出版社 1993 年版，第 178 页。
③ 林彬、岑国桢：《建构学生道德自我初探》，《心理科学》2002 年第 1 期。
④ 牡丹：《初中学生自我概念发展的调查比较研究》，《前沿》1997 年第 10 期。
⑤ 聂衍刚、丁莉：《青少年的自我意识及其与社会适应行为的关系》，《心理发展与教育》2009 年第 2 期。
⑥ 段慧兰、陈利华：《道德自我研究综述》，《当代教育论坛》2010 年第 12 期。

早的道德自我论述①，并开启了对自我进行元素分析的道路。马什
（Marsh）在反复测量和验证的基础上，将宗教信仰和诚实性作为道德
自我的两个维度纳入自我描述问卷，将其纳入自我概念的第二层次。②
沃克（Walker）和皮茨（Pitts）运用系统聚类分析得出道德成熟者的
自我概念具有原则—理想化、依赖—忠诚、完善、关怀—信任、公平
和自信等特征。③ 此后，对道德自我的要素结构的研究没有取得突破
性的进展，没有建构出一个如身体自我或学业自我等一样的要素结构
模型。近年来，国内也出现了一些对道德自我的研究，林彬和岑国桢
分别从形式和内容两个维度初步探究了学生道德自我的结构，虽然他
们对形式维度的分析角度不一样，但在内容方面指的都是德性。也就
是说，他们认为，道德自我的结构便是个体身上所拥有的道德品格的
结构。④

　　将道德自我看作是道德人格内部的核心调节系统，弗洛伊德的
"超我"是其开创性研究。他将人格结构分为自我、本我和超我三个
部分，其中，超我包括良心和自我理想，主要负责监督、批评和管束
自我。超我是个体在成长过程中通过内化道德规范和社会及文化的价
值观念而形成的，是"道德化的自我"⑤，它代表个人人格系统中的
文化因素和道德成分。超我能指导和控制人的心理和行为活动，使其
符合文明习惯和社会准则，不过弗洛伊德研究的重心是本我和自我，
对超我的论述不多，之后，荣格、弗洛姆、哈特曼、卢文格等，对道
德自我的研究进行了深入和拓展，但也没有取得大的突破。⑥

　　（三）道德自我与道德行为

　　道德自我具有自我调节的功能，一般而言，道德自我的自我调节

---

　　① 时蓉华：《社会心理学》，浙江教育出版社 2003 年版，第 135 页。

　　② Marsh, H. W. , "The Hierarchical Structure of Self – Concept and the Application of Hierarchical Confirmatory Factor Analysis", *Journal of Educational Measurement*, Vol. 24, 1987, pp. 17 – 39.

　　③ Walker, L. J. and Pitts, R. C. , "Naturalistic Conceptions of Moral Naturity", *Developmental Psychology*, Vol. 34, 1998, pp. 403 – 419.

　　④ 林彬、岑国桢：《建构学生道德自我初探》，《心理科学》2002 年第 1 期。

　　⑤ 刘莉：《大学生道德自我概念对利他行为倾向影响的实证研究》，硕士学位论文，广州大学，2013 年。

　　⑥ 段慧兰、陈利华：《道德自我研究综述》，《当代教育论坛》2010 年第 12 期。

功能具有两种机制：其一是负反馈机制，即认为人们会受情境的影响进而调节个人的道德行为，他们认为，道德行为具有波动性。其二是正反馈机制，即认为人具有稳定的道德人格，在情境的影响下，个人可以保持道德行为的一致性。

研究者认为，人们会根据自身理想的道德概念来调整自身行为。当个体产生的道德知觉与理想的道德概念不一致时，个人会增加道德行为或减少不道德行为，道德自我调节也就相继发生了。可以发现，促进道德行为的道德自我调节主要由理想的道德自我形象和实际的道德自我知觉组成。① 理想的道德自我形象是个体对社会道德价值观的内化程度，决定了这个人在道德方面想要达成的目标；而现实的道德自我知觉体现的是个人对自身道德形象的实时评估，其高低受到过往的道德行为影响。②

在道德自我调节过程中，人们的目标是使自己的道德自我形象维持在一个适当的水平上，当人们发现自己实际的道德自我知觉高于理想的道德自我形象时，他们会减少道德行为；当人们实际的道德自我知觉低于理想的道德自我形象时，他们会增加道德行为。③ 钟（Zhong）等将道德自我调节的驱动力比作一个连接道德自我知觉和自我形象的"橡皮筋"——如果自我知觉背离理想的道德形象，"橡皮筋"就被拉伸；其产生的拉力会束缚人们进一步远离道德自我。相反地，如果自我知觉接近或者优于道德自我，"橡皮筋"就会"放松"，从而减小对道德选择的束缚甚至允许不道德行为，直到"橡皮筋"再一次被拉伸到威胁道德自我的临界点。④ Sachdeva 等认为，"橡皮筋"的拉力应该是双向的，不仅道德自我知觉低于理想的自我形象时"橡

---

① Sachdeva, S., Iliev, R. and Medin, D. L., "Sinning Saints and Saintly Sinners: The Paradox of Moral Self – Regulation", *Psychological Science*, Vol. 20, 2009, pp. 523 – 528.

② 李谷、周晖、丁如一：《道德自我调节对亲社会行为和违规行为的影响》，《心理学报》2013 年第 6 期。

③ Sachdeva, S., Iliev, R. and Medin, D. L., "Sinning Saints and Saintly Sinners: The Paradox of Moral Self – Regulation", *Psychological Science*, Vol. 20, 2009, pp. 523 – 528.

④ Zhong, C. B., Liljenquist, K. A. and Cain, D. M., "Moral Self – Regulation", In D. C. David, ed., *Psychological Perspectives on Ethical Behavior and Decision Making*. Greenwich, CT: Information Age Publishing, 2009, p. 79.

皮筋"会被拉伸，而且在高于自我形象时也会被拉伸，两种情况的最终目的都是驱使道德自我知觉向理想的自我形象靠近；前者产生的拉力会驱动道德行为的增加，而后者产生的拉力会导致道德行为的减少。①②

道德自我的负反馈机制，能解释日常生活中人们道德行为的波动性现象。在道德自我调节过程中，因道德自我形象受到威胁而增加道德行为的现象被称为"道德净化效应"。当人们的道德自我知觉高于理想的道德形象时，他们可能会降低道德行为的发生频率，由此产生"道德许可效应"。道德自我调节的负反馈机制，认为人们前后道德行为的波动性，是一个对比效应。

在实际生活中，我们仍可以发现道德行为的一致性。一些学者从人格心理学的角度出发，来关注人们在道德自我上的个体差异，他们强调相对稳定的道德自我，这就是对道德认同的研究。在他们看来，道德认同机制是道德自我调节的正反馈机制。道德认同机制，指启动人们的道德认同，人们感知到自己是一个道德的人，会从事道德行为。

阿奎诺（Aqunio）和里德（Reed）将道德认同定义为，围绕着一系列的道德特质组成的一个自我概念。基于埃里克森的自我认同理论，他们将道德认同划分为内在化维度和象征性维度。内在化维度，是指一系列的道德特质在个体自我概念中心的程度；象征性维度，是指这些道德特质，通过个体道德行为，在公众面前表现出来的程度。道德认同对这两个维度的划分，类似于自我对私我和公我两个维度的划分。他们发现，个体的道德认同能预测志愿行为程度。相比于低水平的道德认同个体，高道德认同的个体能报告出较多的志愿行为。但只有道德认同的内在化维度可以预测实际的捐赠行为即内在化道德认

① Sachdeva, S. , Iliev, R. and Medin, D. L. , " Sinning Saints and Saintly Sinners: The Paradox of Moral Self – Regulation", *Psychological Science*, Vol. 20, 2009, pp. 523 – 528.

② 李谷、周晖、丁如一：《道德自我调节对亲社会行为和违规行为的影响》，《心理学报》2013 年第 6 期。

同的个体，才会有更多的捐赠行为。① 可以发现，道德认同的内在化维度，对道德行为是一个更强的预测指标。高内在化道德认同的个体，会做出更多的道德行为，保持着道德行为的一致性。

二　道德情绪：道德认同的表达

道德情绪是一种重要的社会性情绪，对个体的社会适应具有重要的作用。艾森伯格（Eisenberg）在对道德情绪的研究后认为，道德情绪是指在道德情境中由个体对自我的理解或评价所引发的情绪，如损人之后感到内疚、羞耻，助人之后感到高兴、自豪等，又被称为"自我意识的情绪"或"自我评价的情绪"。②

自我意识情绪作为道德情绪，通过自我意识将个体和社会联系起来。然而，自我意识由许多不同的自我部分或自我认同组成，其中有些认同在整个自我认同层级中的位置非常显著，并引导着个体的行为，个体的道德自我认同就是其中的典型代表。③ 研究者指出，个体的道德自我认同处于整体认同层级的较高水平，是自我认同的核心，影响着个体的其他认同，如角色认同和群体认同，并引导着个体的道德行为。人们的实际行为或行为期望如果和道德自我认同存在差异，就会产生消极的自我意识情绪。④ 从这个意义上说，自我意识情绪是个体根据道德自我认同标准，比较不同情境下的行为或行为倾向时产生的道德情绪。⑤ 人们在实际的社会生活中，会对道德自我进行评价，

---

① Aquino, K. and Reed II, A. , "The Self – Importance of Moral Identity", *Journal of Personality and Social Psychology*, Vol. 83, No. 6, 2002, pp. 1423 – 1440.

② Eisenberg, N. , "Emotion, Regulat Ion and Moral Development", *Annual Review of Psychology*, Vol. 51, 2000, pp. 665 – 697.

③ Stryker, S. ed. , *Symbolic Interactionism: A Social Structural Version*, Caldwell, NJ: Blackburn, 2002.

④ Stets, J. E. and Michael, J. C. , "The Moral Identity: A Principle Level Identity", In McClelland, K. , Fararo, T. J. , eds. , *Purpose, Meaning, and Action: Control Systems Theories in Sociology*, New York: Pslgrave Macmillan, 2006, pp. 293 – 316.

⑤ Turner, J. H. and Stets, J. E. , "Moral Emotions", In Stets, J. E. , Turner, J. H. , eds. , *Handbook of the Sociology of Emotions*, New York: Springer, 2006, pp. 545 – 566.

产生自我意识情绪。如果个体的道德行为违背了道德认同标准，会产生内疚、羞耻等情绪，个体会通过补偿性行为来修复道德自我；反之，当个体行为与道德认同标准一致时，个体会产生积极的道德情绪，如自豪、崇高等，个体会继续通过其行为来证实道德自我。① 因此，可以发现，道德情绪（自我意识情绪）与道德自我相互作用，道德情绪能促进个体的道德行为和道德品德发展，也可以阻断不道德行为的产生和发展。

（一）道德情绪的含义

道德情绪的定义最先始于西方学者，如海德特（Haidt）就将道德情绪定义为，"与整个社会或他人的利益或幸福有关联的情绪"②，还有学者们认为，道德情绪是"来自社会关系中的情绪，而这类情绪是建立在对自我和他人的评价判断的基础上"。③ 国内学者对道德情绪存在不同的理解，比如将道德情绪定义为"个体根据一定的道德标准评价自己或他人的行为和思想时所产生的一种情绪体验"④，又或"道德情绪是人对客观事物与自身道德需要之关系的反映"。⑤

道德情绪是一种复合情绪，包括内疚、羞愧、自豪、感戴等。一般而言，道德情绪可以分成正性道德情绪和负性道德情绪。当个人行为符合社会规范要求，或者有利于他人的行为时，则会产生自豪等正性情绪；当个人行为违背社会要求，或者有不利于他人的行为时，则会产生内疚、羞愧等负性情绪。为了探讨人类的道德情绪，研究者鲁道夫（Rudolph）、舒尔茨（Schulz）等在总结前人研究的基础上，归纳出研究者在过去的 100 年里一共提到的 23 种道德情绪，每种情绪

---

① Turner, J. H. and Stets, J. E., "Moral Emotions", In Stets, J. E., Turner, J. H., eds., *Handbook of the Sociology of Emotions*, New York: Springer, 2006, pp. 545 – 566.

② Tangney, J. P., Stuewig, J. and Mashek, D. J., "Moral Emotions and Moral Behavior", *Annual Review of Psychology*, Vol. 58, 2007, pp. 345 – 372.

③ De Hooge, I. E., Zeelenberg, M. and Breugelmans, S. M., "Moral Sentiments and Cooperation: Differential Influences of Shame and Guilt", *Cognition and Emotion*, Vol. 21, No. 5, 2007, pp. 1025 – 1042.

④ 周详、杨治良、郝雁丽：《理性学习的局限：道德情绪理论对道德养成的启示》，《道德与文明》2007 年第 3 期。

⑤ 任俊、高肖肖：《道德情绪：道德行为的中介调节》，《心理科学进展》2011 年第 8 期。

都至少被一位科学家贴上"道德"的标签,其中包括敬畏、蔑视、厌恶、尴尬、感戴、内疚、自豪、羞耻、同情等。[①]

(二) 道德情绪的分类

在道德情绪研究领域中,较早关注的是负性情绪,如害羞、内疚、羞愧、厌恶等。随着积极心理学的兴起,研究者们开始关注一些积极情绪,如自豪、感戴等。最近,道德情绪研究中出现了另外一种分类方式:自我意识的道德情绪和关注他人的道德情绪。坦尼(Tangney) 对这两种情绪的不同产生过程做出了说明,指出:"自我意识的道德情绪是受自我反思和自我评价激发的,而关注他人的道德情绪来自观察到他人做出了令人称赞的行为,而这类情绪会推动观察者去做出同样的行为。"[②] 根据这种分类,内疚、自豪属于自我意识的道德情绪,而感恩和提升感则属于关注他人的道德情绪。

情绪与行为具有一定的对应关系,对道德情绪的研究,可以预测个体相应的道德行为,目前较多的道德情绪主要有如下几种:

1. 内疚和羞耻

内疚是道德情绪中被研究得最多的一种情绪,它与厌恶、羞耻等同属于负性道德情绪,是指一个人的所作所为对他人产生了伤害性的影响,并认为自己对此负有个人责任时产生的一种带有痛苦、自责体验的情绪。[③] 也有人认为,内疚是个体出现危害了别人的行为或违反了道德准则而产生的良心上的反省,是个体对行为负有责任的一种负性体验。[④] 内疚作为典型的自我意识情绪,与道德密切相关,并具有高度的亲社会性,会驱使人们去补偿自己对他人或群体造成的伤害,

---

① Rudolph, U., Schulz, K. and Tscharaktschiew, N., "Moral Emotions: An Analysis Guided by Heider's Naive Action Analysis", *International Journal of Advances in Psychology*, Vol. 2, No. 2, 2013, pp. 69 – 92.

② Tangney, J. P., Stuewig, J. and Mashek, D. J., "Moral Emotions and Moral Behavior", *Annual Review of Psychology*, Vol. 58, 2007, pp. 345 – 372.

③ 施承孙、钱铭怡:《羞耻和内疚的差异》,《心理学动态》1999 年第 7 期。

④ 张晓贤、徐琴美:《人际因素促进 5—9 岁儿童内疚情绪理解的研究》,《心理科学》2010 年第 4 期。

如果无法补偿受害者，也会以各种方式去弥补自己心中的愧疚。[①] 内疚也会表现在尽管人们实际上并没有做伤害他人的事情，或所作所为并没有违反公认的社会道德规范，但如果个体认为自己做了错事或与他人所受到的伤害有间接关系，也会因此而感到内疚并自责，这就是所谓的虚拟内疚。[②]

羞耻是一种与内疚类似的道德情绪，它经常伴随着内疚的出现而出现。[③] 但是，羞耻与内疚存在着不同，有研究者对羞愧与内疚做了如下区分：（1）从引发的情景类型来看，违反道德的情景可以引起羞愧和内疚，但是非道德领域的违规或能力不足只能产生羞愧，例如比赛没有获得名次，没有通过一次简单的考试，这样的情形就会导致羞愧。（2）从公开化和私人化的区分来看，羞耻被认为是属于"公开"的情绪，有他人在场时或公共场合更容易产生羞耻感，而内疚则属于"私人"情绪，来自自我意识产生的痛苦，内疚感的产生则一般和是否在公众场合产生的关系不大。（3）伤害自我主要产生羞耻感，伤害了他人主要产生内疚感。[④] 内疚个体会去关注自己的负性行为，而较少地关注自我。内疚所产生的痛苦主要指向个体自身的行为，是一种以行为为导向的消极情绪体验[⑤]，一个内疚的人很可能会用某种方式来弥补被伤害的对象，也即出现补偿行为或自我惩罚[⑥]，内疚则会产生忏悔、道歉、补偿等行为。羞耻却是直接指向自我，个体的负性行为或失败被看作是"坏自我"的某种反映，也即指向自我（我是一个可恶的人）还是指向行为（我做了可恶的事）是羞耻和内疚这两

①　Lewis, M., *Self - Conscious Emotions: Embarrassment, Pride, Shame, and Guilt*, In Lewis, M., Havil and Jones, J. M. eds., *Handbook of Emotions* (2nd ed.). New York: Guilford, 2000, pp. 623 - 636.

②　乔建中、王蓓：《霍夫曼虚拟内疚理论述评》，《心理科学探新》2003 年第 3 期。

③　Nelissen, R. M. A. and Zeelenberg, M., "When Guilt Evokes Self - Punishment: Evidence for the Existence of a Dobby Effect", *Emotion*, Vol. 9, 2009, pp. 118 - 122.

④　钱铭怡、戚健俐：《大学生羞耻和内疚差异的对比研究》，《心理学报》2002 年第 6 期。

⑤　Tangney, J. P., Stuewig, J. and Mashek, D. J., "Moral Emotions and Moral Behavior", *Annual Review of Psychology*, Vol. 58, 2007, pp. 345 - 372.

⑥　Nelissen, R. M. A. and Zeelenberg, M., "When Guilt Evokes Self - Punishment: Evidence for the Existence of a Dobby Effect", *Emotion*, Vol. 9, 2009, pp. 118 - 122.

种情绪的核心区别。①

　　羞耻对应的社会道德关注点是个体自己的性格缺陷。过赛尔（Gausel）等②的研究进一步论证了作为主观情绪的羞耻与对自我性格缺陷的评价有关，同时，他们还通过建立结构方程模型得出：羞耻情绪可能促使个体在群体内部产生一种亲社会的行为，因为感受羞耻是一种重要的信号驱使个体调整自己，最明显的调整方式就是对自己在群体中所产生的不利影响做出补偿；但也可能是个体以拒绝的方式自我防御，因为当个体感受到来自群体的道德谴责时，可能由于自己的性格缺陷会拒绝或逃避与群体内成员的接触来达到自我防御的目的。③

　　从与归因方式的关系来看，如果将失败归因于内在的可控的原因（如不努力），个体就会产生内疚感；如果归因于内在的不可控的原因（如能力），就会产生羞耻感。总体来看，虽然都是负性情绪，但相比于羞耻，内疚还是具有更多的"积极性"。内疚会带来更"积极"的行为（如做出道歉和补偿），也不会对自我产生伤害。因此，相比于羞耻，我们更应该来促进内疚的产生，因为它能导致道德行为，同时又不会伤害个体的自我。④

　　2. 同情

　　艾森伯格将其归属在关注他人的道德情绪中的一种独特情绪，由于理论上与道德行为和关注他人的动机有紧密的联系，最近越来越受到研究者的重视。同情的研究可以看成是根源于对移情研究的发展，因为当今学者对移情的定义就包含了情感和认知的成分，比如费什巴赫（Feshbach）认为，移情是个体与他人间的一种分享情绪反应，移

---

① 樊召锋、俞国良：《自尊、归因方式与内疚和羞耻的关系研究》，《心理学探新》2008 年第 4 期。

② Gausel, N., Leach, C. W., Vignoles, V. L. and Brown, R., "Defend or Repair? Explaining Responses to in‑group Moral Failure by Disentangling Feelings of Shame, Rejection, and Inferiority", *Journal of Personality and Social Psychology*, Vol. 10, 2012, pp. 1 – 18.

③ 丁道群、张湘一：《情绪作为道德判断的"催化剂"：道德判断中的评价倾向与特异性效应》，《心理学探新》2013 年第 6 期。

④ 吴鹏：《内疚、同情与网络助人行为的关系及影响因素研究》，博士学位论文，华中师范大学，2013 年。

情反应性需要三种相互联系的能力或技能：（1）站在他人角度思考的认知能力；（2）准确识别和区分他人情感体验的认知能力；（3）个人体验大量情绪的情感能力。另有研究者提出了移情反应两阶段模型，该模型认为，移情分为两个阶段，首先是个体会进行观点采择，接着观点采择会促进对他人的移情关注，这样才产生帮助他人的愿望。① 由于移情研究是关注对亲社会行为的影响，因此，同情就自然成为移情研究中情绪部分的研究主题。但是，移情和同情是完全不一样的两个概念，艾森伯格就指出同情涉及对他人情绪状态关心的感觉，不需要对他人情绪产生替代性性体验。② 同情来自对他人情绪状态或所处情势的理解，但并不要求个体有与他人正在体验或期望将要体验的同样的情绪，只是包含有对他人的歉疚感和关心。③ 因此，对于一个由于经济原因无法上学而万分悲伤的优秀学生，同情只涉及对其悲伤的关心，而移情则需要伴随着同样悲伤的体验。④

3. 厌恶

厌恶是一种内脏情绪，有特定的面部表情、生理体验和行为倾向。这样情绪的基本功能与为防止疾病感染有关。⑤ 从进化论的角度来看，它源于哺乳动物天生的食物拒绝系统，是自然选择的结果。远古时代，人们为了躲避致病因子的入侵而拒绝食用外表变色、触感黏稠的食物，由此产生了厌恶情绪。后来，人类进一步将厌恶情绪与动物的排泄物、腐烂的尸体等易引发疾病传播的物体相联系，并进而推广到了对不符合社会规范的人和行为的厌恶。⑥ 随着人类文明程度的

---

① Coke, J. S., Batson, C. D. and McDavis, K., "Empathic Mediation of Helping: A Two - Stage Model", *Journal of Personality and Social Psychology*, Vol. 36, No. 7, 1978, pp. 752 - 766.

② Tangney, J. P., Stuewig, J. and Mashek, D. J., "Moral Emotions and Moral Behavior", *Annual Review of Psychology*, Vol. 58, 2007, pp. 345 - 372.

③ Eisenberg, N., "Emotion, Regulation and Moral Development", *Annual Review of Psychology*, Vol. 51, 2000, pp. 665 - 697.

④ 吴鹏：《内疚、同情与网络助人行为的关系及影响因素研究》，博士学位论文，华中师范大学，2013 年。

⑤ Curtis, V., Aunger, R. and Rabie, T., "Evidence Thatdisgust Evolved to Protect from Risk of Disease", *Proceedings of the Royal Society B*, Vol. 271, 2004, pp. 131 - 133.

⑥ Haidt, J. and Graham, J., "When Morality Opposes Justice: Conservatives Have Moral Intuitions That Liberals May not Recognize", *Social Justice Research*, Vol. 20, 2007, pp. 98 - 116.

不断提升，厌恶不再只是一种存在于口腔的不快体验，而开始与人类的自我意识和行为表现等相关联，即从生理厌恶上升到了心理厌恶。①

如果个体自身或他人的行为违反了个体内在的道德准则或外在的社会规范，那么个体就会倾向于将其知觉为不道德，如说谎、作弊、欺骗等行为，并进而产生道德厌恶，这种道德厌恶会使个体执行某种潜在的或外显的行为策略，如内省或回避社会交往等。② 罗津娜（Rozin）等的研究甚至发现，当告知人们某件漂亮毛衣的所有者是一个道德违反者（如杀人犯）时，几乎所有人都不愿意穿上甚至触碰这件毛衣。③

厌恶模型理论将厌恶按照性质的不同分为四类：（1）核心厌恶，这是一种生存性厌恶情绪，对保护个体的存在具有重大意义；（2）动物性知觉厌恶，个体避免意识到自身的动物性自然属性；（3）人际交往厌恶，主要为了保护灵魂安宁和维护社会秩序而回避交往；（4）道德性厌恶，个体对违反道德规范事件的厌恶。④ 一般认为，前两种厌恶情绪主要是一种生存性情绪，对个体的生命存在重要影响，而后两种是个体受社会文化和认知评价作用而产生的情绪，属于发展性情绪，对个体的社会性发展具有重大作用。⑤

4. 自豪和感戴

自豪与感戴属于比较重要的两种积极情绪。自豪是人类的基本情绪，马斯克洛（Mascolo）和费舍尔（Fischer）认为，自豪是个体评价自己是负责任的、对社会有价值且能得到认可的社会人后产生的一

---

① 任俊、高肖肖：《道德情绪：道德行为的中介调节》，《心理科学进展》2011年第8期。

② Tybur, J. M., Lieberman, D. and Griskevicius, V., "Microbes, Mating, and Morality: Individual differences in Three Functional Domains of Disgust", *Journal of Personality and Social Psychology*, Vol. 97, 2009, pp. 103 – 122.

③ Rozin, P., Lowery, L. and Ebert, R., "Varieties of Disgust Faces and the Structure of Disgust", *Journal of Personality and Social Psychology*, Vol. 66, 1994, pp. 870 – 881.

④ Rozin, P., Haidt, J. and Fincher, K., "From Oral to Moral", *Science*, Vol. 323, 2009, pp. 1179 – 1180.

⑤ 任俊、周凌、罗劲：《情绪变化的最近发展探讨》，《浙江师范大学学报》（社会科学版）2010年第1期。

种情绪。① 自豪有两种类型：一种是自大的自豪或 α 自豪，另一种是真实的自豪或 β 自豪。这两种自豪恰好和羞耻、内疚两种负性情绪相对应。羞耻和自大的自豪来自个体的内部、稳定、不可控的自我归因，个体否定或肯定的是整体自我，如"我是个有能力的人"；而内疚和真实自豪来自内部、不稳定、可控制的归因，个体否定或肯定的是自我某方面的特殊行为，如"我这件事做得很棒"。从本质上说，自豪具有强化利他行为的功能。个体为了构建一个积极的自我形象并赢得他人的尊重，他一般会努力成为一个好人，因而个体就会以利他的行为方式来帮助那些需要帮助的人。② 在这些利他行为中产生了自豪情绪体验之后，个体在今后的生活中又将会愿意花费更多的时间来从事更多的利他活动。③

　　一般而言，自大的自豪是个体为了适应不良情绪，采用不择手段的方法来提升自己，会导致人际关系问题。研究者认为，自大的自豪与自恋行为关系密切，会导致侵犯行为、敌对行为以及人际关系冲突。④ 真实的自豪有着良好的适应功能，体验自豪的个体通过向别人传达自己的成就信息，有利于提升社会地位，并会产生提升自尊，和别人良好沟通、交流的行为动机。相比于自大的自豪，真实的自豪是一种道德自豪，有着明确促进个体道德发展的意义，个体对道德自我的评估符合自己的道德标准和期望，就会体验到这种自豪感，这种情绪反过来又促进了个体的自我提升。而自大自豪和不正常的自恋行为相联系，既不是违背道德规范时所产生的情绪，也没有促进道德行为

① Mascolo, M. F. and Fischer, K. W., "Developmental Transformations in Appraisals for Pride, Shame, and Guilt", In J. P. Tangney and K. W. Fischer, eds., Self - Conscious Emotions: The Psychology of Shame, Guilt, Embarrassment, and Pride, New York, US: Guilford Press, 1995, pp. 64 - 113.

② Tracy, J. L. and Robins, R. W., "The Psychological Structure of Pride: A Tale of Two Facets", Journal of Personality and Social Psychology, Vol. 92, No. 3, 2007, pp. 506 - 525.

③ Harter, S., Marold, B. D., Whitesell, R. N. et al., "A Model of the Effects of Perceived Parent and Peer Support on Adolescent False Self Behavior", Child Development, Vol. 67, 1996, pp. 360 - 374.

④ Morf, C. C. and Rhodewalt, F., "Unraveling the Paradoxes of Narcissism: A Dynamic Delf Regulatory Processing Model", Psychological Inquiry, Vol. 12, 2001, pp. 177 - 196.

的动机，从这个意义上说，应该不属于道德情绪范畴。①

感戴是另外一种积极情绪，主要有三种道德功能：（1）道德的"晴雨表"功能，感戴是个体对他人所提供的帮助满意与否的一种情绪反应；（2）道德的动力功能，感戴能增加受惠者出现更多对施惠者或其他人的亲社会行为；（3）道德的强化功能，表达感戴有助于促进施惠者在以后的生活中做出更多的道德行为。② 当他人的帮助（施惠者）使个体受益时，个体（受惠者）就会出现感戴的情绪体验。这种情绪体验一方面提高了受惠者的心理抗压能力和生活质量，而且另一方面也可能促进受惠者本人出现利他道德行为。所以，从某种程度上说，感戴具有一定的传递利他行为的特点，当受惠者接受了施惠并表达了感谢之后，其未来的亲社会行为（如帮助施惠者或其他人等）有可能出现显著增加。③

（三）道德情绪与道德行为

道德情绪是个体根据一定的道德标准评价自己或人的行为和思想时所产生的一种情绪体验，它会对个体产生多方面的影响。④ 道德情绪会帮助个体去关注他人，关注自己的行为会如何影响他人的幸福，进而应该有更多的可能去采取道德的行为。

研究者们对道德情绪与道德行为的关系进行了深入研究，如庞德（Pond）等以 628 名大学生为研究对象，采用日记分析法探讨了情绪因素在攻击行为中的作用。他们的结果表明对愤怒情绪的调节会显著影响攻击行为趋势，那些能很好地调节自身愤怒情绪的大学生在日记中记载了更少的攻击行为。⑤ 研究者采用情境实验的方法，考察了

---

① 俞国良、赵军燕：《自我意识情绪：聚焦于自我的道德情绪研究》，《心理发展与教育》2009 年第 2 期。

② McCullough, M. E., Kilpatrick, S. D., Emmons, R. A. and Larson, D. B., "Is Gratitude a Moral Affect?", *Psychological Bulletin*, Vol. 127, 2001, pp. 249 – 266.

③ Huebner, B., Dwyer, S. and Hauser, M., "The Role of Emotion in Moral Psychology", *Trends in Cognitive Sciences*, Vol. 13, 2009, pp. 1 – 6.

④ 周详、杨治良、郝雁丽：《理性学习的局限：道德情绪理论对道德养成的启示》，《道德与文明》2007 年第 3 期。

⑤ Pond, R. S. Jr., Kashdan, T. B., DeWall, C. N., Savostyanova, A., Lambert, N. M. and Fincham, F. D., "Repulsed by Violence: Disgust Sensitivity Buffers Trait, Behavioral, and Daily Aggression", *Journal of Personality and Social Psychology*, Vol. 102, pp. 175 – 188.

200 名德国青少年（平均年龄 16.18 岁）的情绪归因与不道德行为、道德判断的关系，结果发现，情绪可以预测其不道德行为，也与道德判断有紧密相关。① 福尼（Forney）等对 85 名因商店行窃或偷盗行为而第一次被定罪的青少年进行研究，发现了他们的羞愧、内疚和尴尬与商店行窃之间的关系。还有很多研究者探讨了其他道德情绪，如自豪、鄙视。总的来说，已有的研究表明道德情绪可以激发道德行为，减少不道德行为。②

在道德情绪的影响下，个体会表现出两种典型行为：（1）洁净行为。最近更多的研究证据指出，不道德的情绪体验会使个体倾向于偏爱身体洁净，从而产生更多的洁净行为。如一篇发表在《科学》杂志上的研究分析发现，如果让个体通过回忆自身之前的不道德行为，个体在单词补笔任务中就会更多地使用有洁净意义的单词，在物品偏好选择中也更渴望获取与清洁有关的物品（如肥皂、洗手液等）。③ 并且，Lee 等在研究中还发现洁净行为因不道德行为的性质而表现不同，当个体说谎后更偏爱漱口，表现出对牙刷的偏爱，而做了坏事后，个体偏爱洗手，更愿意使用洗手液。④ 反之，如果个体经历了洁净行为之后，个体的道德判断准则也会因此发生变化，如对他人的不道德行为会因此变得更宽容等。⑤（2）补偿行为。个体在私人或公共场合都会非常注重自我的道德形象，并因此而获得自我的内部价值平衡。⑥ 而不道德行为会使个体对自我价值产生负面影响并产生负性情绪体验，

---

① Krettenauer, T. and Eichler, D. , "Adolescents' Self – Attributed Moral Emotions Following a Moral Transgression: Relations with Delinquency, Confidence in Moral Judgment and Age", *Brith Journal of Development*, *Psychology*, Vol. 24, 2006, pp. 489 – 506.

② Eisenberg, N. , "Emotion, Regulation and Moral Development", *Annual Review of Psychology*, Vol. 51, 2000, pp. 665 – 697.

③ Zhong, C. B. and Liljenquist, K. , "Washing away Your Sins: Threatened Morality and Physical Cleansing", *Science*, Vol. 313, 2006, pp. 451 – 1452.

④ Lee, S. W. S. and Schwarz, N. , "Dirty Hands and Dirty Mouths: Embodiment of the Moral – Purity Metaphor is Specifi to the Motor Modality Involved in Moral Transgression", *Psychological Science*, Vol. 21, 2010, pp. 1423 – 1425.

⑤ Schnall, S. , Benton, J. and Harvey, S. , "With a Clean Conscience: Cleanliness Reduces the Severity of Moral Judgments", *Psychological Science*, Vol. 9, 2008, pp. 1219 – 1222.

⑥ Mazar, N. and Ariely, D. , "The Dishonesty of Honest People: A Theory of Self – Concept Maintenance", *Journal of Marketing Research*, Vol. 45, 2008, pp. 633 – 644.

进而威胁个体的道德认同和内部自我价值平衡，处于这种状态的个体会倾向于通过其他途径来重新找回失去的平衡，也即出现道德补偿行为。① 如在一项研究中，研究者要求被试写一个关于自己的故事，这个故事的内容必须包括主试事先提供的一些积极或消极人格特质，结果发现那些写了包括消极特质内容故事的个体捐献得更多，也即出现了道德补偿行为。② 在一些特殊的情况下，补偿行为还可能以自我惩罚的形式出现，特别是当个体没有机会对自己的过错行为进行弥补时（即有些过错行为造成的伤害是不可逆的），个体就会用自我惩罚的方式来修复道德自我形象。

三　道德判断：道德认同的决策

（一）道德判断的含义

作为道德发展研究的核心内容，道德判断一直以来就是道德心理的研究重点。《伦理学大辞典》对道德判断的解释是："运用道德概念或道德知识对行为的是非、好坏和善恶进行道德评价的过程。"③ 格林（Greene）认为："道德判断在本质上是一个高度自觉、自主、自为的心理过程，是个体自我意识的一种表现。"④ 徐平等认为："道德判断可以定义为对一个人的行为或特性的评价（好或坏），而这种评价是在考虑到一系列由文化或亚文化所限定的美德基础上做出的。"⑤ 基于此，我们认为，道德判断是人们基于自己内在的道德原则，在考虑特定文化背景的基础上，对个体的行为做出的一种好坏评价。道德判断不同于其他判断，首先，道德判断是一种价值判断，而不是事实

---

① 任俊、高肖肖：《道德情绪：道德行为的中介调节》，《心理科学进展》2011 年第 8 期。

② Sachdeva, S. , Iliev, R. and Medin, D. L. , "Sinning Saints and Saintly Sinners: The Paradox of Moral Self - Regulation", *Psychological Science*, Vol. 20, 2009, pp. 523 – 528.

③ 宋希仁、陈劳志、赵仁光：《伦理学大辞典》，吉林人民出版社 1989 年版。

④ Greene, J. , "From neural 'Is' to Moral 'ought': What are the Moral Implications of Neuroscientific Moral Psychology?", *Nature Reviews Neuroscience*, Vol. 10, No. 10, 2003, pp. 846 – 849.

⑤ 徐平、迟毓凯：《道德判断的社会直觉模型述评》，《心理科学》2007 年第 2 期。

判断。其次，道德判断是一种社会判断，即对人的判断，而不是对物的判断。最后，道德判断是一种对约定或规范的判断，即对应该、权利和义务的判断，而不是对喜欢、爱好的判断。

（二）道德判断的加工机制

道德判断是人类生存和发展过程中必不可少的一个重要元素，但是道德判断的机制一直是研究者们争论的焦点。18 世纪，哲学家休谟就提出情绪是驱动人类道德判断的直接因素，而康德却认为理性是道德判断的唯一动能。进入 20 世纪，科尔伯格提出道德的认知发展理论，强调道德观念是从认知的低级形式到高级形式的发展过程，并认为，不断增长的抽象推理能力是道德发展的核心，即对康德的理性道德观的认同。道德判断究竟是纯理性推理过程还是由情绪启动的知觉过程，本书对道德判断的加工机制进行详细概述。

1. 理性推理解释

理性主义道德观认为，某一行为是否符合道德要求的决定过程是一个有意识的推理过程，情绪产生在理性的分析之后。认知系统对道德判断中的信息进行表征和加工，同时对道德判断中包含的情绪反应进行调控（见图 1）。

图1　理性主义道德观关于道德判断的加工阶段

科尔伯格延续了理性主义道德观的传统，提出道德判断能力的发展不是由简单的脑发育成熟带来的，而是由"角色适应"的经验促成的，抽象推理能力的发展是道德能力发展的核心，而道德判断主要是由推理过程驱使的。根据理性主义道德观，道德判断要经过四个阶段：第一，形成一种支持某一行为的信念或依据；第二，将这种依据规范视为适合所有理性主体的一般性规范；第三，评价基于这一规范的世界是否是可行的；第四，如果可行，是否愿意将这一规范应用到这个世界中去。[1]

---

① 田学红、杨群、张德玄、张烨：《道德直觉加工机制的理论构想》，《心理科学进展》2011 年第 10 期。

　　理性主义道德观强调抽象推理在道德决策判断中的作用，有一定的实证依据。道德推理可以被认为是在几种可供选择的道德标准之间进行比较、评价，从而最终做出一种价值判断的有意识的心理过程。①也就是说，道德推理涉及在几种可能不一致的道德标准之间进行权衡和判断，它可能往往发生在比较复杂的道德决策情境中。道德的理性主义观低估了情绪因素的作用，以往大量的行为数据、脑成像数据、神经心理学数据表明，情绪启动是道德判断中重要的参与因素。事实上，人们在日常生活中所进行的道德判断往往都是一种快速的直觉反应，比如一个人会将"乱伦行为"很快判断为不道德的，但很少有人会在做出判断之前为此提出一种明确的解释。②

　　2. 社会直觉模型

　　朱莉和马克（Julie and Mark）是亲兄妹，大学暑假他们共同去法国度假。某天深夜，当他们在海滩边的小木屋里独处时，难以抑制的好奇促使他们发生了性关系。这次经历没有对他们造成任何生理和心理伤害。虽然他们都认为，这次经历是相当刺激和美好的，但他们决定以后不再尝试发生这种关系，这次经历也将成为两个人保守的密秘。你如何看待这件事情？他们的行为是否道德？

　　让被试在规定的时间内阅读类似上文的虚构的道德故事，要求其尽快地对故事中主人公的行为是否道德做出判断。结果发现，对被试而言，在较短的时间内做出判断并不难，但是当被问及为何会做出某种特定的判断时，绝大部分被试很难清楚地解释自己的判断。③海德特将这一现象称为道德失声，并由此提出道德的社会直觉模型。④

　　海德特认为，道德判断是一个由情绪启动的快速的、自动化的知觉过程，类似于审美过程。道德判断中包含的直觉成分多于推理成

---

① Paxton, J. M. and Greene, J. D., "Moral Reasoning: Hints and Allegations", *Topics in Cognitive Science*, Vol. 2, 2010, pp. 511 – 527.

② 田学红、杨群、张德玄、张烨:《道德直觉加工机制的理论构想》,《心理科学进展》2011 年第 10 期。

③ 谢熹瑶、罗跃嘉:《道德判断中的情绪因素——从认知神经科学的角度进行探讨》,《心理科学进展》2009 年第 6 期。

④ Haidt, J., "The Emotional Dog and Its Rational Tail: A Social Intuitionist Approach to Moral Judgment", *Psychological Review*, Vol. 108, 2001, pp. 814 – 834.

分，有意识的推理过程发生在道德判断之后，起到一个补充作用（见图2）。海德特强调：首先，个体在进行道德判断的时候并不是科学家在寻求真理，而更像律师在为自己的当事人进行辩护，因为人们进行道德推理的动机更多是为了给自己的判断寻找一个合理的理由。其次，道德判断的理性模型忽视了无意识这一重要影响因素。再次，情感在道德判断中起到重要作用，并非如科尔伯格所认为的那样无关紧要。最后，在现实生活中，人们常常是迅速做出道德判断后，再往后推导，为自己的判断寻找依据，类似于事后归因而不是像理性道德判断模型所假设的那样，个体在按部就班地进行推理后才做出判断。①

图2　社会知觉模型关于道德判断的加工阶段

　　社会直觉模型挑战了长期占据支配地位的理性主义，第一次系统而明确地提出情绪在道德判断中的重要作用。尽管该模型有实证数据的支持，但是，目前大多数研究也只能说明情绪参与到道德判断的过程中，尚没有充分的证据说明道德判断完全是由情绪驱动的。研究者指出，目前所有的研究结果尚不能充分说明情绪在道德判断中的决定性作用。② 社会直觉模型所强调的情绪更多的是指生理意义上的基本情绪，比如厌恶情绪。而基本情绪在道德判断中的决定作用，目前无论在哪一方面，实证研究都未能为"基本情绪启动的道德直觉"的说法提供充分的证据。

　　3. 双加工过程理论

　　库什曼（Cushman）提出了双加工过程理论（two‑process theory），认为个人的道德认知中有两个独立又相互竞争的加工过程，一

　　① 万增奎：《道德同一性的心理发展与建构》，博士学位论文，南京师范大学，2008年。

　　② Huebner, B., Dwyer, S. and Hauser, M., "The Role of Emotion in Moral Psychology", *Trends in Cognitive Sciences*, Vol. 13, 2009, pp. 1 – 6.

个从结果入手寻找对结果负责的原因，另一个则依赖心理状态信息。[①]人们对一些道德问题的判断更多依靠情绪因素，这是一个自动化的加工过程，是一种义务性的道德反应。而对另外一些问题则包含更多的认知加工因素，是一种控制的认知加工过程，是一种功利性的选择。苏特（Suter）和赫特维希（Hertwig）发现，在高冲突的道德两难情境中，当给予被试足够的时间或者要求被试谨慎思考做出道德两难判断时，他们会更多地从功利性的角度进行选择；而当要求被试在很短的时间内或者凭感觉做出道德两难判断时，这种时间压力会减少功利性的选择倾向。[②]研究者认为，通过操纵时间的长短可以改变认知控制的参与高低，从而影响到道德判断的选择过程。

双加工过程理论同时强调了情绪和认知在道德判断中的作用，并指出，在不同的情境中，这两种因素参与的程度和方式不同。但是，该理论存在的不足在于只能说明认知因素和情绪因素都参与到道德判断的过程中，但没有明确揭示道德判断的心理过程。其次，双加工过程理论所采用的多数材料都是经典的道德两难问题，它们是研究哲学伦理观点的好方法，但是不能代表日常生活中的道德判断。因此，双加工过程理论所提出的情绪和认知的加工模式推论到日常道德生活违反情境的解释上存在着难度。

（三）道德判断与道德行为

道德判断与道德行为之间的关系，是科尔伯格理论中最受争议的部分之一，同时也是道德教育实践中的难题，即所谓的"言行不一"和"知行脱节"的问题。科尔伯格的道德认知发展研究主要集中于道德判断的发展研究，他认为，道德判断是价值判断和社会判断，而不是对事实和物的判断，也不是对喜好的判断。科尔伯格的早期研究认为，只有当儿童有了成熟的道德判断之后，他们才会有与成熟的道德判断相一致的成熟的道德行为。道德判断对道德行为有较大的预测性，道德判断的成熟水平能预测道德行为的成熟水平，道德发展的阶

---

① Cushman, F. A., "Action, Outcome and Value: A Dual – System Framework for Morality", *Personality and Social Psychology Review*, Vol. 17, No. 3, 2013, pp. 273 – 292.

② Suter, R. S. and Hertwig, R., "Time and Moral Judgment", *Cognition*, Vol. 119, No. 3, 2011, pp. 454 – 458.

段越高，道德行为的成熟度就越高，道德判断与道德行为也就越具有一致性。换言之，即使当行为者面临不同于原本情境的新情境时，行为者仍然能够按照被判断为正确的情境而行动。然而日常生活中经常发生"言行不一"和"知行脱节"的现象，许多青少年有较高的道德判断能力，却做出消极行为；相反，有些青少年并没有较高的道德判断能力，却做出了积极的道德行为。针对这些现象，科尔伯格进一步提出，"道德判断是道德行为的必要非充分条件"。也就是说，行善必先知善，不知善必不能行善，但知善既可以行善也可以不行善。①一个人的道德认识转化为实际的道德行为要受许多因素制约，例如道德情感、道德人格，等等。②

林德（Georg Lind）在皮亚杰和科尔伯格早期对道德行为和发展的理解基础之上，提出道德行为和发展的双面理论，该理论包含以下四点：

（1）对个体的道德描述包含道德情感方面和道德认知方面。道德情感方面指个体拥有的道德观念、价值观和道德态度，它是一种道德视角，规定了个体主观道德世界的水平线。道德认知方面指道德判断能力，它指个体可以自主地区分和整合各种道德情感，在理性的基础上作出最后判断的能力。林德认为，道德判断能力可以被看成是连接道德意图和道德行为的纽带。

（2）在逻辑上可以运用同一个测评工具来描述和测量道德情感方面和道德认知方面。

（3）需要采用不同的方法来改变和提高产生道德行为的道德情感方面（道德观念、道德态度）和道德认知方面（道德判断能力）。直接灌输道德观念有利于改变儿童的道德态度，但不能促进道德能力的发展，要促进道德能力，就要教学生处理问题的方法。

（4）林德的双面理论认为，在时间上，道德情感方面和道德认知方面的发展是平行的，在经验上是相关的。道德视角（道德情感方

---

① 郭本禹：《道德认知发展与道德教育》，福建教育出版社1999年版，第108页。
② 余达淮、刘静：《道德判断与道德行为关系研究的进展分析》，《外国教育研究》2011年第6期。

面）为道德能力（道德认知方面）的发展提供了目标和理念。道德能力的提高，预示着儿童有可能倾向于更高的道德视角。林德指出，只有当个体同时具备较成熟的道德视角和道德判断能力时，个体才能做出与成熟的道德视角和道德判断能力相一致的道德行为。[①]

布拉西为了填补道德判断与道德行为之间的缝隙，提出了道德自我认同模式，分为三个部分：责任判断、自我同一性和自我一致性。并认为，在引导道德行为之前，道德判断必须通过责任判断，这与科尔伯格的思想是一致的。自我认同反映了个体的差异，这种差异是个体自我感的核心和本质特征，是自然人性中人和自我感保持一致的成分。[②] 布拉西假设，在道德认同的基础上，通过自我一致性推动行为，经过责任险的过滤，道德判断能更有效地预测道德行为。戴维森（Davidson）和尤尼斯（Youniss）发展了布拉西的观点，并认为，道德与自我的整合产生了道德认同，道德认同反过来又促进了道德行为，并且使道德认同得以巩固。[③]

[①] 余达淮、刘静：《道德判断与道德行为关系研究的进展分析》，《外国教育研究》2011 年第 6 期。

[②] 杨韶刚：《西方道德心理学的新发展》，上海教育出版社 2007 年版。

[③] Davidson, P. and Youniss, J., *Which Comes Frist, Morality or Identitiy*? Hillsdale, NJ: Erlbaum, 1991, pp. 105 – 121.

第一章 道德认同的理论回溯

道德认同是指道德主体以自我为轴心展开对自我道德身份的确认。道德认同作为一种重要的社会心理现象已普遍引起多学科的关注，由于学科的视角不同，对道德认同思想的阐释也各有不同。当今经济社会的快速发展，对大学生的道德认同带来了巨大冲击，重新探讨道德认同思想的理论问题，具有一定的时代性。

第一节 哲学视角下的道德认同

关于自我的研究，一直以来就是哲学家们争论的焦点。在哲学上，法国哲学家笛卡尔将"自我"狭义化为"我思"的思维方式似乎已成为西方主流哲学的一种不自觉的预设，这种倾向在笛卡尔的命题"我思故我在"中得到了彰显。康德述评说："人能够具有'自我'的观念，这使人类无限地提升到地球上一切其他有生命的存在物之上，因此，他是一个人。"美国哲学家瑟尔基于笛卡尔著名的主张"我思故我在"开始提出了自己对自我的见解与看法：自我是一个形式上的，逻辑上所要求的概念。从康德的先验自我、胡塞尔的纯粹自我到弗洛伊德的"本我—自我—超我"，其中自我、自我意识内涵的道德向度越发受到哲学家们的关注。

一 休谟的"人格同一性"

从柏拉图到休谟之前，大多数哲学家的认识论都建立在形而上学基础之上。柏拉图是客观唯心主义的创始人，他继承和发展了苏格拉底的"概念"和巴门尼德的存在论，建立了以理念为核心的哲学体系，理念即"那使类似者由于有它而成为类似的"① 东西，它由现象所组成，而每种现象是因时空等因素而表现出暂时变动等特征。笛卡尔最著名的思想是"我思故我在"，意思是"当我怀疑一切事物的存在时，我却不用怀疑我本身的思想，因为此时我唯一可以确定的事就是我自己思想的存在"。笛卡尔的"我"是一个纯粹的思想者或思想本身，"我认识了我是一个本体，它的全部本质或本性只是思想"。② 洛克是经验主义的始祖，批判了天赋观念论，提出了"白板说"，他在《人类理智论》对白板说做了阐述："那么我们且设想心灵比如说是白纸，没有一切文字、不带任何观念；它何以装备上了这些东西呢？人的忙碌而广大无际的想象力几乎以无穷的样式在那张白纸上描绘了的庞大蓄积是从何处得来的？它从哪里获有全部的推理材料和知识？对此我用一语回答，从经验：我们的一切知识都在经验里扎着根基，知识归根结底由经验而来。"洛克强调全部知识都来自经验，而洛克的经验是"观察"，即对外界可感物的观察和反省心灵内部活动的观察。从以上的分析可见，认识论的形而上学的根基不同，认识的本质和特征则截然不同。

18 世纪，英国哲学家大卫·休谟（David Hume）对前人的超越，在于他反对将认识建立在形而上学的基础上。他否认神、纯粹理性或物质实体的独立性，并认为："除了心灵的知觉或印象和观念之外，没有任何东西实际存在于心中。"③ 休谟认为，除观念之外，我们不能观察到任何事物。"不论我们想象什么，我们总是想象它是存在的，我们形成的任何观念都是一个存在的观念；一个存在的观念也就是我们所任意形成的任何观念。"④ 因此，存在从来就不是独立的，它们是被赋予、被想象的。

休谟对笛卡尔进行了批判，笛卡尔认为自我是存在的，它等同于心智。休谟否认自我的存在，他认为，除知觉之外，我们不能观察到

---

① 北京大学哲学系外国哲学史教研室：《西方哲学原著选读》，商务印书馆1982年版，第98页。

② ［法］笛卡尔：《谈谈方法》，王太庆译，商务印书馆2001年版，第28页。

③ ［英］休谟：《人性论》，关文运译，商务印书馆1983年版，第83页。

④ 同上。

任何事物。他说："产生每一个实在的观念，必然是某一个印象。但是，自我或人格并不是任何一个印象，而是我们假设若干印象和观念所与之有联系的一种东西。如果有任何印象产生了自我观念，那么那个印象在我们一生全部过程中必然继续同一不变；因为自我被假设是以那种方式存在的。但是并没有人恶化恒定不变的印象。痛苦与快乐、悲伤与喜悦、情感和知觉，互相接续而来，从来不全部同时存在。因此自我观念是不能由这些印象中任何一个或从任何别的印象来的；因此，也没有那么一个观念。"①

休谟的自我（可以经验到的自我）是不存在的，那么是什么赋予人们连续的知觉以一种同一性？对于许多哲学家来说，将人格看作是我们的心灵面对我们自己时直接或者即刻就能意识到的东西，并且赋予它以同一性。在休谟看来，"对于一个经过一段假设的时间变化而仍然没有变化而不间断的对象，我们有一个明确的观念，这个观念我们称之为同一性观念"。② 但是，事实上，这是违反我们的经验的。变性人为什么坚信自己在变性手术前后仍是同一个人：我一觉醒来发现置身于一个不同的身体里，这是因为，我的记忆捆绑在一起的我意识之流，我是同一个人的感觉，大部分源自产生我的早期意识事件的能力。换句话说，记忆的连续性是同一性的重要成分。

休谟提出了两种同一性的划分，即思想或想象方面的人格同一性和情感的人格同一性。在休谟的哲学里，在想象中把观念结合起来的有三种关系，即类似关系、因果关系和接近关系。"当我没考虑一个心灵（或能思想的人格）的接续存在时，我们的思想的这种不间断的进程是由什么关系产生出来的。"③ 休谟认为，应该考虑类似关系和因果关系，而去掉接近关系。并且，在这个过程中"记忆"发挥了重要作用。休谟认为，"记忆不但显示出同一性，并且由于产生了知觉间的类似关系，而有助于同一性的产生"。④ "记忆由于指出我们各个不同的知觉间的因果关系，所以与其说它产生了人格同一性，还不如说

---

① ［英］休谟：《人性论》上册，关文运译，商务印书馆 2015 年版，第 277—278 页。
② 同上书，第 279 页。
③ 同上书，第 287 页。
④ 同上。

它显示了人格的同一性。"① 休谟对人格同一性观念采取了一种肯定态度，并多次强调了记忆的重要性。"既然只有记忆使我们熟悉这一系列知觉的连续性和这个连续性的范围，所以主要是由于这个缘故，记忆才被认为是人格同一性的来源。我们如果没有记忆，那么我们就永远不会有任何因果关系概念，因而也不会有构成自我或人格的那一系列原因和结果的概念。"②

二　康德的"道德自律"

"自律"（Autonomie）一词来自希腊语，由 auto 和 nomcos 两词组成，意为"法则由自己制定"。在西方伦理史上，康德第一个系统地阐释了自律概念，并将其确立为伦理学基础。

康德是哲学史上最有影响力的哲学家之一，凭借着批判哲学闻名于世，在道德教育方面，他主张从理性的角度诠释教育的内涵，提倡依靠理性力量建立纯粹道德。康德认为，理性可以区分为"理论理性"和"实践理性"，前者运用在理论（或者知识），后者运用于实践（或道德）。因此，哲学也可以区分为"理论哲学"与"实践哲学"。

"由两件事情我愈加反省便愈加以新而不断增加的赞叹和敬畏充满我的心灵，这两件事情便是：在我上面的充满星辉的天空以及在我心中的道德法则。"这是 1880 年重修康德墓时，将《实践理性批判》的结束语镌刻在墓碑上的一段话。其中，"我心中的道德法则"即"道德律"，属于实践哲学研究范畴。康德经由实践哲学指出，人不只是从属于现象世界而已，人本身就是睿智世界的一分子，因此人能经由实践理性，规定规范自己行为的道德律，而成为自己行为的立法者，这就是自由。③ 按照康德的理解，在实践理性的领域，人给自己立法。能依据客观的实践规则而行动的能力，就是实践理性，也是"意志"。唯有理性者具有意志，能根据客观的实践规则来行动。因此，康德将理性的自我立法和意志自律联系在一起。康德认为，"道

---

① ［英］休谟：《人性论》上册，关文运译，商务印书馆 2015 年版，第 289 页。
② 同上书，第 288 页。
③ 朱高正：《朱高正讲康德》，北京大学出版社 2005 年版，第 65 页。

德法则仅仅表达了纯粹实践性的自律","意志自律是道德法则及与这些法则一致的义务的唯一原则"。① 可以看出,意志既被理性化,则意志的自律即可逻辑地等同于理性的立法。

康德认为,道德法则完全是意志自律,"绝不需要宗教;它因纯粹实践理性而自足"②,同时,康德的自律道德论,在消除外在意志的同时,也拒绝影响主体道德另一因素——以考虑功利、利益为内容的行为结果等感性经验的影响,因为康德认为以感性经验作为判断的法则"永远只不过是意志的他律性"。③ 康德强调的"自律"是道德的唯一原则,既排除了上帝的预定,又与感性的世界绝缘,只能从纯粹实践理性概念中寻求根据。他认为,人之为人的本质不在于神性或者自然属性,而在于人所具有的超越神性与自然属性的一种理性,以及由这种理性为自身立法所凸显的道德性。

经过一番考察,康德提出了"绝对命令":不论做什么,总应该做到使你的意志所遵守的原则永远同时能够成为一条普遍的立法原则。④ 康德将"绝对命令"看作意志自律的总法则。在康德那里,意志自律意味着意志只接受先天的、无条件的"绝对命令",即只接受来自纯粹实践理性的这种纯形式的规定:判断人的行为的道德价值,不是看意志的对象或行为的结果如何,而是仅仅取决于行为的动机是否出自纯形式的"绝对命令"。⑤ 康德的道德自律观,高扬了道德的主体性,使人成为道德的主人,但是,康德将主体的意志自由绝对化,将自律视为与任何外在因素无关的、没有任何现实内容,仅仅是一种空洞的先验形式。

三　泰勒的"自我的道德空间"

查尔斯·泰勒（Charles Taylor）是当代最著名的哲学家之一,在

① Kant, *Critique of Practical Reason*, New York: Cambridge University Press, 1997, p. 30.
② ［苏］瓦·费·阿斯穆斯:《康德》,孙鼎国译,北京大学出版社1987年版,第253页。
③ ［德］康德:《道德形而上学原理》,苗力田译,上海人民出版社1986年版,第98页。
④ ［德］康德:《实践理性批判》,关文运译,商务印书馆1960年版,第30页。
⑤ 吕耀怀:《两种自律观的歧义》,《道德与文明》1996年第3期。

日益专业化的时代，泰勒在多领域中推进哲学对话，并引起巨大的反响，这些领域包括道德理论、政治理论、心灵哲学和美学等。"自我"和"认同"的问题始终是泰勒思考的焦点，并且贯穿在他的思想所涉及的各个领域中。他认为，自我的根源是探索认同形成的基础，自我不能完全脱离"背景"来理解，要阐明自我认同的形成，必须涉及自我的根源、人性的善恶。泰勒认为："价值理性并未因现代化而消失，直到当代，自我观（价值理性）仍然处在构建过程之中；自我与善，或者自我与道德是难解难分地纠缠在一起的主题，主体性、人格以及自我的观念是由关于善的话语参与构成的。"①

1989 年，泰勒出版了《自我的根源：现代认同的形成》，阐述自我认同在西方的演化。关于当代西方人应对"自我"与"认同"的难题，他认为，现代人首先从现代的内向性活动认同，感到我们自己是有内心深度的存在，其次是肯定日常生活，最后是把表现主义者的自然当作内心的道德之源。在泰勒看来，认同就是对"我是谁"这一问题的回答，知道我是谁，就等于知道我站在何处。"我的认同是由提供框架或视界的承诺和身份规定的，在这种框架和视界内我能够尝试在不同情况下决定什么是好的或是有价值的，或者什么应当做，或者我应赞同或反对什么。换句话说，这是我能够在其中采取一种立场的视界。"②

对"我是谁"这一问题的确切回答就是在道德空间中有着明确的方向感。根据在道德空间中发现和失去方向感来理解我们的困境，亦即实现道德方向感的确认，就能够将人们的框架所寻求的空间规定为本体论上的基础。道德方向感的确认就是能够对什么是好的或坏的、什么值得做和什么不值得做、什么对一个人是有意义的和重要的等问题作出正确的认知与判断。在泰勒看来，若非如此，就会使得人们手足无措，失却道德空间内的方向感。这是"一种严重的无方向感的形式，人们常用不知他们是谁来表达它，但也可被看作是对他们站在何

---

① 徐冰：《自我的地形学——一个具有心理学和社会学意涵的本体诠释学理论》，《社会》2012 年第 2 期。

② ［加拿大］查尔斯·泰勒：《自我的根源：现代认同的形成》，韩震等译，译林出版社 2001 年版，第 37 页。

处的极端的不确定性。他们缺乏这样的框架或视界，在其中事物可获得稳定意义，在其中某些生活的可能性可被看作是好的或有意义的，而另一些则是坏的或浅薄的。所有这些可能性的意义都是固定的、易变的或非决定性的。这是痛苦的和可怕的经验"。① 方向感的缺失在道德空间之中体现为认同危机，在物理空间之中表现为迷路。②

泰勒认为，人们在道德空间内所指向的是道德空间之内在的善。"我们与善相关的方向感不仅要求某种（些）规定着性质上较高的形态的框架，而且要求一种我们在其中处在何处的感觉。这个问题不是一个潜在的中性问题，对于它我们可以漠不关心，采取任何回答都能使我们满意，而不管它使我们离善有多远。相反地，我们面对的是人最基本的渴望之一，这个需要与他们看作善的，或极其重要的，或基本价值的东西相关联，或相联系。只要我们把这个与善相联系的方向感看成对起作用的人类主体来说是本质性的，那么它能不是这样的吗？我们把自己定位在由性质差别规定的空间中的事实，必然意味着在与它们相联系的情况下我们站在何处，对我们来说这必定是至关重要的。在至关重要的空间中没有方向便无法行动，意味着无法停止对我们身处何处的关切。"③

泰勒认为，由于社会、文化脉络的不同，"自我"的意涵也有所不同，只不过其重心可能或侧重于个人，或侧重于集体，抑或侧重于两者的关系。从物理性的身体角度来看，个人之间似乎有着明显的界限，而当涉及内部经验时，个人之间的界限便不再泾渭分明。一个人的内部生活是与其他人对话的序列，这些他人是这个人定义"自己是谁"所不可或缺的。④ 而且，人们的内部经验常常是在人际交流中积累的。有时候一个人对自己的真实意向不甚明了，而他人却能帮助他

---

① 〔加拿大〕查尔斯·泰勒：《自我的根源：现代认同的形成》，韩震等译，译林出版社 2001 年版，第 37 页。

② 宁乐峰：《查尔斯·泰勒的社群主义整体本体论评析——基于道德空间的视角》，《广西社会科学》2011 年第 3 期。

③ 〔加拿大〕查尔斯·泰勒：《自我的根源：现代认同的形成》，韩震等译，译林出版社 2001 年版，第 67 页。

④ Taylor, Charles, ed., *Source of The Self: The Making of the Modern Identity*, Cambridge, Massachusetts: Harvard University Press, 1989, p. 36.

或她将这个意向表达更清楚。① 再进一步地，集体生活也是积累内部经验的重要领域，观看自己国家的足球、参加国庆庆典可以唤起个人对国家的认同感。② 将个人反思、微观互动与集体生活等层次联系起来，更好地理解自我是在社会性对话中形成的。

四 唐君毅的"道德自我"

唐君毅先生是中国现代史上著名的哲学家，也是现代新儒家的代表人物之一。他一生学思的核心观念就是道德自我，从形而上学的理路来阐释其道德哲学，强调了道德自我在个人心理生活中的重要地位。唐君毅的道德观是建立在其心之本体论哲学基础上的，其中心思想就是"超越现实自我，于当下一念中自觉的自己支配自己，以建立道德自我之中心观念"。③ 唐君毅中年以后的著作，如《道德自我之建立》《人生之体验》《中国文化之精神价值》《文化意识与道德理性》，乃至最后的巨著《生命存在与心灵境界》，都是对道德自我学说的展开。

唐君毅用"良知"来界定"道德自我"，并认为，"道德自我"是整个道德生活之基础，而自觉的道德生活才能真正造就出道德自我的人格。④ 其中，他强调了"自觉"才是塑造道德自我人格的途径。他说："什么是真正的道德生活？自觉的自己支配自己，是为道德生活。"⑤ 在唐君毅看来，"自觉"本来就是人类生活的共同本质，然而，在道德生活中自觉有其特别的规定。在道德生活中，人们的道德生活遵守的是"自律"而非"他律"，即"自己支配自己"。他认为"支配自己，是比支配世界更伟大的工作"。⑥ 从价值上而言，向内用

---

① Taylor, Charles, "Wittgensetein, Empiricism, and the Question of the 'Inner'；Commentary on Kenneth Gergen", In Hermeneutics and Psychological Theory： Interpretive Perspectives on Personality, Psychotherapy, and Psychopathology, in Stanley B. Messer, Louis A. Sass, and Robert L, eds., Woolfolk London：Rutgers University Press, 1988.

② Taylor, Charles, *Varieties of Religion Today*, Cambridge：Harvard University Press, 2002, p. 28.

③ 唐君毅：《道德自我之建立》，广西师范大学出版社 2005 年版，第 19 页。

④ 赖功欧：《唐君毅的"道德自我"与"道德意识"论》，《朱子学刊》2009 年第 1期。

⑤ 唐君毅：《道德自我之建立》，广西师范大学出版社 2005 年版，第 15 页。

⑥ 同上。

力的道德生活比向外用力的支配世界更有价值。

唐君毅关于道德自我的思想是针对"现实自我"而提出的，是能够主宰外在具体形象事物但却是内在于人类的本然道德意识。现实自我是指"陷溺于现实时空之中之现实对象之自我，为某一定时间空间之事物所限制、所范围之自我，亦即形而下之自我"。① 现实自我受时间空间的束缚，压抑着本我的欲望与冲动，自觉地支配自己，从而能超越现实自我，才能建立起道德自我的核心观念，道德生活便是超越现实自我。另外，唐君毅又将道德自我的根源追溯至形上的心之本体。唐君毅说："我相信我的心之本体，即他人之心之本体。因为我的心之本体，它既是至善，它表现为我之道德心理，命令现实的我，超越他自己，而视人如己，即表示它原是现实的人与我之共同的心之本体。"② 心本体既是至善，必然表现为道德心理，并要求自我具有超越的心之本体，推己及人，由自己成德的愿望而愿助人以德，形成一个以道德人格为目的的世界。这是道德实践的理想境界，也可以看出，唐君毅对心之本位过于理想化，具有乌托邦的色彩。

第二节　伦理学视角下的道德认同

"美德伦理"是指作为道德行为主体的个人在与其独特的社会身份和"人伦位格"直接相关的道德行为领域或方面所达成的道德卓越或者优异的道德成就。③ 所谓自我认同，是指人们对自身完整人格的确认和肯定。在现代性的社会背景下，人们的精神困境主要表现为理性、规则、责任等成为社会公共生活的核心领域，而情感、美德、信念等个体精神世界的诉求被边缘化，自我认同出现危机。美德伦理强调道德自我统一性，能够应对现代人的自我认同危机。

一　麦金太尔的"自我内在统一性"

英美著名哲学家阿拉斯戴尔·麦金太尔（Alasdair Macintyre），以

---

① 唐君毅：《道德自我之建立》，广西师范大学出版社 2005 年版，第 7 页。
② 同上书，第 87 页。
③ 万俊人：《美德伦理的现代意义》，《社会科学战线》2008 年第 5 期。

其在伦理学领域独树一帜的观点而闻名于世。他的代表作《追寻美德》，运用伦理学史的方式对启蒙运动以来的伦理学进行批判，针对道德无序的混乱现象，以及道德争论的不可通约性问题，主张回到亚里士多德的美德伦理，提倡构建现代社会共同体，来治愈现代社会中的各种社会弊病。

在《德性之后》中，麦金太尔指出，在亚里士多德时代，德性处在社会生活的中心，个体与社会共同体——城邦联系在一起，个体的善与共同体的善是一致的，社会具有统一的道德权威和道德标准。而在当今社会，德性被边缘化，自我和社会分裂，个体以自我为中心来进行道德判断，德性被主观化了。亚里士多德主张"伦理德性是关于快乐和痛苦的德性，德性被过度和不及所破坏，而为中道保全。合乎中道的品质是值得称赞的"①，"德性就是我们感受好坏的品质"。② 麦金太尔将他的德性概念定义为："德性必定被理解为这样的品质：将不仅维持实践，使我们获得实践的内在利益，而且也将是我们能够克服我们所遭遇的伤害、危险、诱惑和涣散，从而在对相关类型的善的追求中支配我们，并且还将不断增长的自我认识和对善的认识充实我们。"③ 从该概念中可以看出，麦金太尔将德性依托于实践，重塑了德性在个人生活和社会生活中的中心地位。因此，麦金太尔指出："我的德性论是亚里士多德主义的。"④

麦金太尔提出，必须恢复一种亚里士多德式的整体性伦理理念，现代人才有可能重新将自身提升为基于共同的道德目标而相互扶持的精神共同体。亚里士多德认为，在他当时的社会共同体的生活中，有一个整体的、统一的善，即"最高善"，并认为人类的"兴盛"和"幸福"才是人类的"最高善"。麦金太尔认为，共同体的这种共同生活形式不仅能够把各种特殊实践中的善整合在一起，以使它们形成

---

① ［古希腊］亚里士多德：《尼各马科伦理学》，苗力田译，中国社会科学出版社 1999 年版，第 34 页。

② 同上书，第 11 页。

③ ［美］麦金太尔：《德性之后》，龚群等译，中国社会科学出版社 1995 年版，第 251 页。

④ 同上书，第 237 页。

一个统一的整体，并且它也为该共同体提供一个目的（telos），而这个目的超越了实践中得到的各种善，这种作为目的的共同生活形式就是"最高善"。① 麦金太尔不仅主张把被现代社会分割的自我作为一个整体来评价，还坚持了个人在不同领域德性中的整体性，通过德性的整体性，以此维系整个人类社会的历史，将人类社会联系成一个连续整体。

麦金太尔认为："在现代社会，自我被消解为一系列分离的领域"，会使个体遭受心灵的侵蚀，也会导致在一些道德领域尤其是公共领域道德的缺失和混乱。麦金太尔指出，要强化"德性"，即道德自我统一性，以此应对现代人自我认同危机。道德自我统一性是指个体在生活的不同领域对自身人格一致性的体认。② 我们可以通过对自身道德的体认来把握自我。当个体在社会生活的领域所扮演的角色互相分离时，个人所感受到的仅仅是人生每一部分的特殊性而非统一性，这样就会出现自我认同危机。在美德伦理中，美德可以维持一种个体以他的整体生活的善作为追求的目的的生活方式。"我们能够期望某个真正拥有一种美德的人在非常不同的境遇类型中表现这种美德"。③ 在生活的不同领域，道德主体通过以善为最终目的的实践活动将德性一以贯之地外显出来，从中体会到道德自我的统一性。

二　杜威的"道德自我情境互动"

传统伦理中的道德观追求至善，注重人伦。古希腊先哲亚里士多德的美德观认为，人要追求善与幸福，美德是关键。然而近代的伦理学家似乎不太关注美德的概念，规范伦理学（Normative Ethics）成为伦理学的主流，结果论（consequentialism）与义务论（deontology）成为主导思想。规范伦理学告诉我们的是哪种行为是对的或者错的，我们应该怎样去做出正确的行为，教给我们行为的规范。而美德伦理学（Virtue Ethics）更关注行为的主体，即行为人的特征。也就是说，塑

---

① Alasdair MacIntyre, "Practical Rational as Social Structures", in Kelvin Knight, eds., *The MacIntyre Reader*, University of Notre Dame Press, 1988, p. 123.

② 张钦：《美德伦理与现代人精神和谐的培育》，《河北师范大学学报》（哲学社会科学版）2010 年第 3 期。

③ ［美］麦金太尔：《追寻美德》，宋继杰译，译林出版社 2003 年版，第 259 页。

造一个富有美德的人，那他就能做出正确的行为。规范伦理学教给我们行为的规范，而美德伦理学展现给我们一个有血有肉的行为主体。不过，现代伦理学中规范伦理学和美德伦理学似乎开始融合，又重新回到探讨成为（being）一个什么样的人这样的问题，而不是仅仅如何做（doing）正确的活动这样的问题。① 杜威（John Dewey）从实用主义关注行动、实利和效用的原则出发，对传统道德概念进行了批评，在此基础上，提出要在具体情境中问题解决、经验改善的实用主义道德观。

杜威将道德作为一种经验，并且这种经验离不开具体的情境。因此，杜威比许多其他伦理学家更关注情境对于道德判断和道德行为的重要性，他为道德是具体经验情境中解决实际问题的善。杜威在考察道德情境时发现，我们无法回避自我与情境的相互影响。自我会参考情境对行为目标进行选择，并且，人的行为选择会产生一种新情境。话句话说，情境也可以是选择的某种结果。在人类社会中，人们时时刻刻都要面对选择，即使面对那些可能性不做选择，我们也是在做选择。所以，杜威将选择作为自我的最典型特征。

杜威从两个方面去思考自我：一是从现在出发去思考自我；二是从未来着眼思考自我。选择与这两个方面都有关系，因为选择往往涉及习惯与欲望。习惯与过去相关，欲望与未来相关。人在选择对象时也在选择成为什么样的自我。杜威有时将自我称为人格，并认为人格并非达到某种目的的手段或工具，而是实现结果的能动力量。自我或人格也不仅仅是外在的动力因素，它本身就是内在目的。② 杜威指出，每一种故意选择"都维持着与自我的双重关系。它显示现存的自我，也形成未来的自我。被选择的东西就是被发现适合于自我的欲望与习惯的东西。思想在这一过程中起着重要的作用，因为每种不同可能性在呈现给想象时诉诸自我构造中的不同因素，从而为品格的各个方面提供了在最终选择中发挥作用的机会。最终的选择也形成自我，在某

---

① 喻丰、彭凯平、韩婷婷、柏阳、柴方圆：《伦理美德的社会及人格心理学分析：道德特质的意义、困惑及解析》，《清华大学学报》（哲学社会科学版）2012 年第 4 期。

② 汪堂家：《道德自我、道德情境与道德判断——试析杜威道德哲学的一个侧面》，《江苏社会科学》2005 年第 5 期。

种程度上使之成为新的自我"。①

在杜威的伦理学中，道德自我是在道德上重构令人困惑的情境的过程的一个组成部分。因此，当某个特殊情境中发生交易时，这个自我既影响发生的事情又受发生的事情的影响。这一点在我们所做的事情的性质与我们给情境所赋予的特征的性质之间确立了一种重要的有机的关系。② 由于道德自我与情境的这种互动关系，道德自我常常受到各种内在和外在因素的制约。因此，在指望完全满足急切的单一目的并因此宰制这种满足时，自我应该明智和审慎；在承认自己在与他人的关系中提出的那些要求时，自我要忠实可靠；在赞扬和指责时应慎用认可或不认可。此外，道德自我要积极地发现新的价值观念，并修改旧的观念。在对待传统的价值观和道德理论时，杜威一直主张采取继承与变革并重的态度，那些极端的道德理论虽然荒谬，但对促进价值观的变革可能有促进作用。最关键的事情是有效地运用其积极的方面。本着这种精神，杜威在考察康德的义务论伦理学、美德伦理学以及各式各样的功利主义理论时总是采取建设性的批评态度。这种态度使他一方面看到了上述道德理论的局限，另一方面不断从中汲取智慧与灵感。③

三　马克思的"道德批判"

卡尔·马克思（Karl Marx）认为，物质世界包括全部的自然环境，这在他看来包括全部的无机自然界、有机世界、社会生活和人的意识。马克思主义肯定物质秩序的第一性，而把精神活动看作是物质产生的第二位的副产品。④ 在马克思看来，复杂的物质秩序仍然是基本的实在，而精神领域则是派生的东西。具体来说，物质秩序由生产要素和生产关系构成。马克思认为，他对生产关系的解析是他的社会

---

① Jone Dewey ed., *The Later Works of John Dewey*, Carbondale：Southern Illinois University Press, Vol. 7, p. 286.

② 汪堂家：《道德自我、道德情境与道德判断——试析杜威道德哲学的一个侧面》，《江苏社会科学》2005 年第 5 期。

③ 同上。

④ ［美］S. E. 斯通普夫、J. 菲泽：《西方哲学史》，邓晓芒译，世界图书出版公司2009 年版，第 345—346 页。

分析的核心。

马克思认为："人们在自己生活的社会生产中发生一定的、必然的、不以他们的意志为转移的关系，即同他们的物质生产力的一定发展阶段相适应的生产关系。这些生产关系的总和构成社会的经济结构，即有法律的和政治的上层建筑竖立其上并有一定的社会意识形式与之相适应的现实基础。物质生活的生产方式制约着整个社会生活、政治生活和精神生活的过程。"① 其中，马克思所认为的道德是社会意识形态的重要组成部分，建立于经济基础之上，并为上层建筑服务。

在《德意志意识形态》一文中，马克思指出，人们进行生产的物质条件，决定人们的观念和品质。他说："个人怎样表现自己的生活，这同他们的生产是一致的——既和他们生产什么一致，又和他们怎样生产一致。因而，个人是什么样的，这取决于他们进行生产的物质条件。"② 此外，马克思还指出，生产方式的改变导致人与人之间关系性质的改变，也要求现存道德的消灭。而道德消灭的方式，是使之变成谎言，没人遵守。马克思还提出同一个阶级由于有相同的利益和生活条件，就有相同的风俗习惯和道德观念，统治阶级的道德观念在每一个时代都是占统治地位的。③

马克思认为剩余价值的存在构成了资本主义制度的矛盾，并且他对资本主义的道德批判集中体现在资本家追逐剩余价值导致工人劳动异化之上，这是一种建立在经济批判基础之上的道德批判。马克思认为，异化劳动造成了工人贫困和社会衰落，并导致了工人在生产中的自身异化。"异化劳动，由于（1）使自然界，（2）使人本身，使他自己的活动机能，使他的生命活动同人相异化，也就是使类同人相异化。"④ 异化劳动的最后产物就是私有财产，私有财产以资本家企业的形式既是异化劳动的产物又是劳动异化的工具。马克思认为，只有消灭资本主义私有制，劳动才能是人的自由的有意识的生产活动。

---

① 《马克思恩格斯文集》第二卷，人民出版社 2009 年版，第 591 页。
② 《马克思恩格斯全集》第三卷，人民出版社 1995 年版，第 24 页。
③ 金可溪：《马克思主义道德观的形成》，《道德与文明》2001 年第 2 期。
④ 《马克思恩格斯文集》第一卷，人民出版社 2009 年版，第 161 页。

第三节　社会学视角下的道德认同

一　哈贝马斯的"主体间的自我认同"

西方传统哲学特别是近代哲学的"主体性"原则侧重人与自然的关系，侧重人对自然的搏斗。现代西方人文主义思潮，则转向人与人的关系，注重人与人之间的交往与协调。哈贝马斯（J. Habermas）的交谈伦理学就是要把哲学的重心由重视认识自然、征服自然的旧传统转到对人与人之间的相互交往和相互理解。①

康德的道德自律观高扬了道德主体性，而且他以道德主体性是最高的道德主体，并通过"绝对命令"建立道德准则。康德的道德哲学以人类具有共同的实践理性结构为根据，要人"不论做什么，总应该使你的意志所遵循的准则永远同时能够成为一条普遍的立法原理"。②这意味着，每个人都可以将自己所认同的道德准则加在别人头上。哈贝马斯反对这种独白式的道德律，他认为，道德行为发生在人与人之间的交往中，只有通过主体和主体之间的交往，他们才能达成共识，形成普遍惯用的道德律。在哈贝马斯看来，道德律是通过主体间的对话而建立起来的。

哈贝马斯认同科尔伯格儿童道德发展阶段理论，针对科尔伯格的儿童道德发展六个阶段，哈贝马斯认为，应该增加第七个阶段，即交往性伦理阶段。哈贝马斯认为，科尔伯格儿童道德发展阶段研究主要侧重于考察儿童道德意识发展过程。他认为，儿童道德意识的特点并不像科尔伯格描述的那样仅仅停留在独立的个体层面；相反，这种普遍的发展规律是由发展主体之间的相互作用和相互期待造成的。为此，他运用相应的主体间互动类型和主体间期待类型来解释儿童道德发展的普遍形式，重新解释了科尔伯格的儿童道德发展阶段理论。

① 张世英：《是对话还是独白——从哈贝马斯的交谈伦理学想到的》，《北京大学学报》（哲学社会科学版）1993 年第 1 期。

② 康德：《实践理性批判》，韩水法译，商务印书馆 1960 年版，第 30 页。

　　针对科尔伯格提出的前习俗水平，哈贝马斯认为，这是由个体对具体活动和活动结果的行为期待造成的。对应前习俗水平，他认为，这是由彼此相互联系的具有普遍意义的主体行为期待造成的，即引导儿童作出行动的是社会角色和社会行为规范。在这个阶段，儿童个体不再仅仅把某个权威，比如家长、教师的特定命令和与之伴随的奖赏与惩罚当作行动的指导，而是学会了一些一般性的社会规则。对应后习俗水平，他认为，随着对社会强加的僵化约定的抛弃，儿童个体一方面必须承担起他自己或者涉及他人利益的道德决定的责任，另一方面必须靠自己来形成一种自我理解的个人生活方案，从而实现道德自由的本质意义。

　　哈贝马斯认为，"自我认同"的发展主要体现在道德意识的发展过程中，道德意识的发展体现了个体自身的规定性和认同的形成。他认为每个人在获得"自我认同"之前，必须经历从前习俗、习俗和后习俗的三个水平，并认为后习俗水平的道德意识才是有意义的。

　　从交往的角度，哈贝马斯认为，"自我"问题总是在个人与他人相互作用、发生相互关系时产生并凸显出来的，"自我"这一词的核心意义是其交互主体性，即与他人的社会关联。交往行为理论的核心是主体间性的问题，即不同的自我之间如何达成理解、共识的问题。而从主体性到主体间性突出体现在"自我认同"问题上，即自我如何与自身达成统一。哈贝马斯认为，自我认同不再是孤独主体的自我反思关系，而变成主体间的彼此承认和相互认同关系。自我意识的反思关系已过渡到自我与他我的关系，自我认同的问题已转换到主体间性的问题上。

二　吉登斯的"自我认同理论"

　　安东尼·吉登斯（Antony Giddens）是英国著名哲学家和社会学家，他主张应基于现代性条件下分析自我认同。他认为，自我认同（self-identity），"并不是个体所拥有的特质，或一种特质的组合。它是个人依据其个人经历所形成的，作为反思性理解的自我"，设定了超越时空的连续性。

　　吉登斯将"自我"看作是与人的身体密切关联的具有反思性特征的个体的存在内容。他认为："自我，当然是由其肉体体现的。对身体的轮廓和特性的觉知，是对世界的创造性探索的真正起源。"① 人们对自己身体的真正领会，主要是依据与客体世界及其他人的实践性参与活动而实现的，因此，人或自我是通过"日常实践来把握现实。"② 这样，身体就不仅仅是一种实体，身体不仅是一种"实体"，而且是一种行动系统。也就是说，它被体验为应对外在情境和事件的实践模式。

在吉登斯看来，"后现代性"的"自我"可看成是"个体负责实施的反思性投射"③，这意味着，自我是塑造的结果，是被现实存在的外在环境所塑造，因此，自我是社会的产物。吉登斯认为，"作为连贯的现象，自我认同设定一种叙事，把自我叙事改变成鲜明的记述"，即个体为了维护完整的自我感，利用文字或非文字的自传形式记录下来。自我的这种特性是其本质的表现形式，它不仅意味着自我的稳定存在、自我的发展历程、自我的文化习得性，而且表现出自我与他者的根本性区别。吉登斯还认为，"自我实现蕴含着对时间的控制"④，即建立个人的时区，和实践保持对话成为自我实现的真实基础。自我作为反思性的投射也拓展至身体，使身体成为行动系统的一部分，而不是被动的客体。这样，自我实现就可理解为机遇和风险之间的平衡，使个体从压迫性的情感习惯中解放出来，让过去逝去，从而促进自我发展的无限可能性，这是自我的主体性与能动性的表现。⑤

三　库利与米德的"自我"理论

美国社会学家米德与库利对自我理论的形成与发展贡献尤为重要。詹姆士提出"自我"概念，认为这是一种人类将自己视为客体来看待的一种能力。库利沿着詹姆士的思路，从人际关系的层面上来阐明"自我"的理论，他认为，自我和社会是相互依赖、相互联系、密

---

① ［英］吉登斯：《现代性与自我认同》，赵旭东、方文译，生活·读书·新知三联书店1998年版，第62页。
② 同上书，第63页。
③ 同上书，第86页。
④ 同上书，第87页。
⑤ 邢媛：《吉登斯"自我认同"的社会哲学思想探析》，《马克思主义与现实》2010年第3期。

不可分的。他认为，"自我"的形成源于社会，个人通过社会互动认识自我，且个人的行为很大程度上取决于自我认同。

他提出了著名的"镜中我"理论，并指出，人是通过观察别人对自己行为的反应而形成自我意识，从而完成自我认同和自我评价的。每个人都是另一个人的一面镜子，通过他人对自己的意见和态度，反观自身，从而形成对自我的观念。"自我"形成的过程是互动的，个人在与他人的交往中判断他人对自己的反应和态度，以此来把握自己。正如库利所说："社会是各个精神自我的交织物。我想象你的思想，特别是你对我的思想的想象，和你所想象的我对你的思想的想象。我在你的思想面前表现我的想法，期望你会在我的思想面前表现你的想法，谁若不能或不愿做到这一点，那他就不懂得如何交往。"①库利"镜中我"的思想，已经接触到自我认同概念的核心。

在库利之后，芝加哥社会学家米德进一步推动了自我理论的发展。米德认为，心理、自我和社会三者是紧密联系、相互影响的，语言等符号是自我和社会联系的纽带，人们通过语言等符号进行自我认同和认识社会等。

米德吸取了詹姆士从多重自我出发将自我分成主体自我和客体自我，提出"自我"是"I"和"me"二者共同构成的概念，"I"是"主我"，"me"是"客我"，他曾在《心理、自我与社会》中写道："'主我'是有机体对其他人的态度作出的反应；'客我'则是一个人自己采取的一组有组织的其他人的态度"。②"主我"具有自发性，是每个人独有的自然属性，具有未知性、冲动性、特殊性；"客我"是"社会我"，是具有社会属性的"自我"，"客我"从社会的视角来审查"自我"，进行自我认同和自我控制。"主我"具有创新性，"客我"具有社会稳定性，两者相辅相成、相互统一。

米德提出，"自我"是不断发展的过程，是个体社会化的过程，他将"自我"的发展分为三个阶段：第一个阶段是模仿阶段，儿童通

---

① ［美］库利：《生活和学者》，转引自［美］刘易斯·A. 科瑟《社会学思想家》，中国社会科学出版社1990年版，第201页。

② ［美］米德：《心灵、自我与社会》，霍桂桓译，华夏出版社1999年版，第174页。

过语言等符号自玩或者扮演他人角色中，初步并逐渐意识到"自我"；第二个阶段是低级游戏阶段，在这个阶段中游戏具有一定的组织性，儿童对于"自我"和社会的认识逐步加深，但由于自己身心还未完全发展，认识有所限制；第三个阶段是复杂游戏阶段，儿童的语言能力和认识能力加强，通过越来越多的社会互动，社会规则和社会观念内化。

"自我"是不断发展和完善的过程，个体通过更多的社会互动增加"自我认同"和一般化的他人、社会认识，走向成熟。其中，一般化的他人是一种社会关系，一种社会力量对个体产生影响的结构性的关系。他说道："使个体获得其自我统一体的有组织的共同体或者社会群体，称为一般化的他人。"① 而社会则是人类的群体生活，是社会成员的合作行为的集合，是一个由社会成员相互作用构成的共同体。在这个共同体中，社会成员运用符号（语言）和他人进行互动，并建立社会关系和社会制度。一方面，每个个体处在不同的共同体中，或多或少受到社会规范的影响；另一方面，每个生活在共同体中的个体会通过其行为来影响他们所生活的共同体。

米德认为，自我会受到社会的影响，进而影响人们的社会行为，其中，重要的核心机制就是扮演角色。自我来自人们在社会中扮演的各种角色的一种多重社会构建，并且，在社会生活中人们所承担的角色不同意味着人们的自我概念不同。自我概念是后天形成的，是个体在与他人互动中，通过采取他人的立场，并以他人的观点来评价自己的行为而逐步获得的。因此，自我概念的形成来自个体与社会的互动过程中。

第四节　心理学视角下的道德认同

一　弗洛伊德的"自我"与"认同"

当前心理学家对道德认同的研究主要集中在道德心理学领域，可

---

① ［美］米德：《心灵、自我与社会》，霍桂桓译，华夏出版社1999年版，第167页。

以追溯到弗洛伊德的精神分析学。弗洛伊德认为，人格中有本我（id）、自我（ego）和超我（superego）三个层面。本我是由无意识的性本能和攻击本能组成，遵循快乐原则行事，即追求快乐和回避痛苦，其核心目的是即时满足本我的需要。本我具有被宠坏的孩子的品质，当想要得到时就必须得到。例如新出生的婴儿，通过肆无忌惮的哭泣来获得母亲的乳汁。本我是没有理性、逻辑、价值观、道德感和伦理信条的。自我是"自己"意识的存在和觉醒，是人类特有的自我探寻的开始。新生儿只有"本我"而无"自我"，当他开始探寻"我是谁?"这个问题时，意味着他开始成为一名"人"。自我会努力满足本我的需要，但是在行事的时候会考虑到周围环境，即按照现实原则行事。超我是人类心理功能的道德分支，是人格结构中的管制者，由完美原则支配。超我合并了社会的价值观与标准，这些标准通常是由父母传达给儿童。超我倾向于站在"本我"的原始渴望的反对立场，而对"自我"带有侵略性，它抑制了本我的冲动，使自我采取较新的道德标准。人的一切行为都是本我、自我和超我三个层面之间矛盾冲突的结果。

弗洛伊德通过大量的临床研究，提出了人的心理防御机制，他认为这是一种无意识的心理反应，用于防止为社会规范所限制的不能接受或不能直接表达的本能冲动，使"自我"和"超我"和外界现实协调起来。其中一种防御机制就是 identification（中文译为"认同"），意味着个体潜意识地向某一对象投射，从精神上将自己置身于对象的地位，在心理上，以他们自居从而获得替代性满足，并形成超我的过程。道德通过超我的发展而获得，也就是说，儿童青少年会借助于父母、教师等的力量，通过"认同"机制将社会伦理规范加以内化而形成。认同形成过程可使个体在心理上产生归属感、安全感和满足感，会导致个体模仿对象的行为。[1] 当认同对象是一个道德榜样时，会使个体产生一种高度的道德认同，形成强烈的道德动机来激发道德行为。并且当不道德动机形成时会由超我也就是良心的压力而产生情感上的不安。

---

① 刘仁贵：《道德认同概念辨析》，《伦理学研究》2014 年第 6 期。

二　埃里克森的"自我认同"

新精神分析学家埃里克森（Erikson）超越了弗洛伊德从本我冲动来分析"认同"的思维，他强调比本我更加理性的自我，提出 ego - identity 概念，将 ego 和 identitiy 联系在一起，并且将认同概念的研究延伸到社会心理学，并认为应该联系社会背景来考虑个人成长中的认同问题，他后来将 ego - identity 发展成为 self - identity，提出了著名的"自我认同（自我同一性）"命题。

自我认同作为自我心理学术语，是个体关于自己是谁、在社会中应占怎样的地位、将来准备成为怎样的人及怎样努力成为理想中的人等一系列问题的觉知。埃里克森一直认为，青少年自我发展的中心任务的核心是意识的发展，这种意识是拥有自我整合，即自我认同。他认为在个体发展的第五阶段，即青年期（12—18 岁）形成的自我意识和自我角色的认同，主要是指个体对自己的本质、信仰及一生价值取向的一种相当一致和比较完满的意识，后被广泛地应用于社会心理学、人格心理学、发展心理学、教育心理学、咨询心理学和文化心理学。到 20 世纪 90 年代后期，则出现了关注个人认同和社会认同概念，真正地研究认同发展的社会、文化的作用。例如，道德心理学者柯蒂尼斯（Kurtines）强调个人认同与社会认同的相互作用，指出了自我认同发展的社会、文化过程，同时集中于社会、文化中个人认同的研究。

自我认同是通过社会形成的并和自我过去各方面经验整合有关，埃里克森曾认为是儿童和青少年发展的一种连续性，是内部的自我认同，这种完善的连续性在他"成为什么人"的童年期就已经发生，变成人以后一生的道德动机。在以后，经常通过想象自己未来是什么样子，或者想象他人怎么看自己。

三　皮亚杰的"道德自律——他律"

皮亚杰认为儿童的道德发展，从最初由父母、重要他人那里得到自身道德状况反馈，并根据自己的良心形成道德自我意识，需要经历几个不同的阶段，每个阶段有自身的道德特点，具有独立性，又有延续性。他将道德发展分为四个阶段：

第一阶段为前道德阶段（出生至 3 岁），儿童处于感知—运动期，行为直接受行动的直接结果所支配，道德认知不守恒。这个阶段的行为既不是道德的，也不是非道德的。

第二阶段为他律道德阶段或道德实在论阶段（4—7岁），儿童处于前运算思维时期或者自我中心期，其标志就是儿童开始运用象征化的符号，如语言，这个阶段儿童开始以一种自我中心态度来对待他面临的客观世界和头脑中的表现，后来直接过渡到直观思维。儿童表现为对外在权威的绝对尊敬与服从，认为服从成人所给的规则是最好的道德观念，如果违背规则，不管动机是好是坏，都要受到惩罚。道德判断带有一种明显的"道德实在论"的特征，认知活动带有强烈的直观性，道德发展方面表现为服从成人为主的他律道德。

第三阶段为自律或合作道德阶段（8—11岁或12岁），儿童的思维达到具体运算时期，不再盲目服从规则，可以根据自己认可的内在标准，做到言行一致，判断行为是结合行为结果和动机。公正感以平等为特征，能站在他人的立场上。惩罚带有补偿性，方式较温和。

第四阶段为公正阶段（11岁或12岁之后），儿童的思维达到形式运算阶段，认知能力得到提高，并具有抽象逻辑思维，思维具有可逆性和补偿性。儿童的道德观念讲究利他主义，产生公正的观念，道德判断从关心和同情的角度出发，将规则和社会、人类的利益相联系。

四　科尔伯格的"道德认知发展理论"

科尔伯格继承和发展了皮亚杰的理论，认为儿童道德的成熟过程就是道德认知的发展过程，道德判断是道德认知发展理论的核心概念，人类的道德思想遵循一种普遍性的顺序原则，道德发展的最高原则是公正原则。在科尔伯格看来，道德认知是对是非、善恶行为准则及其执行意义的认识，集中表现在道德判断上，他认为道德判断是人类道德要素中最重要的成分，是道德情感、道德意志和道德行为的前提。道德判断具有价值性、社会性和规则性三个特点。科尔伯格采用道德两难问题对儿童道德发展水平进行测试，根据测试结果将道德发展分为三个水平六个阶段，具体内容包括：

（一）前习俗水平

这一阶段儿童已经具备明辨是非善恶的社会准则和道德标准，但是他们是从行为结果及自身利害关系来判断是非的，这一水平有两个阶段：阶段1，惩罚和服从的定向阶段。在这个阶段中儿童评定行为好坏着重于行为的结果，认为受表扬的行为就是好的，受批评的行为就是坏的。阶段2，朴素的利己主义定向阶段。这个阶段中，儿童评定行为的好坏，主要是看是否符合自己的要求和利益，因此这个阶段观点也被称为道德相对主义。

（二）习俗水平

这个阶段中，儿童会内化社会规则，根据行为是否有利于维持习俗秩序，是否符合他人愿望进行道德判断，并遵守他人认为是正确的规则。这一水平有两个阶段：阶段1，好孩子定向阶段。儿童会认为能帮助别人以满足他人愿望的行为是好的，否则是坏的。他们的推理受众人的共同愿望和一致意见决定。阶段2，维护权威和社会秩序定向阶段。儿童会认为正确的行为就是尽个人责任，尊重权威，维护社会秩序，否则就是错的。在这个阶段中，儿童已经意识到良心与社会体系的重要性。

（三）后习俗水平

这个阶段中，个人能摆脱外在因素，根据自己的意愿选择进行道德判断，社会规则成为大多数行为的基础，当社会规则与内心的道德准则发生冲突时，个人的内心准则会占上风，但是很少人能达到这个水平。这一水平有两个阶段：阶段1，社会契约定向阶段。儿童认为，道德准则是一种社会契约，可以改变。阶段2，普遍的伦理原则定向阶段。该阶段中，儿童已具有抽象的尊重个人和良心为基础的道德概念，并认为，个人应该按照自己所选择的道德原则来行动。

科尔伯格认为，道德发展的最高原则就是追求公正。在道德判断与道德行为之间的关系上，科尔伯格在早期研究中认为，道德判断在很大程度上可以预测道德行为，道德判断的水平越高，对道德行为的激发作用越大，道德发展的阶段越高，道德判断与道德行为之间的一致性程度越高。但是，到了20世纪70年代，针对道德判断与道德行为之间的不一致性，因此，科尔伯格提出道德判断是道德行为的必要条件而非充分条件，而且可能还有其他因素在道德判断与道德行为之间起作用。对科尔伯格而言，为什么道德行为不能服从于道德判断，主要归于道德意志的调节和道德整合的失败，以及人格问题。后来，科尔伯格区分了道德的他律类型和自律类型，也区分了义务判断和责任判断，认为前者是来自社会原则的应该属性的判断。因此，科尔伯格将道德发展模式概括为道德阶段→义务判断→责任判断→道德行为的过程。

五 班杜拉的"社会认知理论"

近年来，一些研究者尝试从班杜拉的社会认知理论的角度来理解道德认同。社会认知理论基于一个前提：人的信息加工能力是有限的，不能完全处理某个特定情境下所有感官的信息。其中有一种系统即是所谓的图式，"图式即代表自我各个方面、关系和经验的内在知识结构"①，是一组高度抽象的知识结构，"图式形成后，继而在个体的认知过程中扮演相应的功能，可以让人在社会世界中借由对注意、知觉、推理等认知过程作可行的操控，从而表现出与环境互动时必要的能动性"。②

在社会认知取向上，道德认同被定义为围绕着那些道德特征连接而组织起来的自我道德图式，道德图式作为个体认知—情感相互作用下的行为模块是道德行为的基础。有道德认同的个体，其道德图式在社会信息加工中是习惯可及和容易被激活的。并且，强调道德认同的个体，意味着将道德认同在其自我概念中处于重要或中心的位置，其对于德性的诉求相对其他认同的诉求更为强烈。③

六 卢文格的"自我发展观"

卢文格（Loevinger）的自我发展理论是研究道德认同的基础。他

---

① Fiske, S. T., "Sehema", In A. E. Kazdin eds., *Encyclopedia of Psychology*, Washington D. C.: American Psychological Association, 2000, pp. 158 – 160.

② 黄华：《社会认知取向的道德认同研究》，《心理学探新》2012 年第 6 期。

③ Blasi, A., "Neither Personality Nor Cognition: An Alternative Approach to the Nature of the self", In C. Lightfoot, C. Lalonde and M. Chandler, eds., *Changing Conceptions of Psychological Life*, Mahwah, NJ: Lawrence Erlbaum Associates, 2004, pp. 3 – 26.

认为，应该把人的社会化作为自我发展的基石，自我发展是一个过程，一个结构，其背景是社会，并起源于社会。一个人在发展过程中会出现遵奉自我和公正自我。遵奉自我是对外部规则的反应，就是按照规则行事。儿童的道德准则是根据依从规则而不是根据后果把活动确定为正确和错误的。遵奉者重视的是与其他人的友好、帮助和合作，是根据外表而不是根据性质来看待这些行为的。公正自我是对社会价值的反映，在公正阶段，一个人第一次发现了称为"良心"的道德信号，包括长期的自我评价的目标和理想、一系列责任心等，规则的内化是在公正阶段完成的。在这一阶段，人与人之间犹如兄弟关系，他感到对别人负有责任，感到有责任去促进别人的生活，或者防止别人犯错误。研究自我发展首先要研究自我与历史、社会、文化的相互关系。青少年儿童从权力遵奉的道德着手，然后，在顺利的情况下，会发展一套自我评价的标准，在特殊的情况下，可以发展到公正的无私标准。

七　布拉西的"道德动机理论"

美国心理学家布拉西是当前研究道德认同最为出名的心理学家之一，他质疑科尔伯格道德认知发展理论的"知行合一"的思想，认为道德认知和道德行为之间存在着裂缝，这种裂缝需要道德认同来弥补。他强调传统的道德判断和道德推理不是道德行为的先行者，道德认同对引发道德行为起关键作用。传统的道德动机观中，科尔伯格将道德推理视为道德动机的来源，霍夫曼则将道德情感视为道德动机的来源，并强调道德动机的成分。布拉西则认为，道德认同是一种整合的道德动机观，道德行为的稳定取决于在各种情境下对道德理解是否保持一致，遵守道德原则的人会将道德与自身认同相结合。布拉西指出，个体道德认同程度高低取决于将道德存入自我概念中心的程度。因此，在某种程度上说，道德认同是个体依赖于认同的强度以及道德身份的中心性而变化的一个连续统一体。道德认同作为一种自我调节机制，为个体行为设置参考点并激发具体的动机行为。布拉西强调，个人需要拥有一种和自我感保持一致的需要，同一性为个体成为真实自我创造了一种需要，因此，个人的行为也有和同一性保持一致的需要。

戴蒙（Damon）和哈特（Hart）① 的研究观点与布拉西的道德动机理论一致，并主张道德认同对道德行为的动机作用，并认为道德认同是道德判断和道德行为保持一致的唯一最有利的决定因素。自我概念围绕着道德信念的人极有可能在一生中将信念转化为行动。

八　尤尼斯的"道德实践观"

詹姆斯·尤尼斯（James Youniss），是美国当代著名发展心理学家，一直从事于青少年的社会性与道德发展和教育研究。尤尼斯在吸收埃里克森的道德认知理论观点基础上，提出了道德发展的实践活动理论。他反对传统的道德观，并指出，道德并不是在关键时刻发挥作用的、需要特定技能实现的功能，其本质是一种自我认同和自我超越。他认为，道德行为的形成并不是由道德认知主导的，而是来自个体与他人的关系中对自己的认识。② 尤尼斯认为，青少年社会参与经验对其道德发展具有一定的意义，并认为社会参与活动是青少年公民同一性、政治和道德同一性发展的基础。尤尼斯重视"实践"在德育中的重要性，认为青年的道德发展应当与社会实践活动相融合。德育的关键在于"行"，在于"实践"。青年参加社会实践可以使个体充分体验到有组织的集体行动的规则，可以大大降低青年违规行为的产生，促进道德行为内化。

尤尼斯认为，青少年社会参与活动能促进道德同一性的发展和变化。尤尼斯通过对 1952—1994 年的 44 项有关研究的考察，得出的结论表明，青少年服务社会的活动可以为之提供丰富的社会经验和进行社会互动的机会，从而导致其使命感、社会意识和道德—政治意识的变化。③ 个体通过社会服务活动将自己与社会联系起来，并为其现有的自我同一性赋予社会历史意义，进而建立超越性的道德同一性。尤尼斯和麦克莱伦认为，同一性或身份感的形成是一个建构的过程。通

---

① Damon, W. and Hart, D., "Self – Understanding and Its Role in Social and Moral Development", In M. Bornstein and M. E. Lamb eds., *Developmental Psychology: An Advanced Textbook*, Hillsdale, NJ: Brlbaum, Vol. 3, pp. 421 –464.

② 陈会昌：《道德发展心理学》，安徽教育出版社 2004 年版，第 221 页。

③ Yates, M. and Youniss, J., "Community service and politicalmoralidentity in adolescents", *Journal of Research on Adolescence*, No. 6, 1996, pp. 271 – 284.

过社会参与活动，个体意识到自己作为一个社会成员的身份及其义务，同时也意识到自己作为一个成员所具有的改造社会现实的能力，从而产生强烈的社会责任感，公民同一性或身份感由此逐渐形成。①并且，尤尼斯认为，个人与社会不是各自独立的实体，而是互补的。一方面，社会不只是个体同一性形成的背景，还是同一性形成的动力。它为个体提供参与活动的机会，促使个体认同特定的价值观，为其同一性赋予社会意义，促成其公民同一性或公民身份感。另一方面，个体通过参与活动维持或改变社会，并由此成为社会的一部分。在此意义上，社会服务或参与活动既是确立道德同一性的需要，也是道德同一性确立的结果。②

在关于道德养成方面，尤尼斯认为，正是在许多日常生活情境和社会交往中，青少年逐渐形成了特定的道德习惯，培养起对社会福利的关心和道德责任感；个体与他人之间的直接交往是道德行为转变的主要机制。强调社会交往和社会实践的作用。科尔伯格关心的是人的道德认识的发展，相对地忽视人的实际道德行为的形成过程和机制，而这恰恰是尤尼斯所关心的问题。③

---

① Youniss, J., McLellan, J. A. and Yates, M., "What we know about engendering civic identity", *American Behavioral Scientist*, Vol. 40, No. 5, 1997, pp. 620–631.

② 陈会昌、谷传华、秦丽丽、苑宏健：《尤尼斯道德发展的实践活动观述评》，《心理科学》2004 年第 1 期。

③ 陈会昌：《德育忧思》，华文出版社 1999 年版，第 220 页。

第二章　道德认同的概念与结构

第一节　相关概念的释义与辨析

一　认同

认同，译自英文 identity，在英文中有很多含义，包括相似性或相同特性，如相同的身份、相同的表现等，又包括心理认识上的一致性以及由此形成的关系。学者从不同的角度对认同进行界定，如弗洛伊德从心理学角度对"认同"进行界定，"认同"被认为是在社会情境中，个体对其他个体或群体的意向方式、态度观念、价值标准等，经由模仿、内涵，而使其本人与他人或团体趋于一致的心理历程①，即社会群体成员在认识和情感上的同化过程。埃里克森将"认同"视为一种我他关系，并主张使用认同来判定个人或群体生活中产生的将其与周围社会环境相联系和区别的自我意识。

社会学家安东尼·吉登斯认为，认同是社会连续发展的历史性产物，它不仅指涉一个社会在时间上的某种连续性，同时也是该社会在反思活动中惯例性地创造和维系的某种东西。② 涂尔干特别强调集体认同问题，他认为，认同是一种称为"集体意识"的东西，是将一个共同体中不同的个人团结起来的内在凝聚力。然而，在涂尔干看来，某一群体的相似性和共同性特征又是建立在与其他群体之间存在着差

---

① 杨桃莲：《大学生自我认同的建构——基于大学生博客分析》，博士学位论文，复旦大学，2009 年。

② ［英］安东尼·吉登斯：《现代性与自我认同》，赵旭东译，生活·读书·新知三联书店 1998 年版，第 57—60 页。

异性这一基础之上的。因此，相似性总是根据对不同群体之间差异的界定而被识别。①

网络社会学家曼纽尔·卡斯特（Manuel Castells）在《认同的力量》（*The Power of Identity*）一书中写道："认同是人们意义（meaning）与经验的来源……认同尽管能够从支配性的制度中产生，但只有在社会行动者将之内在化，并围绕这种内在化过程建构其意义的时候，它才能够成为认同。"②"与角色相比，认同是更稳固的意义来源，因为认同涉及了自我构建（self-construction）和个体化过程。简单来说就是，认同所组织起来的是意义，而角色组织起来的是功能（function）。"③"认同的建构所运用的材料来自历史、地理、生物，来自生产和再生产的制度，来自集体记忆和个人幻觉，也来自权力机器和宗教启示。但正是个人、社会团体和各个社会，才根据扎根于他们的社会结构和时空框架中的社会要素（determination）和文化规划（project），处理了所有这些材料，并重新安排了它们的意义。"④

认同作为概念强调"认同"的共性，即主体的认识、承认、接纳和皈依。主体并非个体，即使他是由个体以及在个体中产生。主体是集体的社会行动者，通过主体，个体才能在自身的经验中达到完整的意义。⑤ 在认同形成的过程中，认同扩大了自我，从寻找"我是谁"的答案，扩展到"我们是谁"的集体归属思考。马克思认为，人即使不是政治动物，至少也是社会动物。⑥ 这表明人的现实存在一定是社会存在。事实上，马克思在这里所说的社会主要是指人的共同组织，其中包括国家、民族、政党、单位、家庭等。社会共同组织创造、享用和传承各种规范、规则、风俗、习惯等生活文化，认同就会从主体的自我认同，发展到社会认同和国家认同，以及民族认同、政治认

----

① 贾英健：《认同的哲学意蕴与价值认同的本质》，《山东师范大学学报》（人文社会科学版）2006年第1期。

② ［美］曼纽尔·卡斯特：《认同的力量》，曹荣湘译，社会科学文献出版社2006年版，第5页。

③ 同上书，第5—6页。

④ 同上书，第6页。

⑤ 同上书，第8页。

⑥ 《马克思恩格斯全集》第44卷，人民出版社2001年版，第379页。

同、文化认同和道德认同。认同离不开人的交往活动，人通过社会交往来确定自己的身份，对自己进行定位。同时，认同也是认同者从别人或社会那里折射出来的自我而已。

二　自我认同

弗洛伊德通过揭示人类意识的结构模型，提出了自我认同的基本特征："本我"表现的是本能和欲望，"超我"表现的是来自父母、权威人士和社会所要求的行为准则或指令，而"自我"处于两者之间并作为协调者，一方面要使"本我"接受外在的规则制约，另一方面又试图让"超我"来适应"本我"的需求。[①] 埃里克森在"自我"概念的基础上，明确地提出了要以"自我认同"为核心概念来建立自我心理学，并认为其代表一种人格发展的成熟状态。他将自我认同界定为，"一种熟悉自身的感觉，一种知道'个人未来目标'的感觉，一种从他信任的人中获得所期待的认可的内在自信"。[②] 埃里克森认为，自我认同是个体关于"我是谁"以及如何定义自己方面的思想或观念，指的是个体对自身积累的诸多方面经验的全面综合，即将以前的社会认同予以统合，构建独立人格的过程。它是个体综合先前自我、心理特征、社会期待、以往经验、现实环境和未来希望而形成的一个整体的人格结构，使个体对"我是谁"自我肯定的感觉。从青春期开始到青年期结束的十年期间，个体在发展上处于自我认同的形成历程。自我认同是一种内在性认同，它是一种内化过程和内在深度感，是个人依据个人经历所形成的、作为反思性理解的自我。自我认同的直接对象是对人自身的意义的反思。科韦利（Kovel）认为，埃里克森的自我认同概念是 20 世纪系统描述人类发展的最有影响力的概念之一。

关于自我认同的定义，不同研究者从不同视角来界定自我认同。一般认为，自我认同就是个体对过去、现在、将来"自己是谁"以及"自己将会怎样"的主观感觉和体验。埃里克森自我认同的标准就是独特性和连续性，即具有自我认同的人会体验到自己与他人是不同

---

① 罗刚、刘象愚：《文化研究读本》，中国社会科学出版社 2000 年版。
② 马戎、周星：《中华民族凝聚力形成与发展》，北京大学出版社 1999 年版。

的，同时自己的生活是连续的，过去、现在和将来的自我都是自己认同的自我。①

埃里克森先是从自我功能的意义上来定义自我认同的，认为自我认同性的个体会体验到一种整合感。然后他又从不同角度来对自我认同进行描述：结构性方面，认为自我认同是由生物的、心理的和社会的三方面因素组成的统一体；适应性方面，自我认同是自我对社会环境的适应性反应；主观性方面，自我认同使人有一种自主的内在一致和连续感；存在性方面，自我认同给自我提供方向和意义感。② 实际上，埃里克森是根据自我认同嵌入自我和环境的程度不同将自我认同划分为三个层面：①最基本的层面，即 ego - identity，这一层面的自我认同是儿童期自居作用的私下或无意识的综合的基本信念；②个人认同（personal - identity），即自我（self）与环境相互作用时个体表现出的一套目标、价值观和信念；③社会认同（social - identity），即"与团体理想一致的内在保持感和团体的归属感"③，在社会心理学中也被称为群体认同（group - identity），即作为母语、国家和种族背景的自我的那些方面。

三　自我认同与道德认同

自我认同的概念最早是由埃里克森提出的，他在《儿童期与社会》一书中提出个体发展的八个阶段以及每个阶段所对应的发展任务，建立了自己的心理社会发展理论。埃里克森认为，在个体发展的第五阶段，即青年期（12—18 岁）形成的自我意识和自我角色的认同感，并且认为，自我认同是一种自我概念，是个体内部和外部的整合和适应感。并且，埃里克森认为，自我认同的概念可以从不同的层面来进行定义，在不同的层面来使用以强调不同的问题。从不同的研究角度出发，可以将认同看作一种结构、过程、主观经验、功能；也

---

① 郭永玉：《关于"人格"的界说及有关概念的辨析》，《常州工学院学报》2005 年第 6 期。

② Erik Erikson, *Identity：Youth and Crisis*, New York：Norton, 1994, p. 23.

③ 郭金山：《西方心理学自我同一性概念的解析》，《心理科学进展》2003 年第 2 期。

可以是个体独特的意识感、比较的差异性。①

　　布拉西将道德动机和自我认同结合起来，称为道德认同，并将其作为解释道德机能的核心概念。他认为，道德认同作为独立人格的成长过程，是道德自我的核心。道德认同来自一种心理需要，使个人的道德行为和个人观念前后一致。用布拉西的话说，道德一致是道德行为的动机。道德行为的动机并不是简单地认知"好人"的结果，而是在某种程度上来自个人行为的愿望，这种愿望与作为道德存在的自我感相一致。

　　自我认同与道德认同具有区别性，也存在联系性。区别性表现在，自我认同是关于"自己是谁？""自己的社会地位是什么？""将来准备成为一个什么样的人？"等一系列问题的觉知。一般而言，个体会在18—22岁来完成，有的可能会更晚，有的可能终生无法完成。而道德认同是建立在对人和文化不断发展的基础上，是随着人的一生自我概念（我是谁？我是不是一个有道德品质的人？我如何来做？）变化而变化的②，反映了人的独立道德认同是不断建构的过程。而联系性则表现在，道德认同不是发展的一个特殊的系统，相反，是自我认同发展的一个重要的特性。③ 换句话说，当经历特定的自我认同发展过程的时候，正如埃里克森所描述的，有一些人比其他人更多地将道德价值整合到他们的自我认同之中。因此，这些人将道德看作他们自我认同的重要的部分。

四　社会认同与道德认同

　　对认同研究的另一条思路是从社会学角度来考察的。按照社会心理学对自我的理解，首先必须将自我置于社会关系中，必须通过人在社会中的行为来研究自我问题。社会认同理论主要由英国心理学家泰

---

　　① 许丽莎：《道德同一性和敏感性对道德行为的影响研究》，硕士学位论文，杭州师范大学，2011年。
　　② 万增奎：《道德同一性的心理发展与建构》，博士学位论文，南京师范大学，2008年。
　　③ Hardy, S. A. , "Identity, Reasoning, and Emotions: An Empirical Comparison of Three Sourses of Moral Motivations", *Motiv Emot*, Vol. 30, 2006, pp. 207 – 215.

弗尔（Tajfel）提出①，并将社会认同定义为个体自我概念的一部分，它包括对自己作为某个社会群体的成员身份的认识，以及附加于这种成员身份的评价和情感意义，是个体认识到他/她属于特定的社会群体，同时也认识到作为群体成员给他的情感和价值意义。

社会认同理论认为，社会行为不能单从个体心理因素来解释，要全面地理解社会行为，必须研究人们如何构建自己和他人的身份，其基本思想是：个体通过社会分类，对自己的群体产生认同，并产生内群体偏好和外群体偏见；个体通过实现或维持积极的社会认同来提高自主，积极的自尊有利于内群体和外群体的比较；当社会认同受到威胁时，个体会采取各种策略来提高自尊，如社会流动、社会竞争、社会创造。② 简言之，社会认同是社会分类、社会比较和积极区分原则建立的。人们会自动地将事物进行分类，因此，他们会将他人区分为内群体和外群体，在进行分类的同时，也会将自我也纳入这一类别中，将符合内群体动机特征赋予自我，这就是一个自我定型的过程。在进行群体间比较时，个体倾向于在特定的维度上夸大群体间的差异，而对群体内的成员进行更积极的评价，这遵守的是积极区分原则。③ 简言之，个体的社会认同是其意识到自己属于某一群体，共享某些情感、价值，这些对个体的自我界定具有重要的作用。

从社会认同的观点来看，道德认同是作为个体社会自我图式的一部分，是社会认同的一个变量④，是个体获得道德价值的我们感（sense of we‐ness）的途径和过程。道德认同根植于社会认同理论中，强调并不是认知激发道德行为而是自我，它是嵌入在社会中的，

---

① Jackson, S. and Bosma, H. A. D., "Development Research on Adolescence: European Perspectives for the 1990s and Beyond", *British Journal of Development Psychology*, Vol. 10, No. 4, 1992, pp. 319–337.

② 鲍宗豪：《数字化与人文精神》，上海三联书店 2003 年版。

③ 杨桃莲：《大学生自我认同的建构——基于大学生博客分析》，博士学位论文，复旦大学，2009 年。

④ Aquino, K. and Reed, A. Ⅱ., "The Self‐Important of Moral Identity", *Journal of Personality and Social Psychology*, Vol. 83, 2002, pp. 1423–440.

是道德行为可靠的预言者。① 道德认同是一种激发道德行为的自我调
节机制，使人们建立起自我概念。它与信仰、道德行为、态度联系在
一起，特别与高自尊相联系，是通过自我概念和社会认同理论背景基
础上假设而成的。② 道德认同作为一种社会认知图式，是个人社会自
我概念的一部分。它的操作定义和道德特质有关，被看作是由一系列
道德特质组成的自我概念。阿奎诺和里德认为，道德认同是人们在社
会文化环境中所形成的道德价值感，特别是与当前社会文化环境有
关，个体是否能将这些社会道德价值观融入个人自我感中去的自我图
式。里德等的研究还发现，道德自我认同对个人与外群体的互动行为
产生重要影响。

第二节　道德认同的界定

道德认同作为一个特别的研究视角最早是由布拉西提出的，其英
文为"moral identity"。对于"moral identity"这个词，国外有学者也
称"道德自我认同"（moral self – identity）③，国内有学者译为"道德
同一性"④，也有译为"道德自我认同感"。⑤ 道德认同一般被理解为
道德与自我认同的整合，并且有不同的界定方式。整合中西方学界对
道德认同的界定，主要从特质论、图式和内化三个视角来界定道德
认同。

---

① Stets, J. E. and Michael, J. C. , *The Moral Identity*: *A Principle Level Identity in Purpose*, *Meaning and Action*: *Control Systems Theories in Sociology*, Edited by Kent McClelland and Thomas J. Fararo, New York: Palgrave Macmillan, 2006, pp. 293 – 316.

② Turner, J. C. and Oakes, P. J. , "The Significance of the Social Identity Concept for Social Psychology with Reference to Individualism, Interactionism, and Social Influence", *British Journal of Social Psychology*, Vol. 25, 1986, pp. 237 – 252.

③ Thomas R. Murray, *An Integrated Theory of Moral Development*, Westport, Connecticut: Greenwood Press, 1997, pp. 159 – 170.

④ 郭本禹:《道德认知发展与道德教育》，福建教育出版社1999年版，第108页。

⑤ 陈会昌:《道德发展心理学》，安徽教育出版社2004年版。

一 界定道德认同的三种视角

（一）特质论角度：道德认同是自我和道德的整合

当前，西方心理学家普遍从特质论观点来界定道德认同，认为道德认同是道德与自我的联结，是将道德加入自我认同结构的过程。特质论是一种个人视角，强调稳定的特质因素的作用，在一定程度上肯定了道德对个体自身道德意义感、身份感和归属感的重要性，并认为加入道德成分的自我认同会激发个体的道德行为。

1. 道德认同是一种道德自我认同感

特质论观点把道德认同理解为个体区别于他人的特质。布拉西认为，道德认同产生于使个体的道德观念和道德行为相一致的心理需求，并认为，道德认同是道德自我的核心，通过道德自我，道德认同可以将道德判断和道德行为连接起来，道德认同作为道德行为的动机源。道德动机并非简单地认知"好人"的结果，而是在某种程度上想要成为好人的愿望，这种愿望与作为道德存在的自我感是一致的。

阿奎诺和里德将道德认同界定为围绕一系列道德品质所组成的自我概念，此概念以具体道德特质和社会认知取向的自我为基础。道德认同是社会认同的一部分，它反映的是个体对道德自我认同感。阿奎诺和里德认为每个人的道德认同也存在一种图式，通过相关特质词使道德自我认同图式得以凸显，同时也可以描述一个道德高尚的人是如何思考、感受和行动的。

哈迪（Hardy）和卡洛（Carlo）认为，道德认同是个体的道德系统和自我系统的整合，就像个体道德与自我认同之间的结合，它表明了个人自我认同中最核心的部分与道德相关的程度。换句话说，如果相比于非道德品质（如创造性），一个人的自我认同更强烈地联系着道德品质（如善良），那么我们就可以说这个人有很高的道德认同。于是，相比于其他认同，道德认同高的个体更加认为成为一个有道德的人很重要。

2. 道德认同的自我一致性

哈特等将道德认同界定为个体对一系列有益于他人行为的承诺具有自我一致性，他将自我认同加入道德领域研究中，并指出道德认同和人格特质变量相似，是一种个体差异的反映。道德认同对道德生活和道德失败具有一定的帮助，强调自我对道德追求的约束力，并认为，道德认同是自我意识和个人道德目标的连接、对自我一致性和自我连续性的觉知以及以一种道德空间内的定位三者所组成，并且这些特征的构造均受社会影响。①

科尔比和戴蒙强调道德认同是道德和自我系统的一致。他们认为，那些高道德者与其他人的区别就在于他们体验到个人目标和道德感的高度一致性。② 戴蒙从功能机制出发，认为道德认同是用道德原则界定自我，是"我想成为某种人"的核心价值观的感觉，对道德行为有激发作用的自我调节机制。③ 他认为，青少年道德认同的形成是建立与道德有关的一致和连续的自我感的过程，同样也强调道德认同对社会行为的作用，其观点与布拉西的观点相一致。

（二）图式角度：道德认同是道德自我图式的建构

图式的概念由康德最先提出，他认为，人类具有鲜艳认知图式——对时空的先天直观经验统合，一切知识都是经先验认知图式综合改造的产物。他认为，主客体之间的统一需要一个中介，以解决感性与知性、个别与一般、直观与概念之间的联结问题，这个中介即为"图式"。现代图式理论的代表人物是吕梅勒 - 瓦尔特（Rumel - huart）和明斯基（Minsky），他们认为，图式是一种用来选择和加工来自社会环境的输入信息的知识结构，包括过去反应和体验形成的，指导以后知觉与评价的知识体系，这些知识相互联系，较为持久。图式形成后，继而在个体的认知过程中发挥相应的功能，可以让人在社会世界中借由对注意、知觉、推理等认知过程作可行的操控，从而表现出与环境互动时必要的能动性。④

马库斯（Markus）首先将"图式"这个概念运用到"自我"的

① Hart, D., Atkins, R. and Ford, D., "Urban America as a Context for the Development of Moral Identity in Adolescence", *Journal of Social Issues*, Vol. 54, 1999, pp. 513 – 531.

② Colby, A. and Damon, W., *Some Do Care*: *Contemporary Lives of Moral Commitment*, New York: The Free Press, 1992.

③ Damon, W., *The Moral Advantage*: *How to Succeed in Business by Doing the Right Thing*, San Francisco: Berrett – Koehler Publishers, 2004, p. 174.

④ 黄华：《社会认知取向的道德认同研究》，《心理学新探》2012 年第 6 期。

研究上，提出了自我图式（self‐schemata）的概念。马库斯认为，自我图式与认知图式有同样的性质和功能，自我图式是自我概念的认知结构，是关于自我的认知概括。它源自过去的经验，可组织和指导个体社会经验中与自我有关的信息加工。与图式一样，自我图式可以作为选择机制，决定个体是否注意信息、信息的重要性如何、如何建构以及如何处理信息、对信息的输入和输出都有影响。①

研究者从图式角度出发，将道德认同定义为围绕着那些道德特征连接而组织起来的一种自我图式，而个体的道德行为机制在于其道德图式的习惯可及性，这可以解释为什么人们常常无法言明他们的道德行为，并且该取向也强调了社会情境因素和个体因素，也为理解特定个体以及情境因素在道德功能中的交互作用提供了有力支撑。

1. 道德认同是一种自我图式

菲斯克认为，图式代表着自我各个方面、关系和经验的内在知识结构，是一组高度抽象的知识结构。② 图式与道德内容相关联，则会组织和建立个体的道德自我图式，形成与道德概念相关的有组织的结构。菲斯克等认为，道德图式是用以指导人在道德实践过程中如何对原始材料进行采集、记忆和推理的理论或概念。从道德图式角度出发可以看出，道德认同是个人在自我认知图式基础上，通过道德实践活动中将与个体内在道德图式相一致的道德要求整合进自身道德认知图式知识结构中，构建内在道德图式的过程。

近年来，一些研究者从社会认知角度出发来理解道德认同，将道德认同定义为个体在一套道德特征下组织和建立起来的关于自我概念的一种道德认知图式，道德图式作为个体认知—情感相互作用下的行为模块是道德行为的基础。

2. 道德自我图式的习惯可及性

个体对信息的无意识、自动化的加工过程更容易受到图式启动的影响，因此，图式是道德判断快速产生的根源。基于此，人们通常是

---

① 郭永玉：《关于"人格"的界说及有关概念的辨析》，《常州工学院学报》2005年第6期。

② ［美］S.T. 菲斯克等：《社会认知：人怎样认识自己和他人》，张庆林、陈兴强译，贵州人民出版社1994年版。

根据其特定的情境下启动道德自我图式来接受和理解道德相关的社会信息，并进而做出相应的道德判断和行为。该过程的关键在于道德自我图式的可及性，而可及性和图式的惯用性密切相关。惯常启动的图式会引导人们选择性地对生活经验的某些方面投入注意资源，并在特定的情境或脉络下被启动或提取。①

拉普斯利（Lapsley）和纳尔瓦埃斯（Narvaez）将道德认同定义为"个体解释社会事件时道德图式的习惯可及性"②，阿奎诺等认为，"道德认同作为自我图式，如果是居于自我的中心或重要位置时，那将是一个习惯可及的图式，容易在相应的情境中被启动"。③ 在某些情境下，个体的道德自我图式较之于别的自我图式更为可及，以及有些个体的道德自我图式较之于别人更为可及，这反映了道德自我图式与外在情境相依，也是内在个别差异的一个重要维度。道德自我图式的高度习惯可及性可视为"道德专家"的一种体现，"专家"在社会认知理论来看并非天生的特质造成，实则是不断练习以及经验图式化的结果。因此，道德榜样实际上是经历了不同的情境训练的结果，因此，他们会对道德特别关注，进而形成自动化的觉知和行动能力。④

（三）内化角度：道德认同是外部道德向内部道德的移入

法国社会学家涂尔干（E. Durkheim）在《道德教育论》中提出内化概念，并指出社会意识本身具有规范体系，它超越个人意识独立存在，通过内化的过程植根于个人意识中，内化是指社会意识向个体意识的转化，将社会意识形态的重要因素移植于个体意识之内。美国心理学家阿伦森（E. Aronson）将内化视为把准则和信念纳入自身体系。沙弗尔（D. R. Shaffer）认为，内化是接受他人观点，继而将他人

---

① 黄华：《社会认知取向的道德认同研究》，《心理学探新》2012 年第 6 期。

② Lapsley, D. K. and Narvaez, D., "Character Education", In R. Lerner and W. Damon, eds. *Handbook of Child Psychology*, New York: Wiley, 2006, pp. 248 – 296.

③ Aquino, K., Freeman, D., Reed, A., Lim, V. K. G. and Felps, W., "Testing a Social – Cognitive Model of Moral Behavior: The Interactive Influence of Situations and Moral Identity Centrality", *Journal of Personality and Social Psychology*, Vol. 97, No. 1, 2009, pp. 123 – 141.

④ Lewis, M., "Self – Conscious Emotions: Embarrassment, Pride, Shame, and Guilt", In Lewis, M. and Havil, Jones J. M. eds., *Handbook of Emotions* (2nd ed), New York: Guilford, 2000, pp. 623 – 636.

观点转变成自己观点和品质的过程，并认为内化是一种过程，实现将行为从外部限制转为内部限制。在我国古代，庄子在《庄子·知北游》中提到："古之人，外化而内不化；今之人，内化而外不化。"用"内化"一词来说明人根据外在环境来改变其内在自然本性的活动。之后，中国传统思想家就多用"内化"一词来表达品德的养成途径。[①]

从道德内化视角出发，道德认同被界定为道德内化过程的一部分。阿奎诺和里德认为，道德认同拥有两个方面，其中一个重要方面就是内化，他们强调内化是道德特质居于自我中心的程度，并且道德内化可以预测捐赠行为。我国研究者何建华认为，道德认同是道德主体在原有的道德图式基础上不断同化社会道德规范于自身的道德结构，同时不断改变自身道德结构以顺应社会道德发展的过程。[②] 杨韶刚认为，道德认同是社会规范内化的关键过程，是社会规范接受过程中的中间环节，是个体建立规范行为自觉机制的开始。道德认同又是道德价值移入的关键环节。[③] 马向真认为，道德认同是外在的道德规范转化为个体内在的道德品质的必然过程，也是个体汲取道德营养，形成符合社会需求的道德认识、道德情感、道德意志和道德行为的必由之路。[④]

二　对学界观点的检视

综合学界三个视角对道德认同的界定，在某种程度上揭示了道德认同的本质，各有侧重，各有优缺。

特质论观点强调道德认同是个人自我系统和道德系统的整合，强调道德认同类似于人格特质，是道德行为差异的主要根源。在特质论看来，人们希望在个体心理和行为上与内在的道德自我保持一致，这是激发人们道德行为的内在动力，并且这种内在的道德一致性和连续感即是道德认同。因此，道德认同为人们了解道德行为背后的内在动机揭开了神秘的面纱，对指导人的行为与人类的发展有着重大意义。

① 刘仁贵：《道德认同概念辨析》，《伦理学研究》2014 年第 6 期。
② 何建华：《论社会转型期的道德认同》，《中共浙江省委党校党报》1996 年第 6 期。
③ 杨韶刚：《西方道德心理学的新发展》，上海教育出版社 2007 年版，第 355 页。
④ 马向真：《人格面具与道德认同危机》，《江苏社会科学》2007 年第 4 期。

特质论揭示了道德认同的心理机制，因此成为当前西方道德心理学研究道德认同的一种重要视角。特质论不仅强调了道德与自我同一性的整合，并向人们展示了各类道德榜样所具有的一些较为稳定的人格特征，以此加深了我们对道德认同的理解。但是，过分注重个体心理结构的特质论专注于道德认同的心理机制时，却容易忽视外在社会道德的变化发展以及对道德认同的影响。

图式论将道德认同定义为围绕着那些道德特征联结而组织起来的一种自我图式，而个体的道德行为机制在于其道德图式的习惯可及性，这可以解释为什么人们常常无法严明他们的道德行为，并且该取向也强调了社会情境因素和个体因素，也为理解特定个体以及情境因素在道德功能中的交互作用提供了有力支撑。图式论取向所定义的道德认同研究，能对道德行为进行预测，并且更关注道德认同发展变化的方面。相比于特质论所注重道德认同"已有"的一面，那么图式论所强调的是道德认同"正在发生"的一面。但是，图式论取向用德行之于自我感的重要性来说明道德心理的个别差异，但依然无法很好地解释道德心理独特性，也无法形成对道德典范的行为一致性的有效解释。而特质取向的道德认同研究能较好地解释这种超越情境或自我的道德长期承诺。因此，这意味着道德认同的研究需要更好地整合这两种取向。

内化论取向所界定的道德认同强调道德由外向内的移入过程，认为道德内化和道德认同是同一过程，道德认同就是道德内化的过程。但是，道德认同区别于道德内化，道德内化强调社会道德转化为个体道德过程，但是不关注个体主体性的参与，也不关注道德内化后是否产生外化行为，而道德认同则强调个体的主体性的参与，个体一旦认同了道德，就会由外向内，积极要求自己从精神上到行为上保持一致。因此，道德认同虽然和道德内化有一定的相似之处，但是道德认同强调了主体性的参与并指向了认同的行为结果，这区别于道德内化。整体而言，内化论取向的道德认同是一个比较宽泛的概念，相比于特质论取向和图式论取向的道德认同概念，内化论取向的道德认同更强调了一种道德由外向内的移入过程，但是，移入方式、移入效果、主体性的发挥等问题还有待研究者进一步的研究与探讨。

三　道德认同概念的厘定与基本特征

基于以上的分析可知，可以从特质论、图式论和内化论三个角度来理解道德认同，并且各有千秋并可相互补充。综合三种角度的优长并重新拟定道德认同概念，将道德认同定义为：道德认同是个体自我认同中的道德品质的重要程度，是个体对道德自我概念的思考与追求，并建立与个人定位的道德形象和道德身份的自我概念图式，并在知、情感与行为上保持一致的过程和状态。

以上对道德认同的界定揭示了道德认同的几个基本特征：

（一）个体性

道德认同是指个体如何思考自身，以及形成愿意成为什么样的人的道德自我概念。道德认同涉及个体与他人和社会的道德关系，以及社会道德对个体道德的影响，但是最后都会落实到个体自身，需要个体自身来建立、丰富与完善。

（二）社会性

道德认同最终要落实到个体，但是，个体是社会关系中的个体，道德认同对象的建立是通过社会规范而形成相一致的社会道德，社会道德对个体道德生成有着重要影响，而且个体的道德认同是在社会环境下通过道德实践形成和发展的，这需要社会条件来作保障，一旦社会环境发生变化，道德认同也随之受到影响。

（三）统一性

统一性涉及个体的许多方面的整合，统一性在人格中形成了内在的整体。道德自我感整合个人的道德价值和期待最终成为一个和谐的整体，能有助于个体道德认同的顺利建立与发展。

（四）连续性

连续性是指道德自我感在过去和现在是一致的，个体一旦形成道德信念、道德信仰等，就会产生一定的稳定性和持久性，个体会视自己的道德信念、道德信仰坚定不移。连续性表现在过去和现在都是一致的信仰，特别是成熟的道德价值和选择。

（五）过程性

道德认同作为一个过程，将社会环境所认可的社会道德移入个体自身形成个体内在道德，表现出道德从外部世界进行个体内部世界的过程性，具体表现为接触、认知、接受、反思、投射等过程。同时，道德认同的形成与发展也表现出阶段性，从个体的成长和发展来看，个体的道德认同在具体个体上也是一个不断发展的过程。

（六）指向性

道德是一种特殊的社会意识形态，人类需要道德，以此来规范人类在社会生活的秩序与规范，为人的行为进行规导。道德的最终目的在于培养道德意识、道德品质和道德行为，从而构建和谐的社会秩序。道德认同作为道德在人的心理、精神中的固化过程和状态，在一定的外部社会条件下，会对个体的行为产生影响，甚至可以成为行为的内在动力。因此可以看出，虽然道德认同不一定必须转化为道德行为，但是，一定对道德行为具有指向性。

从道德认同的概念及特征可以看出，道德认同不仅是个体的精神或心理活动，同时也是社会实践活动，与社会生活世界息息相关，反映了个体独立的道德人格发展过程，是随着人与社会在道德层面双向互动建构的过程。道德认同作为一种重要精神—实践活动，对人的存在、人的行为、社会主义核心价值观建构、社会道德教育等均产生重要的影响。

第三节　道德认同的结构

科尔伯格所代表的道德认知研究一直是道德心理学的主流，道德品质的发展与人的认知形成和发展密切相关，其形成取决于道德动机、道德判断和道德认知，并将道德认知视为道德行为的决定性动机，认为道德判断可直接引发道德行为，尤其在道德认知发展的较高阶段（如后习俗水平），道德原则意味着无可回避的道德责任。实际上，这种道德认知决定论并未获得经验研究与日常观察的支持。在道德生活领域，知行不一致的现象比比皆是。

道德认同研究正是在批判和超越认知研究传统的基础上涌现出来的一种新的研究取向，对道德理论研究与教育实践极富启发意义。关于道德认同的结构，研究者关注的视角不同，所提出的结构也不同，在此，笔者梳理科尔伯格道德判断与道德行为关系模型、莱斯特的道德四阶段发展模型、布拉西的三成分模型和阿奎诺的二因素模型并深入探讨道德认同的内在构成。

一　科尔伯格的道德判断与道德行为关系模型

科尔伯格通过道德判断晤谈（Moral Judgment Interview，MJI）建立的道德发展模型受到研究者的广泛关注。科尔伯格将道德推理分成三个水平，分别是前习俗期、习俗期和后习俗期，并且将这些水平分成不同的阶段，其中道德推理发展是由面向外部的判断到自律推理过程。科尔伯格认为，道德认知是对是非、善恶行为的准则及执行的认识，并集中表现在道德判断上。他认为，道德判断是道德认知发展理论的核心，是道德情感、道德意志和道德行为的前提，因此，他所研究的道德认知发展主要集中于道德判断的发展。科尔伯格认为，道德判断不同于其他判断，它具有价值性、社会性和规则性三种特征，具体表现在：首先，道德判断的价值性意味着道德判断是一种价值判断，而不是事实判断。价值判断是解决道德领域中应该不应该的问题，事实判断则是解决认识领域中是不是的问题。因此，科尔伯格对道德判断和推理的研究区别于皮亚杰对认知判断和推理的研究。其次，道德判断具有社会性，意味着道德判断是一种社会判断，即对人的判断，而不是对物的判断。对人的判断是指对社会活动中的人与人之间或群体之间各种冲突性的权利和义务的选择和判断，对物的判断则是对物理关系的判断和推理。最后，道德判断具有规则性，意味着道德判断是一种约定的或规范的判断，即对应该、权利和义务的判断，而不是对喜欢、爱好的判断。道德判断的约定性是引导、指向、驱动人们采取一定的道德行动。① 因此，科尔伯格将道德发展模式概括为道德阶段、义务判断、责任判断和道德行为的过程。

科尔伯格将道德判断的发展看成是一种单向发展的过程，并且认为，道德判断产生于道德行为本身，虽然这里没有单向的因果趋势，但是，道德发展的一个新阶段会导致新的行为，而新的行为由于包含冲突和选择会导致个体去建构一个新阶段的道德判断。这表明，科尔

---

① 郭本禹：《道德认知发展与道德教育》，福建教育出版社1999年版，第108页。

伯格的道德认知理论认为道德判断和道德行为之间是非单向关系，即道德判断不仅引起道德行为，并且道德行为也会影响道德判断。同时，科尔伯格对道德的义务判断和责任判断进行了区分，并认为义务判断指的是判断一种行为是正确的或者是有义务的，其判断的标准来源于规则或原则，属于"一级判断"，而责任判断则属于"二级判断"，即再一次实行"一级判断"的意愿。伯格曼（Bergman）认为，尽管科尔伯格并未使用一个惯用名称来说明关于责任判断的功能，但是，他声称在这个特殊功能中自我在道德行为中所扮演的重要作用。①

　　在科尔伯格的"道德判断与道德行为的关系模型"（见图 2 - 1）中，他划分了道德类型/阶段，并将责任判断与义务判断和四种自我调节机制（Ⅰ、Ⅱ、Ⅲ、Ⅳ）中的三种进行对应，对于机制Ⅳ阶段，科尔伯格强调了非道德技能和自我控制在情境中的重要性。值得注意的是，科尔伯格并没有重视一个正确的判断却没有被执行这一问题。但他也认为，情境因素在道德行为中是非常重要的，这也解释了科尔伯格在道德教育中所采取的方法，即营造公正的教室环境和社区环境。而且科尔伯格也承认他的道德认知和道德关系的模型与莱斯特的类似，说明科尔伯格对莱斯特的模型也非常熟悉。

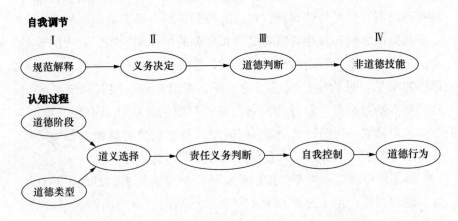

图 2 - 1　科尔伯格道德判断与道德行为的关系模型

---

　　①　Bergman，R.，"Why be Moral? A Conceptual Model From Developmental Psychology"，*Human Development*，Vol. 45，2002，pp. 104 - 124.

　　该模型是以道德认知发展理论为基础建构的道德认知与道德行为关系模型，充分地说明了道德认知在道德行为中的重要作用，但其不足之处在于：用单一的因素来解释道德行为的发生显得解释力不足，虽然科尔伯格后期也认为情境在道德发展过程中具有重要作用，但由于没有深入展开研究，使得其现有的理论模型不能很好地解释道德认知和道德行为相脱节的现象。

　　针对研究者对科尔伯格理论的批评，新科尔伯格理论对科尔伯格理论进行了辩护，对科尔伯格理论所遭受的批评进行总结，在对确定问题测验的实证研究和吸收认知心理学的新成果的基础上，对个体道德认知发展理论进行了反思和重构，打出了"新科尔伯格理论"的旗号，继承和发展了科尔伯格的道德认知发展范式。

二　莱斯特的道德四阶段发展模型

　　科尔伯格的学生，美国心理学家莱斯特提出道德发展心理模型，并指出个体的道德根植于社会环境和其自身的发展之中，B = f（P，E），道德行为的产生是认知和情感交互作用的结果，并明确提出了一个道德四阶段心理模型（见图2－2）。

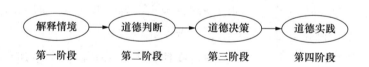

图2－2　莱斯特的道德四阶段发展模型

　　第一阶段：解释情境。这一阶段综合了霍夫曼和塞尔曼的观点，解释个人的行为是如何通过移情、观点采择来影响他人的。其中，个体对情境中的道德意义理解、解释是一个复杂的心理过程。

　　第二阶段：道德判断。这一阶段综合皮亚杰和科尔伯格的观点，系统地阐述道德理想在道德情境中的作用。在对情境的解释基础上，个体会对备选的行动进行道德行为判断，即做出判断的过程。

　　第三阶段：道德决策。这一阶段个体会从诸多相互冲突的价值中选择一个，并将其付诸实践，同时这里也包括是否完全践行或部分践行道德行为的决策过程。这里包括采取决定与动机过程，在道德判断的基础上，个体对自己道德行为赋予的价值超过了其他观念的价值，从而可做出将认知付诸实践的决定。道德决策有赖于个体的道德价值观在其价值观体系中的核心地位，道德判断过程中的价值观常常不是唯一的，非道德的价值观常常诱惑个体不能遵循道德判断去做出相应的道德抉择。因此，自我认同是促成道德行为的动因。

第四阶段：道德实践。在这个阶段中，自我的调节能力起决定性作用，在道德抉择的基础上，个体将道德意向转化为道德行为。

莱斯特的道德四阶段心理模型不同于以往的道德发展理论，而是综合考虑了知、情、意、行各种因素在道德行为产生过程中的作用心理活动。莱斯特的道德发展四阶段模型具体描述了个体从道德情境到道德实践所经历的心理活动。

三　布拉西的道德认同三成分模型

越来越多的心理学家来探讨道德认同在道德行为中扮演的重要角色。被誉为"现代道德认同研究之父"的布拉西认为，道德承诺是牢固的道德认同的核心，这种道德承诺和道德价值对个人理解而言是必不可少的。然而，并不是每个人都可以形成牢固的道德认同，那些较弱或者几乎没形成道德认同的个体表现出一种自我理解，即他们的道德概念处在自我重要性的外围，或者说并没有包含进自我重要性。布拉西将道德认同嵌入道德行为的自我模型中，用来解释为什么人们的道德判断可能与他的道德行为相一致。他认为，个体的道德判断能预测道德行为，假如这个过程受到道德认同的调节。在当时，布拉西的这个模型仅仅只是推测，拥有较少的相关的数据来支持。随后，随着布拉西其他关于道德自我研究工作的深入，他的道德认同模型开始变得具有一定的影响力。

布拉西认为，影响人们行为的主要原因是他们想成为某种人，所以道德行为往往受到维持个体形象的支配，而不是服从道德标准，他将道德认同界定为道德自我的核心。布拉西将道德自我认同分为两个维度：一个是主观自我认同，另一个是客观自我认同。道德认同的内容是客观的，道德认同的经验是主观的。主观自我认同的成熟会导致强烈的自我一致性，自我不一致会引起强烈的消极情感。个人需要按照保持自我看法一致性的方式行动。有关品德不良学生的研究也证明，学生有关自己声名与品德状况的自我概念直接与其行为的自律特征有关。当学生认为自己声名不佳，被别人认为品德不良时，他们也就放松对行为的自我约束。

在解决科尔伯格留下来的道德理解和道德行为关系的问题上，他提出了道德调节的自我结构模式，并认为道德认同模式可以用于填补传统道德心理学中道德认知与道德行为之间的鸿沟。布拉西认为，道德认同由道德责任判断、自我认同和自我一致性三个成分构成（见图2－3），道德认同对道德行为的动力作用通过这三种因素的相互作用而实现。

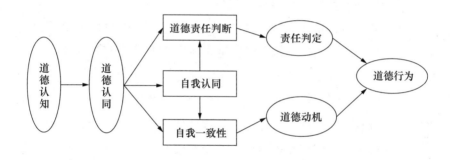

图2－3　布拉西的道德认同结构模型

从布拉西的模型来看，该模型认为，在特定情境下，个体不仅要按照道德判断的"正确"或"道德"去行动，而且还要做出责任判断，责任判断是连接道德判断和道德行为的必要环节，即个体必须评估是否对将要付诸的行为负有责任。责任判断来自个体的道德认同。

首先，在引导道德行为之前，个体会先进行责任判断，责任判断强调对自己判断善恶的行为负责任，而责任判断会受到道德认同成分之一——道德责任判断的影响，即当人们意识到自己负有不可推卸的道德责任时，会选择道德行为。如果道德价值对于一个人的自我或者认同非常重要，那么他就会感到一种高度的道德责任去实施道德行为。[①] 其次，道德认同是责任判断的依据。道德认同反映了个体差异，这种差异在某种程度上是个体自我感的核心和本质特征。当个体认为自己是"有道德的"（如认为自己是公正、诚实的一个好人），实际上是自我系统中的道德认同处在核心地位。在现实的环境具体的情境中，个体在采取行为前会进行责任判断，首先会考虑到自己的道德核心价值观，以及外界环境对自己的道德要求。当个体的道德处在自我概念中心时，成为"有道德的"人会成为个体人生价值目标，并引导其做出道德行为。

布拉西的道德认同模型强调了"自我一致性"，他认为，自我一致性是"自然人性中人与自我感保持一致的成分，当一个人的自我集中于道德利益时，这种一致性倾向被看作是道德行为的关键力量源泉"。自我一致性包括个体理性自我和现实自我的适切性、主我和客我取向的一致性以及个体过去、现在和未来时间维度的一致性。如果一个人的道德认同成熟，其自我一致性就会更加地依赖自我同一性的内同，例如道德价值观、目标等。道德认同起源于人做出行为决定时和人的自我观念一致的心理需要，道德是受自我理解和自我一致性制约的，道德认同到道德行为的产生是由自我一致性所支持的。

布拉西的道德认同模型得到研究者的认可，有助于人们理解道德认同在道德中的重要作用，并且在理解道德品质如何引导道德行为问题上，布拉西的观点得到很多研究的证实。戴蒙认为，当道德从儿童期向青春期发展时，个体的自我概念中开始融入道德的成分。[②] 换句话说，道德信念成为个体自我概念建构的主要模块。科尔比和戴蒙发现，严格遵守道德承诺并付诸行动的个体，会表现出高度的自我概念

---

① 曾晓强：《道德认同研究进展与德育启示》，《重庆工商大学学报》（社科科学版）2011 年第 4 期。

② Damon, W., "Self - Understanding and Moral Development from Childhood to Adolescence", In W. M. Kurtines and J. L. Gewirtz eds., *Morality, Moral Behavior, and Moral Development*, New York: Wiley, 1984, pp. 109 - 127.

和道德的统合性①，例如，道德榜样（如学者、神学家、宗教领袖）拥有高度的道德认同。哈特和费格雷发现，青少年道德榜样（由社区领袖提名）更多使用道德词汇（如诚实）来描述自己。②

针对布拉西模型，可以发现存在以下优势：（1）强调自我在道德行为中的核心作用，并且融合了道德与自我认同概念，为道德认知和道德行为提供了桥梁。（2）强调道德认同是激发个体道德行为的重要动机。（3）指出了个体一致性导致了道德行为上的差异，而不是其他道德能力问题，例如移情、道德推理等。（4）强调了道德需要作为道德认同与道德行为之间联系推动力的重要性。③ 此外，布拉西的观点假定道德认同具有持久性和时间上的稳定性。因此，能很好地解释道德模范榜样为何能坚守其道德承诺，并能在不同情境下保持道德决定的一致性。

然而，布拉西的模型也有一些问题尚未解决：（1）布拉西的道德认同模型将自我认同纳入体系，根据埃里克森自我认同的发展理论，从青春期开始到青年期结束的 10 年期间，个体在发展上处于自我认同的形成历程，当道德认同专注于道德利益时，才产生来自自我认同的道德动机，也就是说，在青年期主观的认同才能提供强烈的愿望来维持个体的自我感。但是，大多数先于青少年期的，道德不能被自我认同所激发。所以，布拉西的道德认同研究只适合个体发展阶段的早期阶段。（2）布拉西认为，通过调节道德认同能预测个体的道德行为，但是，布拉西并未描述这些道德心理成分的发展性的联系，并且也没有相关的数据来验证和支持。（3）布拉西的模型和他关于道德自我的研究具有高度的影响力。遗憾的是，布拉西的模型和思想并未完全具体化，相对而言他的模型与概念比较抽象并且很难运用到实证研

① Colby, A. and Damon, W., *Some Do Care: Contemporary Lives of Moral Commitment*, New York: The Free Press, 1992.

② Hart, D. and Fegley, S., "Prosocial Behavior and Caring in Adolescence: Relations to Self-Understanding and Social Judgment", *Child Development*, Vol. 66, 1995, pp. 1346–1359.

③ Sam A. Hardy and Gustavo Carlo, "Religiosity and Prosocial Behaviours in Adolescence: The Mediating Role of Prosocial Values", *Journal of Moral Education*, Vol. 34, No. 2, 2005, pp. 231–249.

究中。

四　阿奎诺的道德认同二因素模型

当前关于道德认同模型，阿奎诺的二因素模型拥有大量的实证基础。阿奎诺和里德在 2002 年便提出道德认同模型的构想，他们将道德认同描述为，"个体道德特质居于他或者她整体自我概念中心部位的程度"。[①] 在他大量的论著中，阿奎诺和他的同僚使用了社会认知取向来定义道德认同。因此，道德认同是一种认知的自我图式组织一套普遍的道德特质联结。在这种联结网络下，道德联结的强度反映了个体道德认同中自我重要性的程度。

道德认同的社会认知模型，基于马库斯的理论，即认为自我概念是一个复杂的系统，包含着多种认同，个体在其中需要作出平衡，在某些特定的情境下，只有少数人的认同进入意识并处于工作状态。[②]在特定情境下，会启动该认同的工作自我概念。基于此，人之为"有道德的"实则意味着其自我系统中特定的道德认同处于启动状态并促使其作出相应的道德行为。个体会表现出与该认同所依附的价值相一致的行为，其背后的机制是为了维系其自我一致性的需要。[③]

阿奎诺将道德认同模型两个维度界定为：内化（隐私经验）和象征化（公共表达）。从内化方面来看，道德认同是道德的认知表征，亦即道德相关特质对个体自我概念的重要程度；从象征化方面来看，道德认同可以通过现实的行动反映其道德特质程度，反映了个体期望这些道德特质体现于自己外部行为的程度。其中，道德认同的内在化即个体道德认同的自我重要性对个体捐赠、助人等道德行为具有显著的预测作用。[④]

---

① Aquino, K., McFerran, B. and Laven, M., "Moral Identity and the Experience of Moral Elevation in Response to Acts of Uncommon Goodness", *Journal of Personality and Social Psychology*, Vol. 100, No. 4, 2011, pp. 703 – 718.

② Markus, H. and Kunda, Z., "Stability and Malleability in the Self – Concept in the Perception of Others", *Journal of Personality and Social Psychology*, Vol. 51, 1986, pp. 858 – 866.

③ 黄华：《社会认知取向的道德认同研究》，《心理学探新》2012 年第 6 期。

④ Aquino, K., McFerran, B. and Laven, M., "Moral Identity and the Experience of Moral Elevation in Response to Acts of Uncommon Goodness", *Journal of Personality and Social Psychology*, Vol. 100, No. 4, 2011, pp. 703 – 718.

研究者采用自我报告问卷，要求被试来评估一组道德品质（具有同情心、慈悲、慷慨、公平、友好、有帮助的、勤劳工作、诚实和宽容）对他们的重要程度，其中，内化分量表包含五个项目，让被试评估这组道德品质对个人自我界定的中心度，象征化分量表也包含五个维度，测量个体道德自我图式通过个体行为向外投射的程度。阿奎诺和同僚在道德认同上开展了大量相关研究和实验研究。他们的相关研究主要集中探讨在道德认同上的个体差异。例如，阿奎诺和同事们发现，拥有高道德认同的个体报告出较强的志愿精神和捐赠行为；[①] 较高的道德责任感来关心外群体成员的需求和福利；较多的关于自己道德善良的回忆；较强的道德领导。阿奎诺的实验研究主要集中通过启动被试道德认同的可及性以便提高或抑制道德认同。提高个体的道德认同导致被试倾向于给时间做慈善而不是捐钱[②]和较少使用有效的道德脱离方法。[③] 而且，在较低道德认同个体的相关研究和实验研究中，刺激个体的道德认同可以提高被试的亲社会行为意向[④]和分享紧缺的资源给外群体成员的倾向。

关于道德认同的发展，阿奎诺的论著和研究强调个体间的差异而不是个体内的龄级变化。个体的差异被标记为个体认同有道德的人（具有同情心、慈悲、慷慨、公平、友好、有帮助的、勤劳工作、诚实和宽容）所具备的关键特质中的任何一种或者所有的程度，围绕他们组织一种自我图式，以此为基础而行动。道德认同的发展，就像其他基于社会认知结构的图式发展一样，取决于个体接触这些特质的机会，并且可能为了与这些特质相符合并表现出一致的行为（同情、慷

---

① Aquino, K. and Reed, A. Ⅱ., "The Self–Important of Moral Identity", *Journal of Personality and Social Psychology*, Vol. 83, 2002, pp. 1423–440.

② Reed, A., Aquino, K. and Levy, E., "Moral Identity and Judgments of Charitable Behaviors", *Journal of Marketing*, Vol. 71, No. 1, 2007, pp. 178–193.

③ Aquino, K., Reed, A., Thau, S. and Freeman, D., "A Grotesque and Dark Beauty: How Moral Identity and Mechanisms of Moral Disengagement Influence Cognitive and Emotional Reactions to War", *Journal of Experimental Social Psychology*, Vol. 43, 2006, pp. 385–392.

④ Aquino, K., Freeman, D., Reed, A., Lim, V. K. G. and Felps, W., "Testing a Social–Cognitive Model of Moral Behavior: The Interactive Influence of Situations and Moral Identity Centrality", *Journal of Personality and Social Psychology*, Vol. 97, No. 1, 2009, pp. 123–141.

慨等），这将使他们更习惯可及。阿奎诺特别强调，在青少年期教育
会影响道德认同发展。他和他的同僚研究发现，父母管教采用回应、
要求和自主准予的方式与青少年道德认同形成有积极关系。①

　　阿奎诺和他的同僚们通过实验研究为道德认同的稳定性提供了有
力的证据。如之前所论述的，阿奎诺认为，道德认同是一种个体自我
确定的重要部分的认知图式，这种自我确定是稳定可及的。阿奎诺和
同僚们表明各种活动能增加或减少个人道德认同的可及性。他们的启
动技术是提供有趣的线索，为了教育目标，为了他们说明如何容易地
影响个体道德图式可及性。在他们的研究中有效的启动技术包括：
（1）写下九个不同的道德词语，以自身为例运用这些词语讲述一个简
短的故事；（2）简单地写下九个不同的道德词语；（3）尽可能多地
列举十条法令；（4）完成包含十个道德词语的词语搜索难题。这些任
务每一种都导致增加被试道德认同图式的可及性，依次与更大的道德
理想解释、评价、意图和行为有关系。在教育应用方面，接下来需要
扩展这些研究结果，并要考虑到启动技术所能持续的时间。即使教育
者还没获得任何信息，他们也需要认识到，基于情境的道德认同低稳
定性，建立和维持一致强调或突出的道德环境至关重要。

---

① Hardy, S. A., Bhattacharjee, A., Reed, A. and Aquino, K., "Moral Identity and Psychological Distance: The Case of Adolescent Parental Socialization", *Journal of Adolescence*, Vol. 33, No. 1, 2010, pp. 111 - 123.

第三章　道德认同的形成与发展

第一节　道德的起源与形成

关于道德的起源与形成，一直是学术界争论不休的议题。关于道德的起源问题，就涉及道德的"先天"和"后天"问题。支持道德先天论观点的理论，主要有道德语法研究构架（UMG）和道德基础理论。UMG 有两个基本假设：其一，该理论认为，道德是先天的，模块化的；其二，该理论认为，道德有潜在的道德语法结构。UMG 理论认为道德能力好比语言能力，可以通过对道德直觉判断的研究来揭示隐藏于道德判断中的潜在原则。但是研究者也发现，道德语法概念对研究道德判断、道德发展和道德多样性的心理机制的价值有限，尚不能说明道德具有先天的语法结构。[1] 海德特等通过跨文化研究，提出了道德基础理论，也主张道德的先天论。其观点认为，道德直觉有五大基础——关怀/伤害、公平/欺骗、忠诚/背叛、权威/颠覆、圣洁/堕落，而且每种道德基础都与我们祖先生存所面对的适应性问题有关。海德特等认为，道德的形成与发展是基于道德五大基础内生道德的外化，个体美德的形成与发展受制于个体道德基础的成熟。但是该理论受到其他研究者的质疑，并认为，道德基础分类具有人为性，忽略了其他不同文化群体中可能存在的不同道德类型。

支持道德"后天"形成观的主要有品格伦理学家，他们认为，生

---

[1]　Dupoux, E. and Jacob, P., "Universal Moral Grammar: A Critical Appraisal", *Trends Cogin*, Vol. 11, pp. 373–378.

活中没有什么东西是没有道德意义的，所有人类行为都与道德有关。个体的道德品质不是出生时就有的，其美德与品行都必须在后天的教育中精心培育。品格伦理学家强调人的道德品质，不是行为本身，以及个体所固有的道德的、社会的和政治的方面。按照他们的观点，人在本质上是具有基本道德的，道德人是在美德、价值观和责任教育中形成和发展起来的。个体应为发现和培养在自我所固有的美德和价值观负责。① 该观点强调了教育和环境的变化对培养学生的道德品质具有重要影响，教育者应该建立培养学生良好道德品质的教育环境。

马克思与恩格斯关于道德的经典论述中，可以发现他们是支持道德"后天"形成观的。关于道德的起源，马克思认为："人们在自己生活的社会生产中发生一定的、必然的、不以他们的意志为转移的关系，即同他们的物质生产力的一定发展阶段相适应的生产关系。这些生产关系的总和构成社会的经济结构，即有法律的和政治的上层建筑竖立其上并有一定的社会意形式与之相适应的现实基础。物质生活的生产方式制约着整个社会生活、政治生活和精神生活的过程。"② 由此可见，马克思所讲的道德是作为某种特定的"意识形态"，根源于特定的社会经济结构，"归根到底是当时社会经济状态的产物"。恩格斯在《反杜林论》中对杜林唯心主义的道德观进行了批判，同时指出："一切以往的道德论归根到底都是当时的社会经济状况的产物。"③ 同时，恩格斯又指出："人们自觉地或不自觉地，归根到底总是从他们阶级地位所依据的实际关系中——从他们进行生产和交换的经济关系中，获得自己的伦理观念。"④ 这就明确了唯物主义对道德的起源观点，即认为道德是由经济基础所决定的。任何道德都不是凭空而来，应该从生产与交换的经济关系中寻找道德根源。

列宁重视共产主义道德教育，并强调培养青年的共产主义道德。1920 年 10 月 2 日，列宁在《共青团的任务》一文中对"共产主义道

---

① 杨韶刚：《道德认知与品格教育：一种整合的道德心理取向》，《思想教育研究》2011 年第 6 期。

② 《马克思恩格斯文集》第二卷，人民出版社 2009 年版，第 591 页。

③ 《马克思恩格斯选集》第 3 卷，人民出版社 1995 年版，第 435 页。

④ 同上书，第 434 页。

德"这一概念进行了科学论证，他指出："共产主义道德就是完全服从无产阶级斗争的利益，是从无产阶级斗争的利益中引申出来的，是为了把全体劳动者团结起来反对一切剥削和一切私有制服务的道德，是为巩固和完成共产主义事业而斗争的。"① 它是适应于生产资料私有制为基础的社会经济形态，忠于共产主义事业的道德体系。列宁认为，共产主义道德"是为了破坏剥削者的旧社会，把全体劳动者团结到创立共产主义新社会的无产阶级周围服务的"，"为了人类社会升到更高的水平，为人类社会摆脱劳动剥削制服务的。"② 共产主义道德只有转化为人们的道德品质从而支配人们行动的时候，才能彰显它的社会作用。列宁在《共青团的任务》中明确指出：青年们再过一二十年就会生活在共产主义社会里。所以，他强调要加强共产主义道德教育，重视培养青年的共产主义道德。"应该使培养、教育和训练现代青年的全部事业，成为培养青年的共产主义道德的事业。"③

第二节　自我认同的形成与发展

一　自我认同的形成

人们都希望认识自己，都想知道自己是什么样的人，自己的身体、心理和行为上的特征，这些特征对自己的意义，这些问题所涉及的是个体的自我概念。人们希望通过自我的特征以及自我评价理解过去的行为、解释现在的行为及预测将来的行为，使自我在时间上保持一致性，这就是自我认同问题。埃里克森将自我认同界定为"一种熟悉自身的感觉，一种知道'个人未来目标'的感觉，一种从他信赖的人中获得所期待的认可的内在自信"。在他看来，认同是个人在自己的整个生命周期不断面对自我定义的危机时的表现出来的独特的自我定义方式。个体从出生起，就承担一个长期的发展任务，就是建立自

————————

① 《列宁全集》第 31 卷，人民出版社 1986 年版，第 258 页。
② 《列宁选集》第 4 卷，人民出版社 1995 年版，第 353—355 页。
③ 《列宁全集》第 39 卷，人民出版社 1986 年版，第 302—303 页。

我身份，以此解释和应对社会和自然环境，也能解释个体自身的行为模式，这个过程在人的一生中从未停止，并且，在人生的头 20 年里，是自我身份建立的关键时期。

关于自我认同的形成，拉康的"镜像"理论论述了自我的构成和本质以及自我认同的形成过程。拉康认为，人类的认识起源于婴儿对自己镜中影像的认同。婴儿把镜中影像看作是自己的形象，将自己认同于镜中形象。正是从这一观察，拉康得出了关于认同的定义。他认为，认同是主体在认定一个形象时，主体自身所发生的转换。很明显，在与镜中形象认同的过程中，婴儿把自己的影像与自己联系起来了，从而一个根本性的转换发生了：变成了镜中影像，婴儿与自我既是联系的但却又是分离的、异化的。自我的建构既离不开自身也离不开自我的对应物——他者，而这个"他者"就来自镜中自我的影像，是自我通过与这个影像的认同实现的。这个镜中的"他者"不是别的任何人，正是婴儿自己根据自恋认同与自我联系起来的镜中自己的影像。①

青少年的自我认同是在儿童自居的基础上形成的。父母是儿童早期认同的对象，青少年自我认同的形成首先是要综合这种早期认同。如果父母的价值观、人生观、世界观、生活态度是错误的或混乱的，势必会影响孩子自我认同的形成。

二　自我认同的发展阶段

埃里克森从多个角度对自我认同做出了描述，自我认同才显得非常复杂，很难进行实证研究。并且，自我认同是一种对自我的整合感，是一种主观体验，因而对其进行实证研究就显得非常困难。1966年，詹姆斯·玛西亚（James Marcia）对自我认同的描述中分析出两个概念：危机和承诺，后来改为探索和承诺。② 玛西亚将这个概念视为自我认同的两个维度，并针对这两个维度设计结构访谈，结果发现，并不如埃里克森所说，每个青少年都会经历"认同与认同混乱"

① 刘文：《拉康的镜像理论与自我的构建》，《学术交流》2006 年第 7 期。
② Marcia, J. E., "Development and Validation of Ego – Identity Status", *Journal of Person-ality and Social Psychology*, Vol. 3, 1966, pp. 551 – 558.

危机。玛西亚认为，青少年期自我认同的发展经历了早期"解构"、中期"重构"和后期"巩固"三个阶段：

（一）阶段一：青少年早期的自我认同解构

这个阶段一般发生在 11—14 岁。在这一时期，青少年要体验人生中的许多新事件：青春期的生理变化、发展与同伴的新型关系、适应由小学到中学系统的复杂要求等，常常带来沮丧。这些急剧的生理、心理和社会知觉的变化唤起了早期青少年对自我认同问题的重要思考，他们开始重新考虑童年期的价值观和身份。

整个青少年期自我认同发展的一个明显的特征就是寻求自主需要与依靠需要之间的平衡。归属感和被遗弃感的主题是青少年早期最主要的自我认同主题。归属的需要和被认可、被支持的感觉是青少年早期认同形成的必要条件。凯根（R. Kegan）认为，埃里克森的勤奋感与同一感之间遗漏了一个阶段，即归属感对遗弃感阶段，认为是否被同伴群体所喜欢和接受也应成为许多早期青少年重要的问题。

（二）阶段二：青少年中期的自我认同重构

从心理的发展来说，青少年进入了皮亚杰的形式运算阶段。青少年中期一般是指 15—17 岁这一阶段。青少年中期的主要任务开始考虑重建自我认同，尽力地寻求自我认同与认同扩散之间的最佳平衡。这一阶段的青少年开始考虑关于价值观、道德以及生活的意义等这些更为广泛的问题。而对于道德的考虑以及有意义的价值观的发展在青少年中期的自我认同形成过程中起着重要作用。自我认同是通过个体的生理、心理发展与社会文化的相互调节而形成的，社会文化本身能够支持和鼓励同一性的形成。

（三）阶段三：青少年晚期的自我认同巩固

青少年晚期是指 18—22 岁这一阶段。这一时期个体要将童年期形成的重要认同整合到新的自我认同结构系统中。他们在寻找有意义的表达自己以及被社会认可的方式，开始发展一系列有意义的价值观以带到成年期的生活之中。晚期青少年认知能力的发展在一定程度上缓解了青少年晚期解决自我认同问题的压力。晚期的自我认同更好地解决了对社会环境的适应，调节了个体与社会秩序之间的关系，个体必须在一些环境中找到自己的生理和心理需要的满意感，人们根据能够帮助他们在一个特定环境生活的信息来修正他们的自我认同。

三　自我认同危机

自我认同危机是指青少年在重新认识自己的过程中由于没有获得同一性而产生自我意识的混乱。自我认同混乱会使个体产生退缩行为，使自己孤立于同伴、家庭之外，在群体中丧失自我身份。从人格的发展观来看，自我认同是内在自我及其与社会、文化环境之间的平衡，即"如果自我和社会整合良好，个体将有一种心理的幸福感，并伴随有一种内在的把握感、一种何去何从的方向感和确定的预期感以及自我的整体一致和连续之感"。[①] 一方面与自我发展相联系，它是一个人的真实自我、现实自我和理想自我一致性关系得以建立；另一方面又是自我与社会文化环境相互作用的适应性反应，产生经验的一致性和连续性，使个体生活在过去、现在、将来的自己无论在哪一个时间和空间都能在意识和行为的主体方面实现自我的统一。总之，在人的心理发展过程中，自我与社会环境是相互作用的，人在发展中逐渐形成人格，是生物的、心理的和社会的三个方面的因素组成的统一体。[②]

玛西亚根据青少年所遇到的冲突以及他们解决冲突的方式，建立了自我认同状态的理论模型。玛西亚基于埃里克森自我认同理论中的两个主要维度——探索和投入的程度划分了四种主要状态。"探索"指认同形成过程中个体对各种与己密切相关的问题，如政治信念、职业、社会角色等产生了茫然和困惑，这时个体需要对多种有意义的选择做出抉择。"投入"指个体为认识自己、实现自我并达到某一目标所使用和花费的时间、精力和毅力的程度。四种划分状态分别为：①自我认同完成型。具有高探索和高承诺的青少年是自我认同达成者，他们已经体验了探索，仔细考虑过各种选择，选择了自我投入的目标和方向，并对特定的目标、信仰和价值观做出了坚定、积极的自我投入。②自我认同延缓型。具有高探索和低投入的青少年是自我认

---

① Waterman, A. S., *Identity in Adolescence: Processes and Contents*, London: Jossey – Bass Inc., 1985, p. 60.

② 万增奎：《道德同一性的心理发展与建构》，博士学位论文，南京师范大学，2008年。

同的延缓者，他们正经历探索，尝试各种活动，希望发现引导他们生活的目标和价值观，积极地探索各种选择，但还没有对特定的目标、价值观和意识形态等作出有意识的投入。③自我认同早闭型。具有低探索和高承诺的青少年是自我认同早闭者，他们没有体验过明确的探索，却做出了投入，这种投入的来源是父母或权威人物等重要他人的期望或建议，青少年还没有体验过危机和探索就过早地做出了投入，是非自觉的。④自我认同扩散型。具有低探索和低投入的青少年是自我认同扩散者，他们没有仔细思考或解决自我认同问题，也没有详细计划将来的生活方向，既没有对各种选择进行探索，也没有做出投入。① 玛西亚根据埃里克森的观点，认为自我认同状态的发展是沿"扩散型（D）—早闭型（F）—延缓型（M）—完成型（A）"发展的。

随着纵向研究结果的积累，研究者发现个体并不总是有先后顺序地从一种状态到另一种状态，个体会出现反常的现象，如完成型（A）→早闭型（F）或者是完成型（A）→延缓型（M）等。克罗格（Kroger）将这种反应现象称为退行，并认为有些退行是适应性的，有些则是非适应性的。他提出退行的三种形式：失衡、僵化、整合失败，其中失衡是适应性的退行，如在斯蒂芬（Stephen）等描述的MA-MA（延缓型—完成型—延缓型—完成型）循环中，个体总是对新经验持开放的态度，不断进行整合。僵化和整合失败的退行则是非适应性的退行，如延缓型（M）→扩散型（D）或者是完成型（A）→扩散型（D）等，都是不利于个体发展的。

华特曼（Waterman）认为，随着年龄的增长，个体的自我认同会增强，而退行这一现象说明个体随着年龄的增长，自我认同反而削弱的现象。研究者对自我认同削弱的主要原因进行了探究，并提出了社会文化情境对自我认同削弱产生了一定影响。埃里克森提出自我认同概念时，他就注意到社会因素对个体自我认同的影响，并认为社会与个体发展水平的冲突造成了危机。玛西亚也认为自我认同的形成与发展会受到社会文化因素的影响，她发现，20 世纪 80 年代加拿大青年

---

① 王树青、张文新、纪林芹、张玲玲：《青少年自我同一性状态问卷的修订》，《中国临床心理学杂志》2006 年第 3 期。

被试中扩散状态的个体所占比例较以往有所提高，可能是因为这一时期加拿大的经济环境所导致。

从埃里克森提出自我认同概念到现在，虽然只有几十年时间，但是自我认同的研究受到学术界普遍重视，也取得了很大的进展。从对自我认同现象的静态描述到自我认同的实证研究，再到自我认同发展变化的影响因素，都展现出自我概念从理论走向实证、从笼统走向精确的过程。

第三节　道德自我的形成与发展

一　道德自我的形成

关于儿童早期道德人格，不管是来自皮亚杰和科尔伯格的道德认知观点，还是来自早期精神分析、社会学习理论的视野，童年早期的道德在性质上不同于晚期。儿童早期的道德主要反映的是和亲密的人的关系，如与父母之间的关系。传统道德理论认为，童年早期的道德更多来自外化，主要是对父母遵从的焦虑和逃避惩罚，科尔伯格把早期道德描绘为前习俗水平。对于儿童后期的道德，皮亚杰认为是来自自我中心，即以自我为取向而不是他人取向的动机。

道德自我的形成与发展是一个漫长的过程，当一个人开始对自己行为进行道德评价和要求时，他的道德自我就开始萌芽了。随着所接受的社会影响和身心的成熟，当个体能够不受他人的监督而主动地考虑到自己行为的社会道德意义，而以自己的社会角色与社会义务要求自己的思想和行为时，他的道德自我就初步形成了。

二　道德自我的发展

（一）婴儿期

从人生的发展阶段来看，道德自我的发展与自我意识的发展息息相关。在婴儿后期到幼儿早期，形成最初的比较薄弱的自我意识。婴儿后期，在与成人交往中，从自我感觉到形成自我表象，又到出现最初的自我概念——以第一人称"我"称呼自己为标志，意味着把自己从物我、人我混沌一体中分化出来，形成自己是一个独立的个体的认识。与此同时，出现"给我""我要"等意向活动，而后又从一般意向活动中分化出不依赖他人而独立活动的自我意向—自我独立性意向。不仅以"我"自称，仅要求"给我"什么，而且强烈要求"我自己拿""我自己走""我自己来"，等等。标志着完整的自我意识的第一次诞生。但是由于婴儿的生活范围狭窄，生活经验缺乏，自我意识水平有限，因此他们的道德行为只是一些萌芽的表现。我国著名发展心理学家林崇德在研究中发现，3岁前是儿童道德萌芽、产生的时期，是以"好"（或"乖""对""好人"）与"坏"（或"不好""不乖""坏人"）两义性为标准的道德动机，并依此引出"好""坏"的道德需求行为。① 此时，儿童不能掌握抽象的道德原则，其道德行为是很不稳定的。

（二）学龄前期

进入学龄前期，儿童的感觉、知觉、记忆、思维、语言、动作和人格发展在这一阶段都出现了质的飞跃，并且儿童逐渐产生了各种道德感，如同情感、互助感、尊敬感、羡慕感、义务感、羞愧感、自豪感、友谊感等。在该阶段中，虽然自我意识的发展直线上升，但是整体而言自我意识尚处于初步发展时期。由于缺乏对道德自我的主动知觉和把握，其道德认识的形成、道德情感的发展、道德信念的巩固、道德习惯的养成，主要受教育与环境外部力量影响，常常缺乏协调性、稳定性和连贯性。学前初期儿童的道德感很肤浅、易变，往往是由成人的评价而引起的。学前中期儿童已掌握了一些概括化的道德标准，会因为自己在行动中遵守了老师的要求而产生快感，而且开始关心别人的行为是否符合道德标准。中班儿童常向老师告状，就是由道德感而激发的，学前晚期儿童的道德感进一步发展和复杂化，他们对行为的好与坏、行为的对与错，有了比较稳定的认识，并且已具有比较明显的和强烈的爱国主义情感、群体情感、责任感、互助感和对别的儿童、父母、老师的爱以及自尊感和荣誉感。② 庞丽娟等发现，学

---

① 林崇德:《发展心理学》，浙江教育出版社1998年版，第215页。
② 同上书，第274页。

龄前期是爱国主义情感的萌芽期。[①] 在 4 岁左右，儿童开始形成义务感，但是这种义务感范围还比较狭小，在 5—6 岁，儿童能进一步理解自己的义务和履行义务的意义和必要性，并对自己是否完成义务和完成的情况如何有了进一步的体验。体验的种类不断分化，范围不断扩大，从自己亲近的人，扩展到自己的班级、幼儿园等。

在学龄阶段道德发展中，也是儿童观点采择能力发展的重要阶段。观点采择是指个体根据一定的信息对他人的内部心理状态（如观点、思想、情感等）的理解和推断。[②] 塞尔曼认为，儿童认识自己和他人的能力是以对其观点的假设或采择为前提的，要认识一个人，就必须理解他的观点并了解他的思想、情感动机和意图等影响、决定其外部行为的内部因素。因此可以说，观点采择在儿童社会认知发展中处于核心地位。哈里斯等研究指出，4 岁儿童往往以自己的感受代替他人的感受，而 6 岁和部分 5 岁儿童不仅能摆脱这种"自我中心"倾向，而且能较客观地、多角度地理解他人的情感体验，原因即在于他们具备了一定的观点采择能力。皮亚杰认为，儿童的同伴交往和互动能够促进其去自我中心和观点采择能力的发展，因为同伴互动为他们更好地认识自己的观点与他人观点间的差异提供了机会，使他们能够了解自己和他人在活动过程中对活动内容和相关问题可能存在不同的观点。

观点采择具有反思的特点，可能通过与他人互动使自己成为一个接受器，根据米德的观点，自我的建构是基于他人的基础，他人是自我行动的重要来源，使个体不断变得负有责任和义务感。根据库利的镜我观，个体如果违反日常社会规范，就会受到他者的惩罚，而且还会引起内心道德感的失调。在道德自我发展的开始阶段，儿童开始意识到自己的行为会影响他人。通过观点采择，使自己获得了自我感，这是避免消极后果的重要动机力量来源。

（三）学龄期

在西方，皮亚杰认为，通常 7—12 岁儿童的自律性道德，即服从自己的规定的道德获得了发展，并且以人与人关系的水平表现出来。

---

① 庞丽娟、田瑞清：《儿童社会认知发展的特点》，《心理科学》2002 年第 2 期。
② 同上。

科尔伯格指出，儿童从 7 岁开始便倾向于以常规道德评价道德行为，并维持习俗的秩序和符合他人的愿望。林崇德认为，从出生到成熟的整个时期，小学生的道德发展显示出来的基本特点就是协调性。[①]

在学龄期，道德发展过程中会出现"飞跃"或"质变"现象，是儿童道德发展的关键时期。在整个小学阶段，儿童开始逐渐形成系统的道德认识以及相应的道德行为习惯，年龄越小，言行越一致，随着年龄的增长，逐渐形成言行不一的现象。年龄小的学生，由于缺乏道德经验和道德活动策略，动机简单，自我调节技能较低，在道德认识、言行上往往直接反映教师和家长的要求。从表面上看，他们的言行是一致的，但是实际上是一种较低的一致性水平。小学高年级的学生，其自我意向中出现新的强烈的独立性，自我认识也有重大发展，已能对内部心理活动和个性品质进行自我评价，但往往带有较大的主观片面性。因此，高年级的小学生会掩饰自己的行为，会对他人的行为进行评价，他们的行为和教师及家长的指令出现一定差异。

我国学者李伯黍主持的儿童道德发展研究表明：中国儿童 4 岁已能基本上摆脱成人的影响，开始做出较多的独立道德判断；7 岁儿童的主观性判断已经有了明显的发展，到了 9 岁，这种判断已基本上取代了客观性判断，与国外儿童相比年龄均有些提前。在公有观念的发展上，中国 5 岁儿童已经具有了初步的分辨公私关系的能力，做出正确判断的转折年龄在 7—9 岁。在集体观念的发展上，中国一年级小学生已开始出现集体意识，根据为集体的动机做出判断的比例随年龄的增长而递增。

（四）青少年期

在青少年阶段，青少年的自我意识得到了突飞猛进的发展，能进行道德反省与监控，道德自我也相应地彰显出来，统摄知、情、意、信、行的内部因素逐步生长起来。卢文格曾指出，道德自我在青少年自我的发展中逐步占据中心位置，因为青少年时期是道德自我发展成熟的关键期。

在该阶段中，青少年逐渐掌握伦理道德，能够独立、自信地遵守

---

① 林崇德：《发展心理学》，浙江教育出版社 1998 年版，第 331—343 页。

道德准则，即从他律道德转为自律道德，能够服从自己的人生观、价值观和道德标准。青少年的道德行为不仅按照自己的准则规范定向，而且通过逐渐稳定的人格产生道德和不道德的行为方式。在具体的道德环境中，可以用原有的品德结构定向系统地对这个环境做出不同程度的同化，还能做出道德策略，能将道德计划转化为外观的行为特征，并通过行为所产生的效果达到自己的道德目的。青少年可以通过反馈信息，调节自身行为，以满足道德需求。[1]

同时，该阶段的青少年会面临生理上的剧变，例如，外形、机能和性发育成熟，心理发育跟不上身体发育，因此，该阶段青少年具有冲动的特性。在思维上，青少年的思维易产生片面性和表面性，表现为好怀疑、固执、走极端。在情感上，青少年情感时而奔放，时而消极、绝望。可以看出，青少年的自控能力较差，易动摇，该阶段的道德虽具备了伦理道德的特征，但仍旧不成熟、不稳定，具有较大的动荡性。

三　道德自我认同形成与发展条件

（一）道德自我认同的形成离不开个体自我意识情绪的发展

在道德发展阶段中，自我开始认识到自己的行为结果会引起他人的评价。儿童也渐渐意识到这个评价过程的意义，逐渐形成了一套自我评估系统。当自我评估个人行为不符合社会准则，会出现道德内疚感、羞愧感，这意味着道德自我情绪的出现。自我意识情绪作为道德情绪，通过自我意识将个体和社会联系起来。然而，自我意识由许多不同的自我部分或自我认同组成，其中有些认同在整个自我认同层级中的位置非常显著，并引导着个体的行为，个体的道德认同就是其中的典型代表。[2] 史迪斯（Stets）等研究者指出："个体的道德自我认同处于整体认同层级的较高水平，是自我认同的核心，影响着个体的其他认同，如角色认同和群体认同，并引导着个体的道德行为。"[3] 人

---

① 林崇德：《发展心理学》，浙江教育出版社 1998 年版，第 411 页。

② Stryker, S., *Symbolic Interactionism: A Social Structural Version*, Caldwell, NJ: Blackburn, 2002.

③ Stets, J. E. and Michael, J. C., "The Moral Identity: A Principle Level Identity", In McClelland, K. and Fararo, T. J. eds., *Purpose, Meaning, and Action: Control Systems Theories in Sociology*, New York: Pslgrave Macmillan, 2006, pp. 293 – 316.

们的实际行为或行为期望如果和道德自我认同存在差异，就会产生消极的自我意识情绪。

自我意识情绪是个体根据道德自我认同标准，比较不同情境下的行为或行为倾向时产生的道德情绪。[①] 换言之，人们在社会生活和人际交往中，会对各种自我认同进行道德评价和自我证实，对道德自我的证实和证伪都会产生自我意识情绪。如果个体的行为及其倾向违背了道德自我认同标准，个体不能证实道德自我的时候，会产生内疚、羞耻等情绪，个体会通过道歉或其他补偿行为修复道德自我。而且，道德自我认同在个体认同层级中的地位越高，这种证伪所唤醒的消极情绪就越强烈；[②]反之，当个体行为及其倾向和个体道德认同标准一致时，个体会产生积极自我意识情绪和其他道德情绪，如自豪、崇高等，并通过继续产生正确行为来证实道德自我。[③] 因此，道德自我和自我意识情绪的相互作用，促进了个体的社会发展，提高了其社会适应和人际交往的水平，同时也推动了社会的和谐与稳定。[④]

（二）道德认同的发展离不开社会实践

个体对社会准则的道德理解发展依赖个体关于社会的复杂性知识结构，特别是对道德规定性知识的掌握。[⑤] 在青少年早期，自我意识尚处于初步发展时期，由于缺乏对道德自我的主动知觉和把握，其道德自我认同主要受教育与环境等外部力量强大介入的影响，常常缺乏清晰性、稳定性和连贯性。道德认同的建立是一个长期的生成发展过程，要经过从他律向自律的转变。

[①]　Turner, J. H. and Stets, J. E. , "Moral Emotions", In Stets, J. E. and Turner, J. H. eds. , *Handbook of the Sociology of Emotions*, New York：Springer, 2006, pp. 545 – 566.

[②]　Stets, J. E. Michael, J. C. , "The Moral Identity：A Principle Levelidentity", In McClelland, K. and Fararo, T. J. and eds. , *Purpose, Meaning, and Action：Control Systems Theories in Sociology*, New York：Pslgrave Macmillan, 2006.

[③]　Turner, J. H. and Stets, J. E. , "Moral Emotions", In Stets, J. E. and Turner, J. H. eds. , *Handbook of the Sociology of Emotions*, New York：Springer , 2006, pp. 545 – 566.

[④]　俞国良、赵军燕：《自我意识情绪：聚焦于自我的道德情绪研究》，《心理发展与教育》2009 年第 2 期。

[⑤]　Keller, M. and Edelstein, W. , "The Development of the Moral Self From Childhood to Adolescence：Some Implications for Moral Functioning", In G. G. Naom and T. E. Wren eds. , The Moral Self, Cambridge, MA：MIT Press, 1993, pp. 310 – 336.

道德认同是在社会实践与交往中不断获得认知、语言和行为的过程。拉普斯利和希尔的研究表明，青少年道德认同的形成过程中，对道德事件的心理表征过程得益于其对相关的生活经验的反思或他者（如监护人）进行协商和对话。① 道德认同的建构是基于"重要他人"的影响，"重要他人"是道德行动的重要来源，使个体不断变成负有责任和义务感。根据库利的"镜我观"，个体如果违反日常社会规范，就会受到他者的惩罚，而且还会引起内心道德感的失调。②

（三）道德认同的建立离不开道德教育

关于道德认同的发展，阿奎诺的论著和研究强调个体间的差异而不是个体内的龄级变化。个体的差异被标记为个体认同有道德的人（具有同情心、慈悲、慷慨、公平、友好、有帮助的、勤劳工作、诚实和宽容）所具备的关键特质中的任何一种或者所有的程度，围绕他们组织一种自我图式，以此为基础而行动。道德认同的发展，就像其他基于社会认知结构的图式发展一样，取决于个体接触这些特质的机会，并且可能为了与这些特质相符合并表现出一致的行为（同情、慷慨等），这将使他们更习惯可及性。阿奎诺特别强调，在青少年期教育会影响道德认同发展。他和他的同僚研究发现，父母管教采用回应、要求和自主准予的方式与青少年道德认同形成有积极关系。③

---

① Lapsley, D. K. and Hill, P. L., "The Development of the Moral Personality", In D. Narvaez and D. Lapsley eds., *Personality, Identity, and Character: Explorations in Moral Psychology*, NewYork: Cambridge University Press, 2009, pp. 185 – 213.

② 万增奎：《道德同一性及其建构》，《外国教育研究》2009 年第 12 期。

③ Hardy, S. A., Bhattacharjee, A., Reed, A. and Aquino, K., "Moral Identity and Psychological Distance: The Case of Adolescent Parental Socialization", *Journal of Adolescence*, Vol. 33, No. 1, 2010, pp. 111 – 123.

第四章　道德认同与环境

第一节　哈特的道德认同形成模型

一　哈特的五因素道德认同模型

研究者们针对青少年道德认同结构开展了大量的调查研究，在尤尼斯（Youniss）和耶茨（Yates）的道德实践活动观基础上，哈特提出了道德认同形成模型。哈特认为，道德认同意味着一种承诺，即采取一系列提高或保护他人福利的行动，以此使自我感一致。哈特的道德认同发展模型（见图4-1）有五个影响因素和两个结果变量，阐明了影响道德认同形成的直接原因和间接原因，以及道德认同形成后带来的积极效应。

哈特认为，人格和社会可以直接或间接影响道德认同的形成。人格、社会影响是背景性的、相对稳定的、不可控的因素，对道德认同的形成有直接和间接作用。人格是个体与社会环境相互作用表现出的一种独特的行为模式、思想模式和情绪反应的特征，也是一个人区别于他人的特征之一。哈特认为，能够调控情绪、积极与他人互动的个体能更好地发展道德认同（直接影响）。人格通过影响社会和道德思维、自我概念、与他人和机构的关系等间接影响道德认同的形成。[1][2]

---

① Hart, D., Field, N. P., Garfinkle, J. R. and Singer, J. L., "Representation of Self and Others: A Semantic Space Model", *Journal of Personality*, Vol. 65, 1997, pp. 77 – 105.

② Hart, D., Keller, M., Edelstein, W. and Hofann, V., "Childhood Personality Influences on Social – Cognitive Development: A Longititudal Study", *Journal of Personality and Social Psychology*, Vol. 74, 1998, pp. 1278 – 1289.

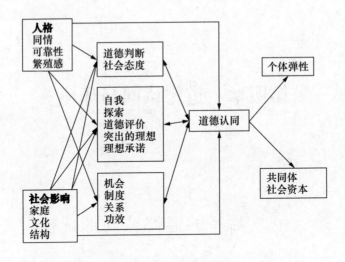

图 4 - 1　道德认同发展模型（Hart，1999）

　　持久的社会影响也能预测道德认同的形成。社会阶层能影响到青少年发展的很多方面，包括道德与社会判断[①]、自我概念。[②] 家庭、学校、社区和社会机构，这些拥有支持性和帮助性的社会支持系统能够为青少年提供实施自己能力的道德抱负（如帮助孤寡老人、留守儿童、流浪动物等），有利于发展青少年的道德认同。而未受到社会结构支持的青少年，如家庭混乱、贫穷，无怜悯之心的个体可能会阻碍道德认同的形成。哈特认为，家庭环境在认知和情感上的支持能有助于发展青少年的学习和社会技能，青少年和他们父母的民主互动有利于道德判断的发展。[③] 高水平的儿童/父母的联合活动和父母身份认同与青少年期的精化加工以及成年期的复杂形式的道德推理有关。哈特的一项关于青少年道德认同形成的追踪研究，着重强调了家庭因素对道德认同的影响作用，研究结果发现，家庭因素能直接影响青少年道

　　① Colby, A., Kohlberg, L., Gibbs, J. and Lieberman, M., "A Longitudinal Study of Mora Judgment", *Monographs of the Society for Research in Child Development*, 1983, Serial No. 200.

　　② Hart, D. and Edelstein, W., "The Relationship of Self - Understanding to Community Type, Social Class, and Teacher - Rated Intellectual and Social Competence", *Journal of Cross - Cultural Psychology*, Vol. 23, 1992, pp. 353 - 365.

　　③ Walker, L. J. and Taylor, J. H., "Family Interactions and the Development of Moral Reasoning", *Child Development*, Vol. 62, 1991, pp. 264 - 283.

德认同发展，认知和社会丰富的家庭环境下，家长—青少年高水平的
联合活动程度越大，有利于青少年志愿服务活动参与，这是道德认同
形成的一个重要标志。①

在哈特的道德认同发展模型中，道德判断/社会态度，自我和道
德行动的机会影响着道德认同的形成，也是人格和社会结构影响道德
认同的中介变量，而且三者与道德认同存在交互因果关系。例如，个
体认知水平和认同都很高，则道德认同较高；道德价值观也会促进他
们道德对认同的整合，同时，道德判断与所谓的道德认同有关的自我
概念联系被许多研究者所关注。自我概念对道德认同的形成发挥着重
要作用，哈特认为，对有关亲社会活动的承诺既是理想自我形象的结
果又是其来源。他认为，虽然道德承诺的深度可能不会引起道德目标
者的满足感和尊重感，但是，付出时间做志愿服务的青少年拥有指向
行为的理想自我，并且行为的承诺引起与活动相一致的理想自我的新
归因。

道德认同的形成意味着个体能具备较好的个体心理弹性，积累社
会资本并能为社会福利做出贡献。心理弹性指的是主体对外界变化了
的环境的心理及行为上的反应状态。该状态是一种动态形式，有其伸
缩空间，它随着环境变化而变化，并在变化中达到对环境的动态调控
和适应。心理弹性也是身心发展良好的重要标志，是道德认同形成的
积极结果。社会资本是人与人之间的联系，存在于人际关系的结构之
中。社会资本的积累表现在人与人的社会互动中，丰富的社会资本是
道德认同形成的重要体现。里德和阿奎诺的研究发现，高内在化道德
认同的个体，减少了对外群体的敌意，更多的自我报告要关心外群体
的需要和福利；对内群体的救灾工作，有更积极的评价；向外群体捐
赠更多的钱；对那些向自己内群体做了不道德行为的外群体成员，给

---

① Hart, D., Atkins, R. and Ford, D., "Family Influences on the Formation of Moral Identi-
ty in Adolescence: Longitudinal Analyses", *Journal of Moral Education*, Vol. 28, No. 3, 1999,
pp. 375 – 386.

予了更多的原谅。①

二　哈特模型的启发

布拉西的道德认同模型强调自我的能动性和主体性，哈特则认为，布拉西等倾向于将道德认同视为类似于人格特质的个体差异变量，这种倾向限定了道德认同的解释力，因为作为道德人格特质，不能解释：（1）道德生活的特定性，即道德榜样并非所有情境下都表现出高道德认同；（2）道德灾难，制造出道德灾难的人很可能就是高道德认同者。哈特强调道德认同是一种演化中的社会建构而非持久性的结构，它随着社会情境而变化。②③道德认同既存在个体差异又依社会情境表现出波动性。

哈特的道德认同发展模型强调了人格、社会影响、道德判断、自我概念与道德行动机会五个因素的作用，并认为在道德活动机会上，道德认同受制于外部因素影响，如家庭环境和社区环境。道德氛围浓厚的家庭有利于培养儿童的道德理想自我观和亲社会行为，有助于道德认同的形成。社区提供道德活动机会（如志愿服务活动）有利于营造社区道德氛围，便于向青少年传播道德价值观，建立积极的道德榜样，有利于道德认同的形成。因此，哈特的道德发展模型为道德教育提出了借鉴——重视家庭道德教育和社区道德参与活动，并鼓励社会结构为青少年提供场所，将道德价值、道德目标整合入青少年的道德自我人格中。

我们在哈特的道德认同发展模型基础上，将影响道德认同发展的五因素区分为个体内环境影响因素，其中包括道德认知（道德判断）、人格和自我，外部环境影响因素则主要包括家庭环境、社会机构等，如家庭的道德氛围、社区提供的道德行为参与机会、学校的道德价值观宣传等，为个体提供了不同的道德情境，也对个体的道德认同形成

---

① Reed Ⅱ, A. and Aquino, K. F., "Moral Identity and the Expanding Circle of Moral Regard Toward Out – Groups", *Journal of Personality and Social Psychology*, Vol. 84, No. 6, pp. 1270 – 1286.

② Hart, D., "Adding Identity to the Moral Domain", *Human Development*, Vol. 48, 2005, pp. 257 – 261.

③ 曾晓强：《国外道德认同研究进展》，《心理研究》2011 年第 4 期。

产生不同的影响。

第二节 内环境对道德认同的影响

一 人格对道德认同的影响

人格是在生物基础上受社会生活条件制约而形成的独特而稳定的具有调控能力、倾向性和动力性的各种心理特征的综合系统。[①] 作为决定人的典型行为方式的心理系统或动力结构，人格会直接影响到人们在环境变化及其适应过程中的态度、信念、情绪和行为。[②] 大量的实证研究表明人类的道德行为绝对大多数是由人格所决定的。米德拉斯基（Midlarsky）等研究发现，灾难拯救者比旁观者更具有利他的道德判断能力、社会责任感和同情心。[③] 西方研究者致力于人格的结构及其发展特征的有效评价，形成了具有一定跨文化普适性的"大五"人格结构，即外倾性、神经质、开放性、随和性和尽责性。有研究表明，大学生外向、宜人、开朗的性格与亲社会行为呈显著正相关，而谨慎、神经质与亲社会行为呈负相关；神经质、精神质、内外向人格特质与大学生攻击行为有密切关系，神经质、精神质得分越高，攻击性也越高，性格越外向，攻击性越低；反之，攻击性越高。[④]

关于人格对道德认同的影响，哈特选择了 28 个 3—6 年级的儿童开展了追踪研究，他将儿童分成了灵活型、高可控人格型和低可控人格型三组，其中自我独立、语言流利、善于沟通、任务专注和有灵活冒险的儿童被安排到灵活型组，害羞、安静、焦虑和缺乏独立性的儿童被安排到高可控组，冲动、倔强、好动的儿童被安排到低可控组。

[①] 杨丽珠：《幼儿个性发展与教育》，世界图书出版社 1993 年版。

[②] 杨丽珠：《中国儿童青少年人格发展与培养研究三十年》，《心理发展与教育》2015 年第 1 期。

[③] Midlarsky, E., Fagin, Jones S. and Corley, R., "Personality Correlates of Heroic Rescue During the Holocaust", *Journal of Personality*, Vol. 73, 2005, pp. 907–934.

[④] 姚敏、周生江、于海涛：《道德价值观对大学生道德行为的影响：人格的中介作用》，《中国特殊教育》2015 年第 9 期。

结果发现，灵活型组的儿童很少有行为问题，高可控组的儿童表现为内化倾向，低可控的儿童表现出很多学校行为问题。哈特认为，容易控制自己情感并有效地和别人互动的个体更可能发展道德认同。

研究还发现，儿童期的人格特征可以预测青少年期（10年后）的志愿服务参与水平，人格较富弹性的儿童比过度抑制型和低控制型儿童在未来更有可能积极参加志愿服务。此外，针对成人的横断研究也发现弹性人格同参与志愿服务显著相关。[①] 沃克等发现，道德榜样的责任感和宜人性特征最突出，在三种道德榜样中，勇敢榜样的外倾性特征最强，关怀榜样的宜人性特征最强，公正榜样的责任感和经验开放性最突出。[②]

布伦特·麦克弗兰（Brent McFerran）等考察大五人格中的尽责性、随和性和开放性三种人格特质和道德认同对个体伦理思想的影响，结果发现，意识形态能够调节道德人格、道德认同和有组织的公民行为与道德脱离倾向的关系。[③] 以往研究表明，道德认同扮演着激励力量，为了达成自我一致性，道德认同促使人们将道德认知转变为道德行为。而麦克弗兰等的研究认为，道德认同能影响道德信念的内容，例如那些将他们道德身份视为可以认可原则思想的可高度自定义的人们。

吴鹏等对高中生社会责任心与道德认同的关系进行了探讨，研究发现高中生社会责任心与道德认同的内、外维度都显著正相关，表明道德认同反映了个体对道德即道德价值的认同。对于道德很强烈认同的个体，会在自我概念中形成与社会道德要求一致的自我形象。而各种文化下，道德均重视个人对他人、社会、国家的责任，所以，社会责任心也成为道德人格特质的一种要求，社会责任心较强的个体就会

---

① Hart, D., "The Development of Moral Identity", In Carlo, G. Edwards, C. P. eds., *Nebraska Symosium on Motivation*, NE: University of Nebraska Press, 2005, pp. 1165 – 1119.

② 王云强、郭本禹：《当代西方道德人格研究的两类取向》，《心理科学进展》2009年第4期。

③ McFerran, B., Aquino, K. and Buffy, M., "How Personality and Moral Identity Relate to Individuals' Ethical Ideology", *Buiness Ethics Quarterly*, 2011, pp. 35 – 56.

有较高的道德认同。①

二　自我认同对道德认同的影响

自我认同是指个体对自己的本质、价值、信仰等一种相当一致并完整的统一的意识，是一种复杂的心理现象，是对"我是谁"答案的探寻。自我认同发展是一个发展性的问题，也是一个长期过程。自我认同受个人所处的文化背景影响，在主观上表现为个人生活的方向感和意义感，具有自我导向的目标意识。在客观上，它保证了个体与社会道德有机整合，人们将自己的道德整合进自我认同才能引发道德信仰与道德行为。

布拉西为了填补道德认知与道德行为之间的缝隙，提出了道德动机理论，并认为道德认同是连接道德判断和道德行为的桥梁。人们在作出道德判断时，会思考我是一个什么样的人，理想的道德自我具有什么样的品质等，这些问题会影响个体的自我感，个体也会将道德要求融入自我当中，形成自己的道德价值与道德信仰，并影响个体的道德行为。有研究者发现，一些人未能按照道德信仰行事，是因为这种信仰不是自己的，未能将真正的道德整合进个体的自我认同中。②

身份角色理论将自我视为由个人、角色和社会认同组合而成的突出层次的结构。个体的身份涉及一组个体维持自我的价值，以及主要的自我呈现。角色认同涉及个体在社会情境和设置下所处的不同位置，社会认同则表现为个体作为社会群体中的成员所承担的责任与义务，社会身份意味着责任和随后所做出的行为决定。③ 哈特断言：青少年通过学校课程和社区活动发展这些角色相关的认同，青少年需要调和这些矛盾的身份。④ 个体自我认同的形成意味着个体会形成美德的身份，意味着个体能够按照社会规范去生活，也意味着个体能在现

---

① 吴鹏、刘华山：《高中生社会责任心与网络不道德行为的关系研究——道德同一性的调节作用》，《华东师范大学学报》（教育科学版）2015 年第 1 期。

② Bergman, R., "Why be Moral? A Conceptual Model from Human Development", *Development Psychology*, Vol. 45, 2002, pp. 104 – 124.

③ Stets, J. E. and P. J. Burke, "Identity Theory and Social Identity Theory", *Social Psychology Quarterly*, Vol. 63, 2000, pp. 224 – 237.

④ Harter, S., *The Construction of the Self: A Developmental Perspective*, New York: Guilford Press, 1999.

实中找到自己的位置，并在这个位置上奉献自我，实现自己的价值。

三　移情对道德认同的影响

移情是一种认知他人观点，并理解他人感受的能力，能够促进亲社会行为的产生[1]，是利他行为的重要促进要素。[2] 移情有两方面的维度：第一个维度是观点采择能力，是一种认知过程，表现为去自我中心化，能从他人的角度看世界的能力。如果个体能够认识到他人需要帮助，能产生自发的助人行为。第二个维度属于关心与同情，指的是对他人需要的一种客观的关心和同情的情感反映，能理解他人处境、对他人有同情心的个人能更多地参与社区服务。

在哈迪等的研究中，将移情视为道德认同的结果变量。研究发现道德认同与移情正相关，并且道德认同可以正向预测移情。[3] 这意味着高道德认同者能够关心他人，具有同理心和同情心，能设身处地去感知他人的处境，渴望减轻他人的痛苦。研究者将移情分成状态移情（特定情境中的移情唤醒）和特质移情（在不同场合下都体现出来的一般的移情倾向），并发现状态移情与亲社会行为呈直接正相关，而特质移情在状态移情和亲社会行为之间起着中介作用。特质移情水平高的人，更倾向于宽恕他人，降低侵犯行为发生的概率[4]，实施亲社会行为。[5]

---

① Eisenberg, N., Fabes, R. A. and Spinrad, T. L., "Prosocial Development", In N. Eisenberg, W. Damon and R. M. Lerner eds., *Social, Emotional, and Personality Development* (6th Ed.) *Handbook of Child Psychology*, Hoboken, NJ: USA: John Wiley & Sons Inc., 2006, pp. 646 – 718.

② Batson, C. D., "Prosocial Motivation: Is It Ever Truly Altruistic?", *Social Psychology*, Vol. 20, 1987, pp. 65 – 122.

③ Hardy, S. A. and Walker, L. J., "Religiosity and Adolescent Empathy and Aggression: The Mediating Role of Moral Identity", *Psychology of Religion and Spirituality*, Vol. 4, No. 3, 2012, pp. 237 – 248.

④ Smallbone, S. W., Wheaton, J. and Hourigan, D., "Trait Empathy and Criminal Versatility in Sexual Offenders", *Sexual Abuse: A Journal of Research and Treatment*, Vol. 15, No. 1, 2003, pp. 49 – 60.

⑤ Schimel, J., Wohl, M. J. A. and Williams, T., "Terror Management and Trait Empathy: Evidence that Mortality Salience Promotes Reactions of Forgiveness Among People with High (vs low) Trait Empathy", *Motivation and Emotion*, Vol. 30, 2006, pp. 217 – 227.

四 自尊对道德认同的影响

美国学者布兰登（Branden）在其著作《自尊的六大支柱》当中写道："一个人没有健康的自尊感，就不可能实现自身的潜能；同样，一个社会，若其成员不尊重自己和自身的价值，不相信自己的思想，这个社会就不可能会兴旺发达。"并在该书中提出自尊有六大支柱：（1）有意识生活；（2）自我接受；（3）自我维护；（4）自我负责；（5）有目的的生活；（6）个人诚实。并认为在个人诚实中，个体行为与其价值观相一致时就具备了个人诚实，当个体行为方式与其遵守的准则发生冲突时，就会有蒙羞感，就不再有自尊感了。

哈特关于自尊的层次有四个要素，其中有一个是道德感，并认为青少年对道德领域的重要性评价与所表现的实际水平的不一致决定其道德自尊水平，不一致越大，个体道德自尊就越低。并且，许多学者都把道德自尊看作道德行为的动机，如万增奎研究发现，自尊能显著预测道德认同。[①] 潘红霞研究发现，大学生自尊与象征化道德认同显著正相关。[②] 研究者认为，高道德认同具有高道德自尊，更具有自发的意识，这种意识来自个人内在的自我满足和高水平的社会自我卷入，因为他们的道德行为与自我概念是一致的。

第三节 外环境对道德认同的影响

一 家庭对道德认同的影响

"道德氛围"的概念被解释为一个团体共享期望和规范价值观念，且自然而然地扩展到家庭。父母向子女清晰并坦率地表达他们的价值观、对人类福利的承诺和正义观，这就是在家庭里建立一种"道德氛围"。而且，如果父母能按照他们所表达的道德培养目标、价值和信念（如父母塑造出的诚实观）而言行一致，在这个过程中，子女的道

---

① 万增奎：《道德同一性的心理发展与建构》，博士学位论文，南京师范大学，2008年。

② 潘红霞：《大学生自尊、道德自我认同和人际侵犯动机的关系研究》，《黑龙江教育学院学报》2014年第8期。

德认同发展同样被提高。这也是青少年道德认同与父母的同情心、自主权授予和绝对化要求积极相关的根源所在。① 大量的研究显示，权威型的和回应型的教养方式和全龄儿童的亲社会行为积极相关。②

　　研究发现，拥有较强道德价值（如家庭的道德氛围）的家庭和这些家庭儿童的亲社会行为有强关系。家庭的价值观通过父母的价值观和父母教养方式这两种主要的机制来沟通与加强。父母通过行动与孩子们一起构建他们的价值观。③ 钱（Chan）和埃尔德（Elder）的一项关于家庭公民参与研究，结果发现父母的公民参与行为能预测青少年的公民参与。④ 布赫（Bucher）对澳大利亚、德国青少年（10—18岁）进行调查发现，青少年更多地提名父母、兄弟姐妹等关系亲密者（而非媒体明星）作为认同榜样⑤，而道德榜样的认同是道德认同发展的重要影响因素。哈特还发现，青少年道德榜样对自我描述与对母亲的描述相似度更高⑥，表明母亲对青少年道德认同可能有重要的影响。假如道德认同能激励道德行为，这些研究证明激励青年参与公民和亲社会行为的道德认同，似乎是将来自父母的道德身份嵌入他们的道德自我概念中。

　　文化学习理论假定儿童有效学习知识和价值观的三种方式：模

---

① Hardy, S. A., Carlo, G. and Roesch, S. C., "Links between Adolescents' Expected Parental Reactions and Prosocial Behavioral Tendencies: The Mediating Role of Prosocial Values", *Journal of Youth and Adolescence*, Vol. 39, No. 1, 2010, pp. 84 – 95.

② Calderón – Tena, C. O., Knight, G. P. and Carlo, G., "The Socialization of Prosocial Behavioral Tendencies among Mexican American Adolescents: The Role of Familism Values", *Cultural Diversity and Ethnic Minority Psychology*, Vol. 17, No. 1, 2011, pp. 98 – 106.

③ Collins, W. A. and Steinberg, L., "Adolescent Development in Interpersonal Context", In W. Damon and R. M. Lerner eds., *Child and Adolescent Development: An Advanced Course*, Hoboken, NJ: John Wiley & Sons, 2008, pp. 551 – 590.

④ Chan, C. G. and Elder, G. H. Jr., "Family Influences on the Social Participation of youth: The Effects of Parental Social Involvement Andfarming", *Rural Sociology*, Vol. 66, No. 1, 2001, pp. 22 – 42.

⑤ Bucher, A. A., "The Influence of Models in Forming Moral Identity", *International Journal of Educational Research*, Vol. 27, 1998, pp. 619 – 627.

⑥ Hart, D., "*The Development of Moral Identity*", In G. Carlo and C. P. Edwards, *Nebraska Symposium on Motivation*, 51: *Moral Motivation through the Lifespan: Theory, Research, and Application*, Lincoln, NE: University of Nebraska Press, 2005, pp. 1165 – 1196.

仿、直接教导和合作。① 其中，合作在小学高年级和青春早期扮演着重要角色。哈特的研究已经证实儿童与父母的合作对道德认同形成具有重要作用。他的这项研究起始于 1986 年，先主要采集与儿童有关的社会认知技能和个人背景的信息。到 1994 年，这些青少年通过参与小联盟、服务俱乐部、教堂或社会活动后，他们被要求回答是否参与志愿服务（选项为：完全自愿、命令、学校发起、教堂或其他原因）。若选择了志愿服务则被判断为是高道德认同感。该研究同时还测量家庭影响，来评估家庭对道德认同形成的作用。结果发现，参与志愿服务的青少年比那些不愿意参加志愿服务的青少年有更多的亲子互动。科汉斯基（Kochanska）等在其道德发展模型中提出，道德认同的发展很可能源自儿童与父母的积极联结，即儿童与父母会形成安全依恋关系。类似地，克拉克（Clark）也发现，亲子间的强烈联结培育了儿童"亲社会—共情"取向。

父母的教养方式影响着青少年道德认同形成。美国心理学家鲍德温等人的研究发现，母亲对子女的支配性态度，会使子女变得消极、缺乏主动性；干涉性态度会导致子女的幼稚、神经质和被动；娇宠性态度会导致子女的任性、幼稚、神经质和温和；否定性态度会导致子女反抗、暴乱、冷淡和自高自大；不关心的态度会导致子女的攻击、不安定情绪和冷酷；专制性态度会导致子女反抗、不安定情绪。由于这些结果大多都与品德有关，因而母亲的态度是影响儿童与青少年道德认同发展的一个重要因素，研究发现，母亲对子女的过度保护对道德认同的形成起着负向预测作用。②

我国学者对父母教养方式与道德认同的关系进行了研究，万增奎将父母的情感温暖分为高、中、低三组，分别探讨情感温暖对道德认同的影响，结果发现，父母的情感的温暖、理解对提高子女的道德自

---

① Tomasello, M., Kruger, A. C. and Ratner, H. H., "Cultural Learning", *Behavioral and Brain Sciences*, Vol. 16, 1993, pp. 495–552.

② 万增奎：《道德同一性的心理发展与建构》，博士学位论文，南京师范大学，2008年。

我意识具有促进作用。① 吴鹏②研究采用阿林德尔（Arrindell）等的划分法，将教养方式分为拒绝型、情感温暖型和过度保护型三种类型，拒绝型教养方式通过责任心、道德认同和道德脱离的中介来间接影响网络不道德行为。拒绝型教养方式会导致青少年有不佳的道德认同，从社会学习理论的角度来分析，这类父母对于青少年的很多需求都不予以反应甚至是拒绝，长期经历这样的榜样和模仿，青少年习得了一种对他人的需求予以拒绝的反应方式，就不会有高的道德标准和要求。同时，拒绝型父母对于青少年的道德行为的强化少，不能促进青少年道德行为的习得和道德规范的内化，导致青少年有不佳的道德认同。

二　同伴群体对道德认同的影响

自我并不是孤立地体验到行动的义务和责任，而是在某种文化环境中与他人一起体会义务和责任，个体和团体会建立共同规范认同并形成一种"道德氛围"，这种或消极或积极的道德氛围可以促进或削弱个体道德，道德认同涉及团体认同和对团体价值规范的共同承诺。③有着共同兴趣的同伴群体（如课外活动小组、青年发展项目）可以通过在群体内分享道德培养目标、价值观和承诺并形成一种"道德氛围"，以此促进群体内的成员形成道德身份。一项关于同伴群体规范共享的研究，巴伯（Barber）等发现青少年课外活动小组的选择，大部分与青少年所认同的社会群体相一致（如选择"体育""智力"等）。并且，这些课外活动会要求青少年与拥有相同价值观的他人合作互动，将他们的价值观付诸行动。④青少年会通过参与身份认同活动小组——"试穿"小组的价值观，以此考察是否存在相互关系，并

---

① 万增奎：《道德同一性的心理学研究》，上海教育出版社 2009 年版。

② 吴鹏：《内疚、同情与网络助人行为的关系及影响因素研究》，博士学位论文，华中师范大学，2013 年。

③ Narvaez, D. and Lapsley, D. K., "Teaching Moral Character: Two Alternatives for Teacher Education", *Teacher Educator*, Vol. 43, 2008, pp. 156–172.

④ Barber, B. L., Stone, M. R., Hunt, J. E. and Eccles, J. S., "Benefits of Activity Participation: The Roles of Identity Affirmation and Peer Group Norm Sharing", In J. L. Mahoney, R. W. Larson and J. S. Eccles eds., *Organized Activities as Contexts of Development: Extracurricular Activities, After–school and Community Programs*, Mahwah, NJ: Erlbaum, 2005, pp. 185–210.

且如果有，则会基于小组目标承诺参与联合行动。①

课外活动和青年发展项目（特别是志愿活动参与和公民参与）在青少年自我身份形成上扮演着重要角色，参与这些活动有利于自我身份形成，并形成良好的道德品质。例如，参与青年发展项目的青少年更重视对社会的贡献，并且更愿意参与改变世界的活动。② 埃里克森关于人的发展理论认为，青少年处于自我身份认同形成阶段，他们在不断寻求有价值的思想和"生活方式"。巴伯等认为，青少年参与志愿服务和青年发展组织，有利于青少年将他们的思想付诸行动，有利于为他们提供设置目标、价值、承诺和道德认同特征标准的机会。

在青少年阶段，参与青年发展项目、课外小组活动和公民活动能促进道德认同的形成并具有持久的影响。并且，同伴关系的建立以及道德承诺遵守对青少年道德认同的形成具有重要作用。戴维森（Davidson）、尤尼斯认为，平等合作的同伴关系有利于儿童和青少年发展自律道德。凯勒（Keller）、埃德尔斯坦（Edelstein）认为，同伴互动能促进儿童对自身行为的社会和道德意义的理解，有助于发展道德自我责任感。③ 巴里（Barry）、温策尔（Wentzel）发现，当朋友存在较强的情感联结，同伴间的亲社会行为能影响个体自己对道德目标（如助人与合作）的追求。④ 戴蒙认为，同伴互动对青少年自我认同发展极其重要，因此，积极的同伴关系能促进道德成长。⑤

三　社区对道德认同的影响

社区是社会的基本单位，是指居住在一定地理区域并且在生活上相互关联的人群的生活共同体。在这种生活共同体中生存和发展着的

---

① Dworkin, J. B., Larson, R. and Hansen, D., "Adolescents' Accounts of Growth Experiences in Youth Activities", *Journal of Youth and Adolescence*, Vol. 32, No. 1, 2003, pp. 17 – 26.

② Lerner, R. M., *Liberty: Thriving and Civic Engagement among America's Youth*, Thousand Oaks, CA: SAGE, 2004.

③ Hardy, S. A. and Carlo, G., "Identity as a Source of Moral Motivation", *Human Development*, Vol. 48, 2005, pp. 232 – 256.

④ Narvaez, D. and Lapsley, D. K., "Teaching Moral Character: Two Alternatives for Teacher Education", *Teacher Educator*, Vol. 43, 2008, pp. 156 – 172.

⑤ Damon, W., "The Moral Development of Children", *Scientific American*, Vol. 281, No. 2, 1999, pp. 72 – 78.

人们，在感情、认知和心理上会逐渐地形成一种认同感和归属感，并在行为过程中形成约定俗成的行为规范和共享的生活方式。社区是联结学校教育、家庭教育和社会教育的重要纽带，是青少年在接受学校教育之外的一个重要领域，是青少年生活的"近距离"社会，也是青少年思想道德教育的重要场所。

目前，道德研究主要以社区为切入点，强调青少年和儿童需要积极参与社区实践活动。在哈特等的研究中，调查了 828 个被试，让他们回答有关志愿服务社区的问题来预示他们道德认同形成，结果发现，社区或家庭收入水平对青少年志愿服务活动（作为道德认同的指标）有一定预测作用。社区收入水平低，则较高的儿童青少年人口比例会降低志愿服务活动水平；社区收入水平越高，则较高的儿童青少年人口比例会提高志愿服务活动水平。由此可以看出，社区生态环境是影响青少年道德认同的重要方面。

科尔比认为，校园文化中所宣传的道德观念对青少年道德发展具有重要的影响作用。[1] 戴蒙甚至提出"青年纲领计划"，意图在学校、班级、社团等在内的整个区域形成一种对青少年一致的道德规范和期望，以促进青少年道德认同的形成。学生参与学校组织的社会服务活动，也有利于发展道德认同。尤尼斯等以一所天主教学校的中学生为研究对象，考察学生参与学校的社会服务活动，义务为无家可归者发放救济餐。研究发现，参与社会服务活动能促进学生的道德观念提高，许多学生改变了对救助者消极态度，取而代之的是理解、同情与尊重。[2] 尤尼斯和哈特认为，在社会服务活动中两代间的合作和社会身份产生的联合效果，与其他的一些因素一起促进道德自我的构建。

此外，社区生活营造了共同的道德信仰，这种共同的道德信仰对道德认同的影响是非常必要的。目前，我国的社区道德教育中，许多道德计划没有完全涉及道德认同教育。为此，需要针对青少年道德教育发展特点，制定青少年道德行动计划纲领，建立家庭—社区工作服

---

① Colby, A. and Damon, W., *Some do care: Contemporary Lives of Moral Commitment*, New York: The Free Press, 1992.

② Yates, M. and Younniss, J., "Community Service and Political – Moral Identity in Adolescence", *Journal of Research on Adolescence*, Vol. 6, No. 3, 1996, pp. 271 – 284.

务站—学校三方联动同盟，通过隐性与显性相结合的教育方式，设计并开展社区道德行动活动（志愿活动），例如，关怀孤寡老人、帮扶困难家庭等活动，以活动为导向，在社会主义核心价值观的引领下营造社区共同的道德价值标准，帮助青少年将道德价值标准"内化于心，外化于行"，从而促进青少年的道德认同的形成。

四　网络环境对道德认同的影响

网络是青少年寻求成人感和探索自我的一种重要途径，并为青少年寻求替代性的社会支持提供了一条道路。关于自我认同与网络使用的研究指出，对于青少年中的男孩，高焦虑、低自我认同水平与更频繁的互联网使用有关，而女孩不存在这种现象。由此可以推测，同一性未完成或同一性状态较低的青少年可能更多地使用网络来进行同一性实验，以企图通过虚拟的实验来寻求他人的反馈并积极地自我探索。[①]

在现实生活中，人所表现的是人格中的"自我"或者"超我"，而人格中最原始，亦即最"真实"的本我，由于受到社会道德观念、文明行为规范等的约束，被压抑到人格的潜意识中，但作为本能，它并未消失，一旦有机会它便会通过幻想、想象、做梦、升华等方式宣泄出来。根据弗洛伊德人格理论，我们便能够理解为什么人们热衷于网络并在网络上表现出自我的匿名性、创造性、多元性、随意性、掩蔽性等特点。网络环境的特殊性使社会禁忌在某种程度上大大减少，为"本我"的宣泄提供了有利条件。于是人们在现实环境中被压抑的人格部分便通过隐蔽的、创造性想象的、多元化的方式发泄和表露出来，以实现心理平衡。

网络是一个受保护的环境，个人可以自由地行动而不需要担心别人认出自己，这也是一个不需要社会给予道德判断的地方。费尼切尔（Fenichel）指出，网络可以自由联想、移情、投射，并且在网络上的很多地方可以发泄出来。特克（Turkle）在互联网上通过多用户层面

---

① Mazalin, D. and Moore, S., "Internet use, Identity Development and Social Anxiety among Young Adults of the Internet use for Adolescent: A Decade of Research", *Current Directions in Psychological Science*, Vol. 18, pp. 1 – 5.

（multi – user dimension，MUD）来研究身份互换。在多用户层面的时候，用户建立了与以往一致的交往角色，并且在利用文本与他人交往时，构建了自我。当用户第一次登录网站或者论坛时，他们会试图去学习已建立的环境规范，并让自己去适应。[①] 即使在身份游戏中，在不同的 MUD 阶段中人们扮演不同的角色时，表现出自我而不是本我的强大力量，尽管用户实际上遵守 MUD 特殊的环境规则。

关于网络对道德认同的影响研究，国内学者更多认为网络对道德认同的形成具有消极的影响作用。研究者认为，网络的匿名性、去抑制性等特点为青少年的角色扮演提供了机会，他们可以随意地在网络上扮演不同的角色，美国加州的研究人员调查显示，在随机选择的2000 多名青年中，有 40% 的人拥有多个网名，并分别对应不同的个性，甚至不同的性别。[②] 网络中扮演的不同角色，会造成现实自我和网络中的自我不一致，难以形成内在相同和连续的自我形象。同时，网络对超我和本我之间的平衡进行考验。超我（良心）代表的是社会的价值和标准，在一个正常发展的人的身上超我对能做和不能做的事有很多的限制，然而到了虚拟的网络中这些限制则会相对地弱化，超我在网络中变成了侏儒；本我则恰恰与超我的情形相反，本我与满足个人的欲望有关，它不受物理的和社会的约束，必须被自我意识的其他部分所限制。网络的虚拟性使得超我弱化了，这样超我也就会失去对本我的限制作用，本我得以无限地膨胀。超我和本我这一力量对比的变化，必然会危及个人的道德自我意识，使他们陷入自我发展的矛盾状态之中。[③]

---

① Amichai – Hamburger, Y. and Furnham, A. , "The Positive Net", *Computers in Human Behavior*, Vol. 23, 2007, pp. 1033 – 1045.

② 陈晓强、潘爱华：《大学生网民的基本状况、存在问题及综合治理》，《高等理科教育》2003 年第 4 期。

③ 刘玉梅：《危机与重建：网络中的青少年同一性问题分析》，《武汉理工大学学报》（社会科学版）2008 年第 6 期。

第五章　道德认同的作用机制

布拉西提出了一个夸张的问题，即道德是否归因于推理或者是推论和行动的个人。他的观点认为，思想不是或多或少的道德，而是人。有道德的人可能使用推理去评估情境，但是最终的道德选择和道德行为来自个体在人际关系中的自我感知。戴维森和尤尼斯拓展了布拉西的工作，认为道德认同可以激发道德行为，但是道德行为也可以发展和巩固道德认同。最终会涉及一个问题，即道德行为在前还是道德认同在前？

在他们对青少年道德模范的研究中，哈特和费格雷（Fegley）发现相比于配对的同伴，道德模范更多将他们的理想和真实自我融入他们所定义的道德中。门罗（Monroe）和艾伯森（Epperson）对犹太人的营救者的道德行为进行研究，这些营救者常常被问道"为什么要帮助犹太人？"或者"我还能做什么？"这些问题。这些被访问者称当他们在帮助犹太人时，他们只不过是"自然而然的"行动。道德行为来自他们的同一性，并不是来自某种英雄的自我深思熟虑。

何为道德行为？道德行为是一个比较宽泛的概念，研究者对道德行为的定义各有不同。如从知、情、意、行来划分道德结构，其中行就是指道德行为。道德行为是个人意志自由的行为，是有利或有害于他人、社会和自己的行为。[1] 道德行为从定义来看可以区分为道德行为与不道德行为，其中，道德行为是由自由意志支配下表现出来的符合社会道德规范的行为[2]，如助人行为、亲社会行为、利他行为等；

---

[1]　魏英敏：《试论道德行为与道德品质》，《湖南师范大学社会科学学报》2009 年第 5 期。

[2]　刘华山：《品德的形成》，转引自莫雷《教育心理学》，教育科学出版社 2008 年版，第 228 页。

不道德行为主要是指违反社会道德规范的行为，如攻击行为、反社会行为、学术欺骗行为等。施瓦茨（Schwartz）等提出，道德行为和不道德行为不是一个维度相反的两端，而是两个不同的维度。也就是说，没有从事道德行为，并不等于从事了不道德的行为。总的来说，道德行为是道德研究的最终点，所有关于道德的研究（如道德认知、道德情感等）都是为了促进道德行为，抑制不道德行为。

第一节　道德认同对道德行为的影响

国外已有研究发现，道德认同和道德行为之间的关系密切，并为道德认同的动机力量提供了经验证据。正如戴蒙所说，我们必须懂得，不仅仅是道德信念还有一个人对自我与道德信念关系的理解共同影响道德行为。[①] 根据这个观点，"为什么会有道德行为？"答案是"因为那就是我"。因此，当道德处于自我概念的核心，如果不践行道德行为就会产生内心冲突或不舒服的情绪。道德认同可能是道德动机的一个重要源泉，研究者认为，道德认同是道德行为和道德承诺的最重要的预测因素。[②] 虽然少有对道德认同的系统验证，但研究已经确实证明道德认同和道德行为之间存在显著关系。

科尔比和戴蒙发现，成人道德榜样（由学者、神学家、宗教领袖提名）拥有高度的道德认同，即自我概念和道德目标高度融合。[③] 哈特和费格雷发现，青少年道德榜样（由社区领袖提名）会更多地使用

---

① Damon, W. , "Self – Understanding and Moral Development from Childhood to Adolescence", In W. M. Kurtines and J. L. Gewirtz eds. , *Morality, Moral Behavior, and Moral Development*, New York: Wiley, 1984, pp. 109 – 127.

② Damon, W. and Hart, D. , "Self – Understanding and Its role in Social and Moral Development", In M. Bornstein and M. Lamb eds. , *Developmental Psychology: An Advanced Text Book Hillsdale*", NJ: Lawrenee Erlbaum Associates, 1992, pp. 421 – 464.

③ Colby, A. and Damon, W. , *Some Do Care: Contemporary Lives of Moral Commitment*, New York: The Free Press, 1992.

道德词汇（如诚实、责任）来描述自我[1]，埃美尔（Reimer）等研究者也有类似的发现。

研究者也发现，道德认同能激发道德行为，阿奎诺和里德发现，道德认同与大学生自我报告的志愿服务行为（帮助弱势者和适应不良者）显著正相关，与高中生的实际捐赠行为显著正相关。[2] 在叙事研究中，生活故事的评价以道德认同为显著的标准，如关心他人的需求与权利、为社区服务等。[3] 道德认同可以预测两难情境下的道德行为，内隐的道德认同（通过心理联想测验）可以预测无意识的道德行为。[4] 道德认同可以有助于消除群体区隔，能预测对外部群体成员更为积极的态度和行为；可以降低对恐怖分子的非人道态度。[5]

哈迪发现，即便在控制了亲社会推理和亲社会情感之后，道德认同对亲社会行为仍有显著的预测力。[6] 另有研究者发现，道德认同能够显著提高个体的捐赠行为，并认为，道德认同是将道德认知转化为道德行为的关键心理机制，一般会促进个体亲社会行为的产生，这是因为每个人都会在心理上建立群体边界，并在道德上对内群体的人表现出更高的关注、对外群体的人表现出较少的关注。[7] 王兴超、杨继平研究发现，对于中国这种差序格局文化背景下，道德认同会对大学

[1]　Hart, D. and Fegley, S., "Prosocial Behavior and Caring in Adolescence: Relations to Self-Understanding and Social Judgment", *Child Development*, Vol. 66, 1995, pp. 1346–1359.

[2]　Aquino, K. and Reed, A. Ⅱ., "The Self-Important of Moral Identity", *Journal of Personality and Social Psychology*, Vol. 83, 2002, pp. 1423–440.

[3]　Pratt, M. W., Arnold, M. L. and Lawford, H., "Growing Towards Care: A Narrative Approach to Prosocial Moral Identity and Generativity of Personality in Emerging Adulthood", In D. Narvaez and D. K. Lapsley eds., *Personality, Identity, and Character: Explorations in Moral Psychology*, New York: Cambridge University Press, 2009, pp. 295–315.

[4]　Perugini, M. and Leone, L., "Implicit Self-Concept and Moral Action", *Journal of Research in Personality*, Vol. 43, No. 5, 2009, pp. 747–754.

[5]　Aquino, K., Reed, A. and Thau, S. et al., "A Grotesque and Dark Beauty: How Moral Identity and Mechanisms of Moral Disengagement Influence Cognitive and Emotional Reactions to War", *Journal of Experimental Social Psychology*, Vol. 43, 2007, pp. 385–392.

[6]　Hardy, S. A., "Identity, Reasoning, and Emotions: An Empirical Comparison of three Sourses of Moral Motivations", *Motiv Emot*, Vol. 30, 2006, pp. 207–215.

[7]　Winterich, K. P., Mittal, V. M. and Ross, W. T. Jr., "Donation Behavior toward In Groups and Out-Groups: The Role of Gender and Moral Identity", *Journal of Consumer Research*, Vol. 36, 2009, pp. 199–215.

生的亲社会行为产生正向影响，并且道德认同会对道德推脱和亲社会行为之间的关系产生显著的调节作用。① 并且，高道德认同一般更容易扩大自己的道德关注圈，也更容易拉近与他人的心理距离②，并会对许多外群体的人表现出更高的道德关注。③ 研究者还发现，道德认同与商业欺诈显著负相关，道德认同水平高的个体更倾向于花费自己的私人时间来做慈善活动，而组织地位高的个体则更倾向于捐赠金钱而不花费时间去做慈善活动。④

第二节　道德认同对不道德行为的影响

不道德行为是指违背人们所广泛接受的社会道德规范的行为。⑤近些年来，不道德行为事件屡屡出现而受到社会大众的考问，"三聚氰胺""小悦悦""政府官员腐败"等事件屡见媒体，引发了公众对社会道德和公民素质的激烈争议。人们为什么会言行不一？为什么道德水准高的人也会做出不道德事情？针对不道德行为以及背后的心理机制，研究者们开展了相关研究，其中主要包括攻击行为、欺骗、学术抄袭等。随着互联网的快速发展，网络上的不道德行为也愈加普遍，如网络欺骗、窃取账户隐私、网络色情、人肉搜索暴力等，研究者针对网络不道德行为也展开了深入研究。

针对不道德行为的发生机制，研究者从不同角度进行了解释，"烂苹果理论"强调个体因素是影响不道德行为的主要原因；"坏染

---

① 王兴超、杨继平：《道德认同与大学生亲社会行为：道德认同的调节作用》，《心理科学》2013 年第 4 期。

② Hardy, S. A., Bhattacharjee, A., Reed, A. and Aquino, K., "Moral Identity and Psychological Distance: The Case of Adolescent Parental Socialization", *Journal of Adolescence*, Vol. 33, No. 1, 2010, pp. 111 – 123.

③ Aquino, K. and Reed, A. Ⅱ., "The Self – Important of Moral Identity", *Journal of Personality and Social Psychology*, Vol. 83, 2002, pp. 1423 – 440.

④ Lapsley, D. K. and Narvaez, D., "Character Education", In R. Lerner and W. Damon, eds. *Handbook of Child Psychology*, New York: Wiley, 2006, pp. 248 – 296.

⑤ Kaptein, M., "Developing a Measure of Unethical Behavior in the Workplace: A Stakeholder Perspective", *Journal of Management*, Vol. 34, No. 5, 2008, pp. 978 – 1008.

缸理论"强调环境因素是引发不道德行为的外在诱因；"个人—情境交互模型"融合"坏苹果"和"坏染缸"理论，认为当个体面临道德困境时，决定其是否会产生不道德行为的原因，除个体的道德认知发展水平以及其他的个体因素（如自我强度、场依存性）之外，还受到环境因素（如工作背景、组织文化）的影响；"问题权变理论"将道德问题本身作为影响道德决策和行为的权变因素，道德决策随着具体道德问题而变化，问题的道德强度不同，个体的道德判断也不同。[①]

关于道德认同与不道德行为的关系，研究者发现道德认同对不道德行为之间存在着负相关，对反社会行为起抑制作用。国外研究者发现，大学生道德认同与学术作假行为显著负相关。[②] 国内学者杨继平等也得到一致的研究结果，道德认同可以负向预测我国大学生学术欺骗行为。[③]

此外，研究者还发现，道德认同与偷窃行为、攻击行为、反社会行为等显著相关。潘红霞的研究发现，道德认同与人际侵犯动机显著负相关。塞奇（Sage）等也认为，道德认同对反社会行为具有较好的抑制作用。[④]

班杜拉在对科尔伯格发展理论批评的基础上，提出了道德脱离概念，并认为，个体具有一种可以使行为摆脱自身道德准则的认知倾向。他还认为，道德推脱是个体产生攻击、欺负等反社会行为的重要认知基础，而且大量的实证研究也显示，道德推脱会对个体的攻击行为、罪错行为以及暴力行为产生较高的解释力和预测力。[⑤] 道德推脱理论认为，在正常情况下，大多数人都建立了个人道德行为标准，这

① 王芃、王忠军、李松锴：《好人也会做坏事：有限道德视角下的不道德行为》，《心理科学进展》2013 年第 8 期。

② Wowra, S. A., "Moral Identity, Social Anxiety, and Academic Dishonesty among American College Students", *Ethics & Behavior*, Vol. 17, 2007, pp. 303 – 321.

③ 杨继平、王兴超、陆丽君、张力维：《道德推脱与大学生学术欺骗行为的关系》，《心理发展与教育》2010 年第 4 期。

④ Sage, L., Kavussanu, M. and Duda, J. L., "Goal Orientation and Moral Identity as Predictors of Prosocial and Antisocial Functioning in Male Association Football Players", *Journal of Sports Science*, Vol. 24, 2006, pp. 455 – 456.

⑤ 王兴超、杨继平、刘丽、高玲、李霞：《道德推脱对大学生攻击行为的影响：道德认同的调节作用》，《心理发展与教育》2012 年第 5 期。

些标准起着自我调节作用，可以引导良好的行为和制止不良行为。[①]
与这些标准相抵触的行为会导致个体的内疚和自责，这种内疚和自责
通常会阻止个体不良行为的产生。因此，个体的行为通常是与其内部
的道德标准相符合的，个体也较少展现出违反其内部道德标准的不道
德行为。[②]

道德认同反映了道德品质在自我概念中的重要程度，是个体将道
德认知转化为道德行为的关键心理机制。研究者从控制论观点出发，
认为道德认同在维持个体的道德自我形象上起着自我调节的作用，个
体会对当前自我道德形象与理想道德自我形象进行比较[③]，两者之间
的差距会导致个体产生心理压力，这种压力会促使个体的行为与其内
部的道德行为标准产生一致，因此，道德认同水平较高的个体会从事
亲社会行为，如捐赠行为、志愿服务行为等，并且还会抑制个体的偏
差行为，如说谎、欺骗行为、攻击行为等。道德认同水平较低的个
体，并不看重道德品质在自我概念中的重要性，并且对自身内部的道
德标准也缺乏认同。他们很少会将当前道德自我形象与理想道德自我
形象进行比较，也很难感知到自己的不道德行为对理想道德自我形象
的威胁，使个体的道德推脱更易于发挥作用。[④]

关于道德认同、道德推脱和不道德行为的关系研究，杨继平等发
现道德认同会对道德推脱与大学生攻击行为、亲社会行为之间的关系
产生显著的调节作用。研究者们发现，道德认同会对道德推脱产生显
著的负向影响。[⑤] 迪特的研究表明，道德认同与道德推脱之间存在着
负相关，道德推脱在个体参与那些有违自身道德准则的行为时作为自

---

① Bandura, A. , "Moral Disengagement in the Perpetuation of Inhumanities", *Personality and Social Psychology Review*, Vol. 3, No. 3, pp. 193 – 209.

② 杨继平、王兴超、高玲：《道德推脱的概念、测量及相关变量》，《心理科学进展》2010 年第 4 期。

③ Mulder, L. B. and Aquino, K. , "The Role of Moral Identity in the Aftermath of Dishonesty", *Organizational Behavior and Human Decision Processes*, Vol. 121, No. 2, 2013, pp. 219 – 230.

④ 杨继平、王兴超、杨力：《道德推脱对大学生网络偏差行为的影响：道德认同的调节机制》，《心理发展与教育》2015 年第 3 期。

⑤ 杨继平、王兴超、陆丽君、张力维：《道德推脱与大学生学术欺骗行为的关系》，《心理发展与教育》2010 年第 4 期。

我调节可以令其免予受到相应的谴责，进而促使个体在特定的情境下更加倾向于施加非道德或反社会的行为。[①] 高道德认同者更倾向于维持自己内部的道德准则，更不易产生道德推脱。[②] 但是，道德推脱可以使道德自我调节功能产生失效，并使得个体行为可以轻松地违反其内部道德标准，故而道德推脱会对大学生的偏差行为（攻击行为、网络偏差行为等）产生显著正向影响。[③] 吴鹏等以中学生为被试，研究发现道德认同并不会直接影响不道德行为，其中，道德脱离在道德认同和不道德行为之间起着中介作用。他们认为，增加青少年道德认同不会直接减少不道德行为，而应该通过增加道德认同来减少青少年的道德脱离机制，这样的途径可以显著抑制不道德行为。[④]

第三节　道德认同对道德补偿行为的影响

20 世纪 60 年代，心理学家达林顿（Darlington）等通过实验研究发现了道德补偿现象，通过情境模拟实验让实验组被试相信他们的举动对他人造成了伤害，而控制组则参与一些无关的活动。结果发现，认为自己伤害了他人的实验组被试更愿意参加亲社会活动，如无偿献血等。[⑤] 泰特洛克（Tetlock）和克里斯特尔（Kristel）等研究发现，当进行"付费以获取穷人身上的身体器官"的决策后，被试会提出

① Detert, J. R., Trevino, L. K. and Sweitzer, V. L., "Moral Disengagement in Ethical Decision Making: A Study of Antecedents and Outcomes", *Journal of Applied Psychology*, Vol. 93, No. 2, 2008, pp. 374 – 391.

② He, H. and Harris, L., "Moral Disengagement of Hotel Guest Negative WOM: Moral Identity Centrality, Moral Awareness, and Anger", *Annals of Tourism Research*, Vol. 45, 2014, pp. 132 – 151.

③ 杨继平、王兴超、杨力：《观点采择对大学生网络偏差行为的影响：道德推脱的中介作用》，《心理科学》2014 年第 3 期。

④ 吴鹏、刘华山、鲁路捷、田梦潇：《青少年网络不道德行为与父母教养方式的关系——道德脱离、责任心、道德同一性的中介作用》，《心理科学》2013 年第 2 期。

⑤ Darlington, R. B. and Macker, C. E., "Displacement of Guilt – Produced Altruisitc Behavior", *Journal of Personality and Social Psychology*, Vol. 4, No. 4, 1966, p. 442.

"做一名志愿者或捐献器官"的要求。① 莫宁（Monin）认为，这是个体自我防御机制的表现，并将这种现象称为"道德补偿"。② 此后，众多研究者们发现，启动被试的负性特征或不道德行为之后，被试更倾向于做出利他行为（如慈善、献血、捐赠器官、做志愿者），或者在实验后表现出较好的道德品质（如欺骗率更低、诚信度更高等）。

钟等的研究发现，首次做出不道德决策的个体，之后更可能做出道德决策，他们根据这种道德决策规律提出了道德补偿模型，该理论认为自我利益并不是唯一的因素来驱使道德决策，而是与积极道德形象相互作用，决定了个体在道德两难情境中的决策。如果个体先前做出不道德/道德的选择，在随后的道德决策中会补偿性地做出相反的道德选择，道德补偿行为是以动态平衡的方式存在的。③ 另有研究者使用捐赠量作为利他行为的衡量指标，通过多个任务赚取金钱奖励，并在每个任务结束后决定本轮向穷人、慈善机构的捐赠数额。结果发现，被试每一轮捐赠的金额都与上一轮的捐赠金额有关，并且呈现的是相反的关系，上一轮捐赠较少，本轮的捐赠较多；反之亦然，该研究与钟的研究结果相一致，发现了道德补偿的动态平衡性。④

研究者认为，不道德行为可能会导致个体的内部价值失衡，从而产生内疚感，内疚感会驱使个体增加利他行为，以此来恢复自己的消极情绪和内部价值。除了道德情绪（内疚）会影响到道德补偿行为，现在越来越多的研究者发现，人的道德决策和道德行为取决于道德情境和道德特质的共同作用，因此，道德补偿行为不仅仅受内疚情绪的驱动，还会受到道德认同这一特质性因素的影响。埃夫隆（Effron）

---

① Tetlock, P. E., Kristel, O. V., Elson, S. B., Green, M. C. and Lerner, J. S., "The Psychology of the Unthinkable: Taboo Trade – Offs, Forbidden Base Rates, and Heretial Counterfactuals", *Journal of Personality and Social Psychology*, Vol. 18, No. 5, 2000, p. 853.

② Monin, B. and Jordan, A. H., "The Dynamic Moral Self: A Social Psychological Perspective", *Personality, Identity, and Character: Exploration in Moral Psychology*, 2009, pp. 341 – 354.

③ Zhong, C. B., Ku, G., Lount, R. B. and Murnighan, J. K., "Compensatory Ethics", *Journal of Business Ethics*, Vol. 92, No. 3, 2010, pp. 323 – 339.

④ Branas Garza, P., Bucheli, M., Paz Espinosa, M. and Garcia Munoz, T., "Moral Cleansing and Moral Licenses: Experimental Evidence", *Economics and Philosophy*, Vol. 29, No. 2, 2013, pp. 199 – 212.

等的研究发现①，道德认同会影响个体道德行为的一致性，高道德认同个体能表现出一致性的道德行为，而道德认同水平较低的个体则容易产生道德行为的波动性。阿奎诺②等最新研究发现，道德认同内化程度高的个体更容易进行道德补偿行为，而道德认同内化程度较低的个体做出不道德的行为之后，更容易表现出一致性的不道德行为。研究者对该结论的解释为：道德认同内化高的个体，其道德品质在自我概念中占有重要的地位，更容易比较自己的行为与道德标准的差异，当意识到这种差异之后，更倾向于调整自己下一步的行为，他们会通过补偿之前的行为来做出"道德重建"，以此来维护自己的道德自我形象。丁苑的研究发现，个体道德补偿行为的发生机制是一个具有调节的中介模型，其中不道德启动对道德补偿行为的作用过程中，会受到内疚情绪状态的中介作用和道德认同的调节作用。③

---

① Effron, D. A., Cameron, J. S. and Monin, B., "Endorsing Obama Licenses Favoring Whites", *Journal of Experimental Social Psychology*, Vol. 45, No. 3, 2009, pp. 590 – 593.

② Mulder, L. B. and Aquino, K., The Role of Moral Identity in the Aftermath of Dishonesty, *Organizational Behavior and Human Decision Processes*, Vol. 121, No. 2, 2013, pp. 219 – 230.

③ 丁苑:《道德补偿行为的发生机制：道德情绪和道德认同的不同作用》，硕士学位论文，浙江师范大学，2015 年。

第六章　道德认同的测量

道德认同的有效测量是开展道德研究的重要基础，但是，由于道德认同概念的抽象性和内涵丰富性，目前开发的道德认同测量工具比较有限，典型的有以下三种。

第一节　道德认同量表

道德认同量表（Moral Identity Measure，MIM）是由阿奎诺和里德开发出来的，用以测量道德认同的自我重要性，问卷包含两个维度：内在化和表征化，每个维度各有五个题目，其中，内在化维度涉及"道德品质或做一个有道德的人对自我的心理重要性"，表征化维度涉及"希望把道德品质表现出来的程度"。阿奎诺关于道德认同的划分思想对应于费尼格斯坦（Fenigstein）等人提出的自我理论，即自我觉察实则是对内在的思想和情感，以及外在的、影响他者的、作为客体的自我这两个方面的觉察。

测量程序为，先为被试呈现九个代表性的道德特质词语（关爱、同情心、公正、友好、慷慨、助人、勤奋、诚实、善良），让被试想象具有上述品质人的思想、感受和行为（以唤起被试有关"道德人"的心理图式）；然后让被试对十道题进行李克特七点评分，如"做拥有这些品质的人对我很重要"（内在化测试题目之一），"我积极参与那些让别人知道我有这些品质的活动"[1]（表征化测试题之一）等。

---

① Aquino, K. and Reed, A. Ⅱ., "The Self – Important of Moral Identity", *Journal of Personality and Social Psychology*, Vol. 83, 2002, pp. 1423 – 1440.

这种测量方法以社会认知心理学的道德理论为基础，主张个体的道德认同是由特质网络决定的。阿奎诺和里德认为"个体记忆中的自我道德特质处于一个特质群里，具有激活扩散的特性"①，因此，当研究中要求被试者回忆谁具有这九个特质时将会增加被试者道德认同的接近性，由此就可以评估被试者的道德认同在自我概念中的中心性了。

经检验，该量表具有较好的信度和效度，表征化维度和内在化维度的内部一致性系数分别为 0.77 和 0.71。研究表明，道德认同的两个方面都可以预测个体参与道德行为，例如，利他和志愿行为等。并且，道德认同的内在化方面，即个体道德认同的自我重要性（self important），对个人捐赠、助人行为的影响尤为重要。② 研究还表明，内在化维度的分数可以反映出道德认同的激活潜力，内在化得分与反应潜伏期之间存在显著的相关性，以此可以测量出道德特质和自我定义目标概念之间的密切关系。此外，内在化得分与个体自发自我描述的道德内容具有显著的正相关。弗里曼和阿奎诺发现内在化得分与个体对"我是谁?"反应中的道德特质以及被试完成任务所使用的道德特质有显著的正相关。综合上述，这些研究结果表明，内在化维度的高分数可以作为道德认同在工作自我概念中激活潜能强的指标。

我国学者万增奎在阿奎诺道德认同问卷基础上进行了修订，该问卷包含 16 个题目，其中将内在化和表征化命名为"内隐维度"（9题）和"外显维度"（7题）。经检验，该问卷具有良好的信效度，适合考察中国青少年道德认同状况。

第二节　内隐联想测验

相比于自我报告法，内隐联想测验（Implicit Association Test,

①　Aquino, K. and Reed, A. Ⅱ. , "The Self – Important of Moral Identity", *Journal of Personality and Social Psychology*, Vol. 83, 2002, pp. 1423 – 440.

②　Aquino, K. , McFerran, B. and Laven, M. , "Moral Identity and the Experience of Moral Elevation in Response to Acts of Uncommon Goodness", *Journal of Personality and Social Psychology*, Vol. 100, No. 4, 2011, pp. 703 – 718.

IAT）能较好地避免社会称许性等问题，提高对行为的预测水平。从技术上讲，IAT 是一种通过双重分类任务来测量目标概念与配价属性联结强度的间接测量方法。目标概念与属性维度联结得越紧密，任务就会更容易，反应时就越快。内隐社会认知理论认为，概念彼此和谐的词汇联结更容易，因此反应时就越快。

当进行内隐品质自我概念任务时，IAT 需要一组目标品质分类（例如"道德"）、一组反义的品质分类（例如"不道德"）、一组目标自我概念属性（例如"我"）、一组对照自我概念属性（例如"他们"），每一组都代表着一系列的刺激。在关键的联结任务中，随机呈现，并要求被试完成两组作业。具体而言，IAT 的测量程序如下：（1）初始结合作业，计算机屏幕上目标概念（自我和他者相关词汇，"自己""别人"）与道德属性形容词（比如"正直""虚伪"等）混合出现，在反应按键部分则是"自我"的目标词与"道德的"属性词共享同一按键（左键），而"他者"的目标词与"不道德的"属性词共享同一按键（右键）。（2）反转结合作业，与初始结合作业同为目标词与属性形容词混合出现。在反应按键部分则是"自我"的目标词与"不道德的"属性词共享同一按键（左键），而"他者"的目标词与"道德的"属性词共享同一按键（右键）。两种作业条件下，当出现目标词或属性词时，受测者都必须尽快按下相应的键。经由反转结合作业减去初始结合作业的反应时间差值作为 IAT 的分数，以此反映受测者内隐自我图式与相应道德属性联结程度的指标。[1] 研究发现，在对道德行为的预测中，IAT 的测量结果表现出比纸笔更好的预测效度。[2]

第三节　隐含于叙事中的价值

隐含于叙事中的价值（Values Embedded in Narriatives，VEINS），

---

[1]　黄华：《社会认知取向的道德认同研究》，《心理学探新》2012 年第 6 期。

[2]　Perugini，M. and Leone，L.，"Implicit Self – Concept and Moral Action"，*Journal of Research in Personality*，Vol. 43，No. 5，2009，pp. 747 – 754.

是一种测量个体道德认同的新方法。受戴蒙德和哈特对道德认同测量方法的启发，弗利默（Frimer）和沃克①（Walker）设计了一种新的结构性访谈——自我理解访谈（Self – understanding Interview），即不再通过提示被试回答研究者感兴趣的道德价值，而是通过引导来激发个体叙述其生活故事，再结会编码手册，评估个体的道德水平。

该测量方法主要由两部分构成：

第一部分为开放式访谈（14 个问题），以此引导个体来叙述其生活故事。比如，"你怎么描述自己？""你有一份工作或正在上学吗？""哪些活动对你来说最重要？""你有什么样的嗜好或做某些事情的独特方法？""你生活中最重要的人或团体是谁或什么？""你所拥有的最重要的东西是什么？"在访谈结束之前，被试还需要完成诚实行为测量。

第二部分为编码手册，包括 10 个用来分析个体生活事件的道德编码和 1 个测查个体道德核心性地位的编码。10 个道德编码分别为：PO = 权力，AC = 成就，HE = 快乐主义，ST = 激励，SD = 自我指导，UN = 普世主义，BE = 仁慈，TR = 传统，CO = 顺从，SE = 安全，道德核心性编码为 PO&BE = 从权力到仁慈之间的重叠部分。通过这个编码手册，研究者一方面可以分析个体在生活叙事中所隐含的各种价值，另一方面通过该手册还可以了解个体的自利价值与道德价值是否协调，从而间接地了解个体的道德核心性地位，即个体在生活叙事中所隐含的价值在权利与仁慈上重合的频率，频率反映了个体的道德核心性情况，频率越高，表明该道德在个体自我价值体系中越具有核心性。② 该方法具有良好的预测效度，弗利默和沃克的研究发现，公共价值（以他人为中心）能正向预测道德行为，自利价值负向预测道德行为。

---

① Frimer, J. A. and Walker, L. J., "Reconciling the Self and Morality: An Empirical Model of Moral Centrality Development", *Developmental Psychology*, Vol. 45, 2009, pp. 1669 – 1681.

② 李红梅：《大学生道德同一性特点及相关因素研究》，硕士学位论文，陕西师范大学，2010 年。

第七章 大学生道德认同的实证研究

第一节 大学生道德认同的现状研究

一 问题提出

道德认同是一种有益于他人和社会的自我形象感。戴蒙将道德认同看作是对我想成为某种好人的感觉。① 阿奎诺和里德认为，个人的道德认同是在社会文化环境中人们所形成的道德价值感，特别是当前社会群体与环境有关，关系到个体能不能把这些社会价值观融合到自己个人的自我认同中去。② 道德认同的概念是基于道德自我概念层面的考虑，是作为一个人社会自我图式的一部分。人们所拥有的道德认同构成了他们的道德自我图式，用来建构他们的道德自我，它是激发道德行为的重要调节机制。阿奎诺等的研究已经证明，道德认同的评定与道德认知、道德行为密切相关③，而里德等的研究也发现，道德认同对个人与外群体的互动社会行为产生重要影响。④

道德认同测量主要是基于道德特质概念的认同，其思想来源于埃

① Damon, W. , *The Moral Advantage*: *How to Succeed in Business by Doing the Right Thing*, San Francisco: Berrett – Koehler Publishers, 2004, p. 174.

② Aquino, K. and Reed, A. II., "The Self – Important of Moral Identity", *Journal of Personality and Social Psychology*, Vol. 83, 2002, pp. 1423 – 1440.

③ Ibid. .

④ Reed, A. II and Aquino, K. , "Moral Identity and the Expanding Circle of Moral Regard Out – Groups", *Journal of Personality and Social Psychology*, Vol. 84, 2003, pp. 1270 – 1286.

里克森自我认同的观点。阿奎诺和里德对道德认同进行了全面的研究，并编制了道德认同测量问卷（MIM），对道德自我的研究起到了极大的促进作用。在阿奎诺等的道德认同测量研究中，把道德认同分为两个维度：一是内在化维度，表现为道德特质在自我感觉中重要性的评价，即自我对道德特质的内在认同，反映了一系列的道德特质是否处在自我概念的核心，与自我价值感的"内在自我"相对应；二是表征化维度，表现为个人希望在人际互动中表现自我拥有道德特质的程度，主要是看这些特质是否在外显的行为中表现出来，与公共的"外在自我"相对应。研究中普遍发现，道德的内在化维度与表征化维度对道德行为都有预测作用，而内在化维度对道德行为的影响更明显。阿奎诺和里德所编制的道德认同问卷具有良好的信效度。系数为0.83，内在化维度的信度是0.71，表征化维度的信度是0.77。

万增奎在阿奎诺和里德的道德认同问卷的基础上，修订了青少年道德认同问卷，修订后的问卷共有16个项目，将他们所提出的内在化维度和表征化维度重新命名为内隐维度和外显维度，其中内隐维度的道德认同项目有9个，外显维度的项目有7个。该问卷各分问卷的内部一致性系数在0.74以上，分半信度在0.70以上，说明该问卷有较好的信度。利用验证性因素分析发现，道德认同经过修订后的拟合指数 $\chi^2/df = 2.592$，CFI 为0.917，表明模型拟合较好，表明该问卷具有较好的结构效度。

本书采用万增奎所修订的道德认同中文版问卷作为测量工具，以考察大学生道德认同的现状与特点，为深入了解当代大学生道德问题提供实证支持。

二 对象与方法

（一）被试

以班级为单位，随机选取大学生为研究对象，包括华中师范大学、武汉理工大学、湖北中医药大学、广西工学院、山东师范大学、中国石油大学、渭南师范学院、青海师范大学、山西大学、西南师范大学。结合纸质版和电子版问卷，回收问卷1200份，剔除无效问卷。剔除无效问卷的原则是：整份问卷答案呈现规则作答的，如作答相同、波浪形作答或漏答5个以上。经剔除无效问卷后，有效问卷为

1008 份。经统计发现,被试年龄从 17—26 岁,平均年龄为 20.18 ± 1.56 岁,其他基本情况见表 7-1。

表 7-1　　　　　　　　被试基本情况

属性	类别	总计（份）	比例（%）
专业	文史类	288	28.6
	理工科	515	51.1
	艺体类	56	5.6
	医药类	149	14.8
性别	男生	308	30.6
	女生	700	69.4
生源地	农村	622	61.7
	城镇	385	38.2
	缺失值	1	0.1

注：因为四舍五入,表中百分比之和不等于100。下同。

（二）研究工具

采用我国学者杨韶刚和万增奎修订的阿奎诺和里德的《道德认同问卷》,要求被试对列举的 10 个特质 16 个题目来测量道德认同,其中一半题目为道德认同内隐维度的测量,用以表示个人对系列道德特质自我认同水平,如"做一个有如上品质的人会让我感觉很好"。另一半为道德认同的外显维度,用以表示个体给他人留下拥有这些道德特质的水平,如"我的着装打扮使我看上去是这样的人"。修订的问卷使用李克特式五点计分,其中 1 = "完全不同意",2 = "有些不同意",3 = "中立",4 = "有些同意",5 = "完全同意"。要求被试对这些叙述在 1（完全不同意）—5（完全同意）之间做出选择。原题如下：

下列词语是用来描述一个人的特征的：

守信的、诚实的、孝顺的、负责的、真诚的、礼貌的、善良的、助人的、正直的、忠诚的。

拥有这些品质的人可能是你，也可能是他人。现在，在你的头脑中想象这样一个人，想象这个人会怎么思考、生活和行动。当你在脑海中对他（她）有一个栩栩如生的形象时，回答下列问题。

1. 做一个有如上品质的人会让我感觉很好（内隐维度）。

2. 成为拥有这些特征的人对我来说很重要（内隐维度）。

3. 我在空闲时间做的事情能清楚地反映我有如上品质（外显维度）。

4. 我读的书、杂志能清楚地表现我有如上品质（外显维度）。

5. 有这些品质对我不是十分重要（内隐维度）。

6. 在我的工作学习环境中，平时别人知道我拥有这些特征（外显维度）。

7. 我积极参加能表现这些品质的活动（外显维度）。

8. 我强烈渴望拥有这些品质（内隐维度）。

9. 因为我有以上的人品，所以每个接触我的人都特别认可（外显维度）。

10. 我想尽力实现上述品质，这样才能对自己的品行感到很满意（内隐维度）。

11. 具有了以上的品质会让我感到自豪（内隐维度）。

12. 我认为具有如上品质会使我的一生很有意义（内隐维度）。

13. 我认为有如上的品质而让我感到快乐（内隐维度）。

14. 我常常想希望自己能成为如上品质的人（内隐维度）。

15. 周围的邻居都曾经夸奖我有上述品质（外显维度）。

16. 我有如上品质，所以赢得大家的信赖（外显维度）。

（三）数据处理

本书所有数据和管理由 SPSS 17.0 完成，数据统计和分析主要由 SPSS 17.0 进行。主要进行描述性统计分析。

三 结果

（一）大学生道德认同的一般特征

比较 1008 名大学生在道德认同两个维度和总分上的平均分与标准差，结果发现，大学生在道德认同内隐维度上的平均得分（M = 3.84）要高于外显维度（M = 3.52）。

表 7 - 2　　　　　　大学生道德认同的平均值和标准差

	平均值（M）	标准差（SD）
内隐维度	3.84	0.70
外显维度	3.52	0.65
道德认同总分	3.70	0.62

（二）大学生道德认同的性别差异

为了考察性别对大学生道德认同的影响，采用 t 检验分析，统计结果如表 7 - 3 所示。其中，在内隐维度和总分上均存在显著的性别差异，女生得分显著高于男生。

表 7 - 3　　　　　　大学生道德认同的性别差异检验

	男生（M ± SD）	女生（M ± SD）	t
内隐维度	3.68 ± 0.79	3.91 ± 0.64	- 4.603 ***
外显维度	3.48 ± 0.73	3.54 ± 0.61	- 1.252
道德认同总分	3.58 ± 0.72	3.75 ± 0.56	- 3.619 ***

注：＊＊＊表示 P < 0.001。下同。

（三）大学生道德认同的年级差异

为了考察年级对大学生道德认同的影响，采用单因素方差分析，统计结果如表 7 - 4 所示。

表 7 - 4　　　　　　大学生道德认同的年级差异检验

维度	大一（M ± SD）	大二（M ± SD）	大三（M ± SD）	大四（M ± SD）	F
内隐维度	3.89 ± 0.67	3.75 ± 0.71	3.70 ± 0.77	3.94 ± 0.75	4.661 **
外显维度	3.52 ± 0.65	3.52 ± 0.64	3.47 ± 0.65	3.73 ± 0.65	2.180
道德认同总分	3.73 ± 0.59	3.65 ± 0.64	3.59 ± 0.67	3.85 ± 0.65	3.505 *

注：＊＊表示 P < 0.01，＊表示 P < 0.05。下同。

结果发现，在内隐维度和道德认同总分上均存在显著的年级差异（见图 7 - 1 和图 7 - 2），而在外显维度上却无显著的年级差异。进一步进行 LSD 比较，结果发现，在内隐维度上，大一学生在内隐维度上要显著高于大二（MD = 0.141，P < 0.05）和大三（MD = 0.194，P < 0.05）学生，大四学生要显著高于大三学生（MD = 0.236，P < 0.05）。在道德认同总分上，大四学生要显著高于大二（MD = 0.197，P < 0.05）和大三（MD = 0.251，P < 0.05）的学生。

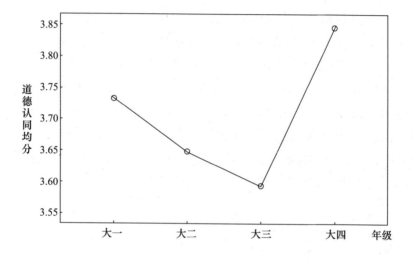

图 7 - 1　道德认同均分的年级差异

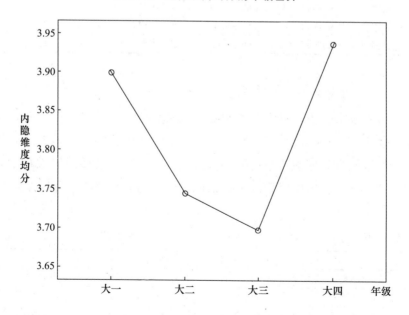

图 7 - 2　道德内隐维度上的年级差异检验

（四）大学生道德认同的专业差异检验

采用单因素方差检验，考察大学生道德认同的专业差异。结果发现，在内隐维度、外显维度和道德认同总分上均存在显著的差异（见表7-5）。进一步进行 LSD 检验，结果发现，在内隐维度上，艺体类显著低于文史类（MD = 0.697，P < 0.05）、理工类（MD = 0.560，P < 0.05）和医药类（MD = 0.655，P < 0.05）。在外显维度上，文史类显著高于理工类（MD = 0.101，P < 0.05）、艺体类（MD = 0.335，P < 0.05）和医药类（MD = 0.257，P < 0.05），理工类显著高于艺体类（MD = 0.235，P < 0.05）和医药类（MD = 0.157，P < 0.05）。在道德认同总分上，文史类显著高于理工类（MD = 0.118，P < 0.05）、艺体类（MD = 0.538，P < 0.05）和医药类（MD = 0.136，P < 0.05），理工类显著高于艺体类（MD = 0.420，P < 0.05），医药类显著高于艺体类（MD = 0.402，P < 0.05）。

表7-5　　　　　　大学生道德认同的专业差异检验

维度	文史类 （M ± SD）	理工类 （M ± SD）	艺体类 （M ± SD）	医药类 （M ± SD）	F
内隐维度	3.96 ± 0.64	3.82 ± 0.73	3.26 ± 0.67	3.91 ± 0.61	16.949***
外显维度	3.63 ± 0.60	3.53 ± 0.67	3.29 ± 0.61	3.37 ± 0.63	7.694***
道德认同总分	3.81 ± 0.56	3.69 ± 0.65	3.27 ± 0.61	3.67 ± 0.55	12.456***

（五）家庭状况对大学生道德认同的影响

为了考察生源地对大学生道德认同的影响，采用 t 检验分析，结果如表7-6所示。结果表明，外显维度上有显著的生源地差异，比较平均数发现，城镇学生的平均分（M = 3.58）显著要高于农村学生（M = 3.48）。在内隐维度和道德认同总分上均无显著的生源地差异。

表7-6　　　　　　大学生道德认同在生源地上的差异检验

	农村（M ± SD）	城镇（M ± SD）	t
内隐维度	3.84 ± 0.71	3.85 ± 0.68	−0.195
外显维度	3.48 ± 0.66	3.58 ± 0.62	2.303*
道德认同总分	3.68 ± 0.64	3.73 ± 0.59	−1.168

为了考察父母文化程度对大学生道德认同的影响，本书将父母的文化程度分为小学及以下、初中、高中和大学及以上四类。采用单因素方差检验分析，统计结果如表7-7和表7-8所示，图形描述如图7-3和图7-4所示。

表7-7　　　　　　　　父亲文化程度对道德认同的影响

维度	小学及以下 （N=151）	初中 （N=369）	高中 （N=296）	大学及以上 （N=182）	F
内隐维度	3.81±0.70	3.86±0.70	3.81±0.70	3.88±0.71	0.580
外显维度	3.39±0.62	3.50±0.62	3.55±0.69	3.60±0.65	3.340*
道德认同总分	3.63±0.60	3.71±0.61	3.70±0.64	3.70±0.62	1.341

表7-8　　　　　　　　母亲文化程度对道德认同的影响

维度	小学及以下 （N=267）	初中 （N=368）	高中 （N=247）	大学及以上 （N=114）	F
内隐维度	3.80±0.73	3.90±0.68	3.79±0.71	3.86±0.68	1.812
外显维度	3.41±0.64	3.53±0.65	3.53±0.64	3.70±0.63	5.401*
道德认同总分	3.63±0.63	3.74±0.60	3.67±0.63	3.70±0.62	2.668

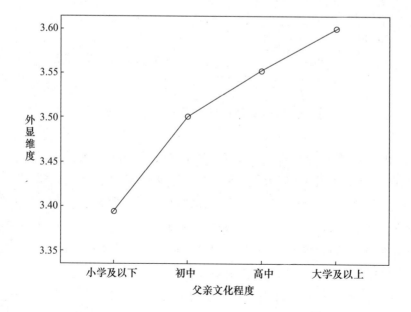

图7-3　父亲文化程度在道德外显维度上的差异

从表 7 - 7 中可以发现，父亲文化程度在外显维度上有显著差异，在内隐维度和道德认同总分上无显著差异。进一步进行 LSD 比较，结果发现，在外显维度上，父亲的文化程度在大学及以上程度（MD = 0.205，P < 0.05）和高中程度（MD = 0.158，P < 0.05）都显著高于小学及以下文化程度。这说明，父亲文化程度越高，孩子所表现出的道德外显行为就越多。

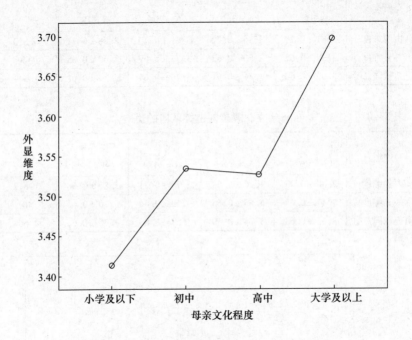

图 7 - 4　母亲文化程度在道德外显维度上的差异

从表 7 - 8 可以发现，母亲文化程度在外显维度上有显著的差异，在道德认同总分上存在边缘显著，在内隐维度上无显著的差异。进一步进行 LSD 比较，结果发现，在外显维度上，大学及以上文化程度显著高于小学及以下（MD = 0.284，P < 0.05）、初中（MD = 0.163，P < 0.05）和高中（MD = 0.170，P < 0.05）。结果充分表明，母亲教育文化程度越高，孩子的道德水平也越高。

（六）网络使用对大学生道德认同的影响

为了考察网络使用对大学生道德认同的影响，研究者将网络使用区分为：（1）网龄；（2）每周使用的时间。其中网龄分为：（1）低于 1 年；（2）1—3 年；（3）3—5 年；（4）5 年以上。每周使用的时间为：（1）少于 3 小时；（2）3—7 小时；（3）7—21 小时；（4）21 小时以上。采用单因素方差分析，结果见表 7 - 9 和表 7 - 10。

表 7 - 9　　　　　　　　网龄对大学生道德认同的影响

维度	低于 1 年 （N = 51）	1—3 年 （N = 235）	3—5 年 （N = 257）	5 年以上 （N = 453）	F
内隐维度	3.68 ± 0.84	3.71 ± 0.76	3.89 ± 0.67	3.90 ± 0.66	5.314 **
外显维度	3.49 ± 0.82	3.40 ± 0.65	3.56 ± 0.63	3.56 ± 0.64	3.593 *
道德认同总分	3.60 ± 0.81	3.58 ± 0.65	3.75 ± 0.59	3.75 ± 0.59	5.017 **

表 7 - 10　　　　　　每周上网时间对大学生道德认同的影响

维度	少于 3 小时 （N = 117）	3—7 小时 （N = 234）	7—21 小时 （N = 327）	21 小时以上 （N = 318）	F
内隐维度	3.69 ± 0.83	3.75 ± 0.75	3.85 ± 0.67	3.96 ± 0.63	6.059 ***
外显维度	3.49 ± 0.77	3.42 ± 0.66	3.57 ± 0.62	3.54 ± 0.62	2.853 *
道德认同总分	3.60 ± 0.76	3.61 ± 0.65	3.73 ± 0.58	3.77 ± 0.57	4.443 **

网龄对大学生道德认同的影响，从表 7 - 9 中可以发现，在内隐维度、外显维度和道德认同总分上均有显著差异，进一步进行 LSD 比较发现，在内隐维度上，网龄在 3—5 年和 5 年以上的均显著高于低于 1 年（$MD_{3—5年} = 0.211$，$MD_{5年以上} = 0.220$，$P < 0.05$）和 1—3 年（$MD_{3—5年} = 0.183$，$MD_{5年以上} = 0.193$，$P < 0.05$）。在外显维度上，网龄为 3—5 年和 5 年以上的显著高于 1—3 年（$MD_{3—5年} = 0.161$，$MD_{5年以上} = 0.157$，$P < 0.05$）。在道德认同总分上，网龄为 3—5 年和 5 年以上的显著高于 1—3 年（$MD_{3—5年} = 0.168$，$MD_{5年以上} = 0.175$，$P < 0.05$）。

每周上网时间对大学生道德认同的影响，从表 7 - 10 中发现，在内隐维度、外显维度和道德认同总分上均存在显著差异。进一步进行

LSD 检验，结果发现，在内隐维度上，每周上网 21 小时以上的得分显著高于少于 3 小时（MD = 0.264，P < 0.05）和 3—7 小时（MD = 0.206，P < 0.05）和 7—21 小时（MD = 0.107，P < 0.05），每周上网 7—21 小时得分显著高于每周上网少于 3 小时（MD = 0.156，P < 0.05）。在外显维度上，每周上网 7—21 小时和 21 小时以上显著高于 3—7 小时（$MD_{7—21小时}$ = 0.154，$MD_{21小时以上}$ = 0.124，P < 0.05）。在道德认同总分上，每周上网 21 小时以上的显著高于少于 3 小时（MD = 0.172，P < 0.05）和 3—7 小时（MD = 0.165，P < 0.05），每周上网时间 7—21 小时显著高于 3—7 小时（MD = 0.045，P < 0.05）。

四　讨论

（一）大学生道德认同的特点

对大学生道德认同的总分与两个维度的平均分进行比较发现，大学生整体而言道德认同水平较好（M = 3.70），内隐维度（M = 3.84）和外显维度（M = 3.52）水平也较好，并且大学生的内隐维度得分要高于外显维度。

道德认同是个体的道德系统和自我系统的整合，就像个体道德与认同之间的结合，它表明了个人认同中最核心的部分与道德相关的程度。可以将其定义为，在个体认同中道德品质的重要性程度。[1] 换句话说，如果相比于非道德品质（如创造性），一个人的认同更强烈地联系着道德品质（如善良），那么我们可以说这个人有很高的道德认同。于是，相比于其他认同，道德认同高的个体更加认为成为一个有道德的人很重要。并且对道德榜样的研究表明，他们的个人目标与愿望是和道德信念联系在一起的，青少年口头表达的行为标准同他们在现实生活中实际行为之间存在差异，所以需要一种道德自我控制机制来调整个体的行为。这样看来，道德认同是个体进行道德行为的决定因素。[2] 我们的研究结果发现，大学生的道德总体认同水平普遍较高，说明当代大学生具有良好的道德品质与道德价值观，可以预测他们会

---

[1]　Aquino, K., Freeman, D., Reed, A., Lim, V. K. G. and Felps, W., "Testing a Social - Cognitive Model of Moral Behavior: The Interactive Influence of Situations and Moral Identity Centrality", *Journal of Personality and Social Psychology*, Vol. 97, No. 1, 2009, pp. 123 – 141.

[2]　万增奎：《道德同一性及其建构》，《外国教育研究》2009 年第 12 期。

表现出相应的道德行为。

　　道德认同的两种维度的划分方法与自我理论的划分类似，自我理论认为自我意识有两个不同的部分，对个体内在想法和感觉的内在反省性意识、作为一个可以影响他人的社会性对象的外在主动自我。① 道德认同内隐维度，表现为道德特质在自我感觉中重要性的评价，反映了一系列的道德特质是否处在自我概念的核心，体现了个体对道德特质的内在认同，它与自我价值感的"内在自我"相对应。内隐的道德认同是由内在的自我图式决定的，一个人做事对得起自己的良心反映了内隐的道德认同。内隐的道德认同主要来自个体的内部道德评价、自我接受和自爱。个体内隐的道德认同主要受个体实际的行为和能力、过去的成功和失败经验的影响。② 在内隐维度上得分越高的个体，具有良好的道德自我（如良心、责任心等），个体能对道德自我品质评价较高。在内隐维度得分较低的个体，其道德自我品质评分较低（如不诚实、伪善等）。

　　道德认同外显性维度，表现为个人希望在人际互动中表现自我拥有道德特质的程度，与公共的"外在自我"相对应。外显的道德认同主要是以外在道德自我作为尺度，是指从别人对自己的反映中来评价自己并由此内化而产生的一种道德特征。对外显的道德认同影响较大的因素主要来自别人的道德评价、反映以及个体生活中的成败经验。③ 外显维度得分高的个体，能通过人际交往中他人对自我道德的评价来内化道德自我品质（例如，在人际交流过程中，通过他人对自我的赞许，评价自己是助人为乐的，因此将助人为乐作为自我道德品质，并在以后的行动中表现出来）。而外显维度得分较低的个体，对自我道德品质评价较低。

　　在本书中，大学生道德认同内隐维度得分要高于外显维度得分，表明对于大学生而言，他们道德自我评价较高，对道德品质要求也较

---

　　① Fenigstein, A., Scheier, M. F. and Buss, A. H., "Public and Private Self – Consciousness: Assessment and Theory", *Journal of Consulting and Clinical Psychology*, Vol. 43, 1975, pp. 522 – 527.

　　② 万增奎:《道德同一性及其建构》,《外国教育研究》2009 年第 12 期。

　　③ 同上。

高。以往研究发现，道德认同的内隐维度即道德认同的自我重要性，对个人捐赠、助人等道德行为具有显著的预测作用。以此我们可以预测，大学生会表现出相应的道德行为。

（二）大学生道德认同的性别差异

大学生道德认同性别差异检验结果发现，在道德认同总分和内隐维度上，女生得分显著高于男生，即与男生相比，女生对自我道德品质的评价水平更高，在个人认同中更看重道德品质。阿奎诺和万增奎的研究表明，在性别上女性的道德认同高于男性，在内隐和外显维度上女性得分也普遍高于男性。

弗洛伊德早在 20 世纪初就指出，女性的道德水平要高于男性，后来的科尔伯格对此也持同样的观点。吉利根（Gilligan）认为，女性的道德面貌与男性有本质的不同，她继而解释说，人类社会存在两种道德价值——公正和关怀，只有将这两种道德价值结合在一起的时候，我们才能够完整地描述人类的道德发展。根据她的解释，男性的道德取向往往与公正联系更为密切，而女性的道德取向则与关怀联系更紧密。并且，道德认同不同于道德判断，道德认同主要反映的是个体内在的道德自我图式。按照弗洛伊德的观点，男性比女性更有侵犯性，因此他们更容易选择侵犯性行为。埃里克森认为，女性躯体中蕴含着一个"内在空间"，命中注定要生育后代，并由此具有生物的、心理的和伦理的义务照顾婴儿，男性则在"外在空间"里发展自我。女性主义心理学认为，道德发展的性别差异是由文化差异造成的，社会文化在两性道德发展差异的形成上起着决定性作用。

在本书中，我们分析女性道德认同水平高于男性的原因：其一，由于男女传统的社会角色和性格特征差异所致，人们在描述心目中的理想女性时会用"善良""贤惠""纯朴"等词汇，而对理想男性的描述则会使用"刚强""勇敢""稳重"等词汇，这表明中国传统文化对男性和女性的性格和品质要求不一样，促使男性和女性将这些社会期望融入到自我性别认同中。因此，女性相对于男性而言，更注重情感，富有同情心，倾向于从关怀的角度考虑道德，强调与周围人的相互联系；男性则更注重理性，倾向于从公正的角度考虑道德，强调责任、正确与否和公平的问题。其二，中国传统道德观念使父母和社会对女性的道德要求比男性要高，在评价女性的时候更容易使用描述道德品质的词语，例如，"善良""聪慧""有孝心""责任心"等，为了获得更多的社会认同，更容易内化为具有善良道德品质的人。因此，女生的道德认同水平要高于男生。

（三）大学生道德认同的年级和专业差异

在年级差异上，道德认同总分和内隐维度上均存在显著差异。在道德认同总分上，我们可以发现，大四学生显著高于大二和大三的学生，在内隐维度上，大一学生要显著高于大二、大三的学生，大四学生的得分也显著高于大三学生，这表明大三阶段出现了"道德疲软"现象，导致个人对道德认同进行重新认识和建构。

华特曼（Waterman）等研究发现，个体的同一性发展是一个不断丧失与获得的过程，青少年期和成年早期的个体不断地由一种同一性状态向另一种同一性状态转换[1]，而且玛西亚[2]有研究表明，大学阶段即 18—22 岁是同一性变化最为剧烈的时期，同一性冲突一般是在大学阶段得到解决，基于对自我同一性（或自我认同）发展的认识，道德认同至早要到青少年晚期甚至成年期才能初步形成[3]，这一阶段道德认同的形成也必然会出现剧烈变化这一特征。道德认同建构的过程也是一个需要不断完善的过程，甚至会出现"推倒重来"的现象。

大一新生刚步入大学，无论是生活还是学习，都要经历高中到大学的转变，在接受新事物的同时，大一新生对自己的人生观与价值观有了新的认识，道德品质也比较稳定，但是他们对事物的判断能力还比较差，因此道德情感还不稳定，容易受到其他事物的影响。进入二年级后，新生的懵懂已经不再，并且拥有了几分成熟与自信，已经基本形成了稳定的是非观，并具有一定的判断能力，能自己遵守公德，具有稳定的道德品质。三年级的大学生由于离毕业和就业很近，已经

---

① Waterman, A. S., *Identity in Adolescence：Processes and Contents*, London：Jossey – Bass Inc., 1985, p. 60.

② Marcia, J. E., "Development and Validation of Ego – Identity Status", *Journal of Personality and Social Psychology*, Vol. 3, 1966, pp. 551 – 558.

③ Bergman, R., "Why be Moral? A Conceptual Model Fromdevelopmental Psychology", *Human Development*, Vol. 45, 2002, pp. 104 – 124.

拥有较多的社会经历，也了解到很多社会负面信息，由于强烈的不可控感，大学生的道德自我认同产生了冲突，例如，人到底是"为己"还是"为公"？是"诚实"还是"伪善"？导致这个阶段大学生道德认同水平最低。到了大四年级，这个冲突也基本上得到解决，该阶段的道德认同也顺利形成。

在专业差异上，本书发现，在道德认同总分、内隐维度和外显维度上均存在显著差异。在道德认同总分上，文史类和理工类得分最高。在内隐维度上，艺体类得分最低。在外显维度上，文史类和理工类得分最高。

（四）家庭状况对大学生道德认同的影响

道德认同的生源地差异检验中，我们发现，在外显维度上，城镇大学生得分显著高于农村大学生，这说明城镇大学生更容易在人际交往过程中通过他人的道德评价来形成自我道德认同。众多的研究文献表明，父母的教育方式对儿童青少年的成就动机、自我概念与自尊、品德、攻击行为和亲社会行为等社会性发展的诸多方面发展均有着深刻而广泛的影响。基于此，我们可以从农村大学生和城镇大学生的家庭教养方式来进行阐述。

在我国，农村人口占总人口的80%左右，城市和农村不仅在生产力发展水平、经济收入、消费水平等方面存在较大的差异，而且在父母的受教育水平、生活方式与习俗、子女多少、亲子观念等方面也存在较大差异。这些差异必然导致城乡父母教育方式的差异。农村大学生的父母职业大部分是农民，由于生活的压力迫使他们把主要精力用于养家糊口，很少有时间与孩子交流沟通，再加上繁重的体力劳动，常常使其在教育孩子方面易急躁、缺乏耐心，对孩子教养采取简单粗暴的方式，对孩子的情感表达或支持较少。我国研究者研究发现，与农村学生相比，城市青少年父母对孩子有更多的温情和理解。[①] 在城市这种社会亚文化背景下，父母的社会经济地位相对较高，对孩子的情感投入、敏感性和反应性较高，对孩子的教育方式也比较民主。

---

① 张文新：《儿童社会性发展》，北京师范大学出版社1999年版。

父母的教育方式对孩子的道德形成具有显著的影响，我国研究者发现，父母的情感温暖与理解对青少年品德发展具有显著影响作用，父母对孩子的温情和慈爱，能充分接纳和理解孩子，能走入孩子的内心世界，更尊重孩子的独立人格，能帮助道德品质的形成与发展。[①]而惩罚性、拒绝养育的教育方式对青少年道德品质发展具有消极作用，这种教育方式不利于道德自我的形成，孩子的自我评价水平较低。我们从中可以发现，由于城市和农村父母教养方式的不同，城市大学生的道德认同水平要高于农村大学生。

在我们的研究中，父亲和母亲的文化程度越高，大学生道德外显认同得分越高。本研究的结果与万增奎的结果略有不同，在他的研究中，道德认同受父亲文化程度影响大，受母亲文化程度影响不明显，而在本书中，道德认同不仅受父亲文化程度的影响，也受母亲文化程度的影响。

我国传统文化中存在"男主外，女主内"的家庭分工，男性主要承担家庭的经济责任，女性主要负责理家、照顾孩子。因此造成了在儿童教养中存在"严父慈母"的分工，即父亲主要承担对孩子道德、规范的教育任务，母亲负责照料子女生活。但是，当前中国正处于社会转型期，发生了一些巨大变化，一方面，越来越多的女性受教育程度普遍增高，自身的文化素质与道德品质也得到提高，母亲对孩子的教养不局限在生活方面，也泛化到道德品质、道德规范教育上；另一方面，今天的男性受到了除传统文化之外的其他文化的影响，传统的"大男子主义"的倾向有所减弱，这都有可能使越来越多的父亲主动承担起照顾孩子的责任，母亲在某种程度上帮助父亲分担道德教育的工作。

父母文化程度与教养方式具有一定的关系，以往研究发现，文化程度高的父母往往给予子女更多的尊重、理解，与子女的情感交流更融洽，在使用惩罚、拒绝等消极教育方式时更为慎重。相比之下，文化程度低的父母则多采用简单、粗暴的教育方式，对子女的惩罚也更

---

① 万增奎：《道德同一性的心理发展与建构》，博士学位论文，南京师范大学，2008年。

加严厉。① 国外学者霍夫曼的研究指出，温暖理解会促进青少年的道德发展，帮助青少年内化道德原则。父母是孩子的第一任教师，孩子会学习父母的行为方式和价值观念并内化到自己的行为模式与道德观念中去。因此，高文化程度的家长对大学生的道德教育能起到较好的作用，父母文化程度相对较高的家庭更重视青少年的道德教育，注重品德的养成。对于文化程度相对低的父母来说，往往由于自身无力指导，而只能听任自便。可见，父母的文化程度影响了青少年的道德认同，并影响了下一代的道德发展。

（五）网络对大学生道德认同的影响

我们从大学生的网龄和每周上网时间来考察对道德认同的影响，结果发现，网龄越长、每周上网时间越多的大学生，道德认同水平较高。

对于当今大学生而言，网络成为不可获取的工具之一，研究发现，大学生最经常使用的网络功能是在线娱乐，其次是信息收集，再次是网络游戏和网络社交，使用最少的是网上交易。② 对于经常使用在线娱乐、信息收集和社会交往的个体，更关注社会发展动态和网络事件演变动向，更注重建立和维持良好的人际关系，在这些社会信息中，包含着很多道德规范和行为准则，这样的网络行为偏好可能导致个体网络道德敏感性的提高，而道德敏感性是道德认同形成的重要标志之一，这意味着网络使用对道德认同形成具有重要的作用。

五　小结

（1）大学生整体而言道德认同水平较好，大学生道德内隐水平得分要高于道德外显水平。

（2）大学生道德认同总分和内隐维度存在显著的性别差异，女性得分显著高于男性。

（3）大学生在内隐维度和道德认同总分上均存在显著的年级差异，在内隐维度上，大一学生得分显著高于大二和大三学生，大四学

① 饶燕婷、张红霞、李晓铭：《家庭环境与大学生抑郁和疏离感的关系》，《心理发展与教育》2004 年第 1 期。

② 罗喆慧、万晶晶等：《大学生网络使用、网络特定自我效能与网络成瘾的关系》，《心理发展与教育》2010 年第 6 期。

生得分要显著高于大三学生。在道德认同总分上，大四学生得分显著高于大二和大三的学生。

（4）大学生在内隐维度、外显维度和道德认同总分上均存在显著的专业差异，在内隐维度上，艺体类显著低于文史类、理工类和医药类。在外显维度上，文史类显著高于理工类、艺体类和医药类，理工类显著高于艺体类和医药类。在道德认同总分上，文史类显著高于理工类、艺体类和医药类，理工类显著高于艺体类，医药类显著高于艺体类。

（5）家庭对大学生道德的影响中，城镇大学生在道德外显水平上显著高于农村学生。父母的文化程度越高，大学生道德外显水平越高。

（6）网络对大学生道德认同的影响中，网龄的时间越长、每周上网时间越多，大学生道德认同水平越高，道德内隐水平和外显水平也越高。

第二节　内环境下大学生道德认同的作用机制

一　问题提出

哈特在《道德认同的发展》中设想了一个影响道德认同的五因素模型，根据哈特的观点，在个体内环境影响因素水平方面，包括道德认知发展、移情、同情人格以及更广泛意义上的自我认同会影响道德认同的发展，道德认同的形成会影响个体的道德评价、理想信仰等方面。

自尊是个体在社会实践过程中所获得对自我的积极性情感体验，是对自我的概括性评价，反映了个体的整体自我价值感，它包括自己的价值、优点、重要性的评价，对思维、情绪和行为都有强烈的影响。詹姆士明确提出"自我"的概念及其三个表现形式，即自我知觉、自尊和自我行动[1]，并认为，人们在对他人和周围环境进行自我知觉的基础上发展了对客体的态度和情感，形成对客体的典型的反应

---

[1]　车文博：《西方心理学史》，浙江教育出版社 1998 年版。

方式。在此基础上，个体又形成了自我情感和态度，即形成了自尊，并建立起对于自己的反应方式，形成了自我行动的能力。他还阐述了自尊产生的机制及对行为的影响，指出自尊是个人对自己抱负的实现程度，提出了一个著名的公式：自尊＝成功/抱负。其中，抱负是指个人的内心标准，是那些被认为是重要的、期望达到的水平。一个人的自尊水平可由提高其成功水平或降低其抱负水平来提高。

布罗芬布伦纳（Brofenbrenner）的发展生态学理论认为，青少年的自尊发展与他们所处的环境是分不开的，父母、教师、同伴团体中的朋友都会对他们产生影响。[1] 从发展的角度而言，儿童在社会化的过程中不断接受成人社会的价值标准，并将这些评价标准连同他人的看法与评价加以内化，通过自我价值感建构，从而形成自尊。杨茨（Yonth）认为，自尊包含自我认同感，即包含了对个人价值、需要和愿望的自我了解层面，认为相信自己作为一个人是有存在价值的。

哈特认为，自尊包含四个层次，其中有一个道德感，青少年对道德领域的重要性评价与他们在该领域的实际水平的不一致决定其道德自尊水平，不一致越大，个体道德自尊就越低。[2] 在现实中，道德自尊是道德自我形象的重要成分。道德自尊是对自身在道德发展水平一种具体的积极认知评价，反映了个人对自己的人品、道德价值的感知，是一种积极的自我倾向。道德自尊是一种社会自尊，反映了人在道德上的心理需要。

信仰是人作为优先的存在的一种自我超越性，是人对自我观念、对实践，社会对个人，精神对物质，理想对现实的超越，是一种乌托邦意味的冲动。荆学民教授认为，信仰的问题是一个价值和价值观念的问题，但不是一般的价值观念的问题，而是统摄整个价值观念的核心问题，因而也是世界观和价值观、人生观的集中体现。[3] 从心理学

---

① Brofenbrenner, U. , *The Ecology of Human Development*：*Experiments by Nature and Design*, Cambridge, MA：Harvard University Press, 1979, pp. 58 – 67.

② Harter, S. , *The Self – perception Profile for Children*（manual）, Denver, Co：University of Denver, 1985.

③ 荆学民：《社会哲学视野：信仰的两大类型及其关系》，《求是学刊》2004 年第 1 期。

角度来说，信仰主要是指信仰者的一种稳定的心态，这种心态以相信为核心，将知、情、意等心理因素统一起来，并在行为上表现出来。李幼穗认为，信仰就是主体对人类终极价值的一种确信，它是人的精神世界核心，是人的全部价值意识的定向形式。① 宋兴川等认为，信仰是一种精神需要，表现为与人生相联系的根本价值准则，涉及人与自然、人与社会、人与自身存在关系的原则。②

关于中国人的信仰问题，研究者认为，我们所使用的"信仰"一词，最初来自佛经，但在近代之前一直没得到广泛的使用。近代以来，西学东渐，学者们才开始使用。中国传统社会"王权至上"的结构，"儒教中国"现世主义、道德主义的价值取向，使受其长期浸润的汉民族在文化心态上呈现出政治人伦化、现实功利化的倾向。具体表现在信仰领域，汉民族以君主、国家、民族为信仰对象，因此，可以说，汉民族在本质上是缺乏宗教价值观的。③ 也有学者认为，尽管中国历史上没有像西方那样激烈的宗教信仰冲突，但中国人也有信仰问题，中国传统文化中也有信仰精神和相应的表达信仰的概念。④ 儒家文化中所表达的"信仰"概念，如"信""忠""敬""诚"，它们可以说是我们中国人的信仰。中国人的信仰不是产生于宗教领域，而更多脱胎于政治文化和实用理性之中。中国人的信仰因为注重实用理性而表现为实用信仰。康德在其《纯粹理性批判》一书中，明确地将信仰划分为实用的、教义的和道德的三种类型。康德的思想被继承者如萨姆瓦（提出"通过感觉经验直接而获得的"所谓"经验性"信仰）、亨特和惠特等（提出"与人们的生存活动息息相关，成为某个社会人们的生活指标、构成日常生活中的知识体系"的"工具性信仰"）所发扬。我国哲学界前辈贺麟也明确提出实用信仰一说。所谓实用信仰，广泛存在于人们的日常生活中，就是虽然缺乏全然的知识根据，但是有主体的"确信"为保证的支配人们日常行为的信念。除

---

① 李幼穗：《信仰现状的心理学研究》，《心理科学》2002 年第 6 期。

② 宋兴川、金盛华：《大学生精神信仰的现状研究》，《心理科学》2004 年第 4 期。

③ 梁丽萍：《中国传统社会汉民族的宗教观与宗教信仰——历史与文化的考察》，《中州学刊》2002 年第 6 期。

④ 刘建军：《传统文化中的信仰概念》，《中国人民大学学报》1998 年第 5 期。

了实用信仰，中国自古以来十分注重集体的力量，讲究民族、国家的利益先于个人和家庭，这种社会信仰也深入人心。从某种意义上说，这也就消除了中国人没有信仰或者缺乏信仰的指责。

西方研究者对青少年宗教信仰进行大量的研究，他们发现，青少年宗教信仰越多，如药物滥用、违法犯罪和早期性交等问题行为就越少，同样会产生更多积极行为，如学业成绩提高、志愿服务行为和利他行为。关于宗教信仰与道德认同的研究则比较少，一项关于青年自我报告内在宗教信仰是道德认同的正向预测指标，然而，外在的宗教信仰则是负向的预测指标。① 哈特和阿特金斯（Atkins）的研究发现，宗教信仰和道德认同有积极相关，其中道德认同在某种程度上被操作化为参与社区服务。② 哈迪等对 502 名青少年在线调查研究发现，献身于参与宗教，能预测道德认同。③

本书在哈特的道德认同影响模型基础上，以个体内环境为主线，以自尊为预测变量，考察自尊对道德认同的影响，以及道德认同的形成对信仰的影响。本书假设，道德认同是自尊与信仰的中介变量。

二　对象与方法

（一）被试

本部分内容请参考本章第七节第二小节。

（二）研究工具

1. 道德认同问卷

采用我国学者杨韶刚和万增奎修订的阿奎诺和里德的《道德认同问卷》，要求被试者对列举的 10 个特质 16 个题目来测量道德认同，其中一半题目为道德认同内隐维度的测量，用以表示个人对系列道德

---

① Vitell, S. J., Bing, M. N., Davison, H. K., Ammeter, A. P., Garner, B. L. and Novicevic, M. M., "Religiosity and Moral Identity: The Mediating Role of Self – Control", *Journal of Business Ethics*, Vol. 88, 2009, pp. 601 – 613.

② Hart, D. and Atkins, R., "Religious Participationand the Development of Moral Identity in Adolescence", In T. A. Thorkildsen and H. J. Walberg, eds. *Nurturing Morality*, NY: Kluwer Academic/Plenum, 2004, pp. 157 – 172.

③ Hardy, S. A. and Walker, L. J., "Religiosity and Adolescent Empathy and Aggression: The Mediating Role of Moral Identity", *Psychology of Religion and Spirituality*, Vol. 4, No. 3, 2012, pp. 237 – 248.

特质自我认同水平，如"做一个有如上品质的人会让我感觉很好"。另一半为道德认同的外显维度，用以表示个体给他人留下拥有这些道德特质的水平，如"我的着装打扮使我看上去是这样的人"。修订的问卷使用李克特式五点计分，其中 1 = "完全不同意"，2 = "有些不同意"，3 = "中立"，4 = "有些同意"，5 = "完全同意"。在本研究中，该量表的内部一致性系数为 0.890，表明该量表有较好的信度。

2. 自尊量表

采用罗森伯格（Rosenberg）编制的自尊量表（The Self - Esteem Scale，SES），该量表最初是用以评定青少年关于自我价值和自我接纳的总体感受，目前它是应用最广泛的测量总体自尊的工具。SES 在国内修订中信效度达到要求，在已有研究中，重测信度达到 0.853，表明该量表具有较好的信度，具有一定的稳定性和可靠性。该量表由 10 个题目构成，其中有 5 个反向计分题，被试直接报告这些描述是否符合自己。采用四点计分，其中 1 = 非常不符合，2 = 不符合，3 = 符合，4 = 非常符合。量表得分范围在 1—40 分，分值越高，表明自尊程度也越高。在本研究中，该量表的内部一致性系数为 0.705，表明该量表有较好的信度。

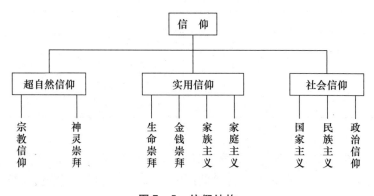

图 7 - 5　信仰结构

3. 精神信仰量表

采用宋兴川所编制的《大学生精神信仰问卷》，该问卷有 39 个题目，由超自然信仰、实用信仰和社会信仰三个方面组成。采用六点计分，1＝完全不同意，2＝大部分不同意，3＝部分不同意，4＝部分同意，5＝大部分同意，6＝完全同意。量表得分越高，表明信仰程度越高。以往研究表明，该量表具有良好的重测信度（0.72）和分半信度（0.74）。在本研究中，该量表的内部一致性系数为 0.79，表明该量表有较好的信度。

（三）数据处理

本研究所有数据和管理由 SPSS 17.0 完成，数据统计和分析主要由 SPSS 17.0 进行。主要进行 t 检验、方差分析、相关分析和回归分析。

三 结果

（一）大学生自尊的现状

1. 大学生自尊的平均分及性别和生源地差异

经过描述性分析发现，大学生自尊的平均分为 3.29，标准差为 0.378。进一步采用 t 检验，考察性别和生源地对大学生自尊的影响，采用 t 检验分析，统计结果如表 7 - 11 所示。其中，在自尊上均存在显著的性别差异和生源地差异，女生得分显著高于男生，城镇大学生的自尊水平要高于农村大学生。

表 7 - 11　　　　　　性别和生源地在自尊上的差异检验

		自尊（M ± SD）	t
性别	男生	3.197 ± 0.407	- 4.787 ***
	女生	3.327 ± 0.358	
生源地	农村	3.257 ± 0.348	- 3.038 **
	城镇	3.336 ± 0.418	

2. 大学生自尊的年级和专业差异

为了考察年级对大学生自尊的影响，采用单因素方差分析，统计结果如表 7 - 12 所示。结果发现，年级和专业在自尊上存在显著的差异。进一步进行 LSD 比较，结果发现，大一年级学生的自尊水平要显著高于大二学生（MD = 0.125，$P < 0.05$）和大三学生（MD = 0.080，$P < 0.05$）。艺体类学生的自尊水平要显著低于文史类（MD = 0.300，$P < 0.05$）、理工类（MD = 0.309，$P < 0.05$）和医药类（MD = 0.225，

$P < 0.05$)。

表 7 – 12　　　　　　　大学生自尊的年级和专业差异检验

		自尊（M ± SD）	F
年级	大一	3.324 ± 0.371	5.741 **
	大二	3.199 ± 0.361	
	大三	3.245 ± 0.371	
	大四	3.252 ± 0.470	
专业	文史类	3.311 ± 0.380	12.962 ***
	理工类	3.320 ± 0.399	
	艺体类	3.011 ± 0.214	
	医药类	3.237 ± 0.378	

（二）自尊对道德认同的影响

为了考察自尊对道德认同的影响，取自尊得分前 27% 的被试者归为高自尊组，后 27% 的被试者归为低自尊组。自尊高分者和低分者在道德认同各维度与总分上的差异检验见表 7 – 13。

表 7 – 13　　　　　　　自尊高低分组在道德认同上的差异检验

	低自尊组（M ± SD）	高自尊组（M ± SD）	t
内隐维度	3.523 ± 0.570	3.642 ± 0.604	2.358 *
外显维度	2.455 ± 0.415	2.631 ± 0.443	4.725 ***
道德认同总分	5.985 ± 0.876	6.272 ± 0.956	3.592 ***

从表 7 – 13 中可以看出，在内隐维度、外显维度和道德认同总分上都存在显著的差异，进一步比较平均数，结果发现，高自尊组在内隐维度、外显维度和道德认同总分上都显著高于低自尊组。这说明大学生自尊水平越高，就越能正确地做出自我判断，其道德认同水平也越高。进一步考察自尊对道德认同的预测作用，使用回归方程进行统计，结果如表 7 – 14 所示。

表 7 – 14   自尊对大学生道德认同的预测作用检验

预测变量	R^2	标准化回归系数	F	Sig.
自尊	0.084	0.289	89.114	0.000

R^2 为方程的确定系数，它取值在 [0，1] 之间，R^2 越接近 1，表明方程中的变量对 y（自尊）的解释能力越强。通常将 R^2 乘以 100% 表示回归方程解释 y 变化的百分比。回归分析显示，自尊与道德认同的 R^2 为 0.084，意味着自尊可以解释道德认同 8.4% 的变化。对回归方程进行显著性检验，结果发现，F = 89.114，P < 0.001，表明回归方程是显著的，表明自尊能显著地预测道德认同，因此得到相应的回归方程，即 y（道德认同）= 0.289 × x（自尊）。

（三）大学生精神信仰现状

比较 1008 名大学生在精神信仰一级维度和二级维度上的平均分与标准差，结果发现，在一级维度上，大学生在社会信仰（M = 4.2982）上平均分要高于实用信仰（M = 3.7353）和超自然信仰（M = 2.9734）（见表 7 – 15）。

表 7 – 15   大学生精神信仰一级维度上的平均值和标准差

一级维度	平均值（M）	标准差（SD）
超自然信仰	2.9734	0.81744
实用信仰	3.7353	0.47611
社会信仰	4.2982	0.73041
信仰总分	3.7850	0.44968

对大学生精神信仰的二级维度的九种信仰因素的平均分和标准差进行比较（见表 7 – 16），结果发现，大学生精神信仰均值依次排列为：民族主义（M = 4.3970）、国家主义（M = 4.3220）、生命崇拜（M = 4.1079）、政治信仰（M = 4.0476）、家庭主义（M = 3.9038）、金钱崇拜（M = 3.4434）、家族主义（M = 3.2233）、宗教信仰（M = 3.0237）和神灵崇拜（M = 2.9416）。

表 7 - 16 　　　　大学生精神信仰二级维度上的平均值和标准差

二级维度	平均值（M）	标准差（SD）
宗教信仰	3.0237	1.10705
神灵崇拜	2.9416	0.88489
生命崇拜	4.1079	0.81990
金钱崇拜	3.4434	0.53654
家族主义	3.2233	0.97100
家庭主义	3.9038	0.90067
国家主义	4.3220	0.82183
民族主义	4.3970	0.80886
政治信仰	4.0476	1.01649

对大学生精神信仰一级维度和二级维度进行性别和生源地差异检验，结果见表 7 - 17 和表 7 - 18，可以发现，性别在精神信仰三个维度和总分上均有显著差异，比较平均值发现，在超自然信仰上，男生的平均分高于女生，在实用信仰、社会信仰和信仰总分上，女生的平均分要显著高于男生。在二级维度上，家庭主义和政治信仰无显著性别差异，其他的信仰上均存在显著的性别差异，比较平均分发现，在宗教信仰、神灵信仰、家族主义上，男生得分均显著高于女生，在生命崇拜、金钱崇拜、国家主义和民族主义上，女生得分均显著高于男生。

表 7 - 17 　　　大学生精神信仰一级维度的性别和生源地差异检验

一级维度	男 （M ± SD）	女 （M ± SD）	t	农村 （M ± SD）	城镇 （M ± SD）	t
超自然信仰	3.14 ± 0.89	2.90 ± 0.77	4.185 ***	2.89 ± 0.80	3.11 ± 0.83	- 4.284 ***
实用信仰	3.64 ± 0.52	3.78 ± 0.45	- 3.987 ***	3.76 ± 0.46	3.69 ± 0.50	2.402 *
社会信仰	4.13 ± 0.84	4.38 ± 0.66	- 4.544 ***	4.33 ± 0.74	4.25 ± 0.73	1.618
信仰总分	3.72 ± 0.53	3.81 ± 0.41	- 2.511 *	3.78 ± 0.44	3.78 ± 0.47	0.242

表7-18   大学生精神信仰二级维度的性别与生源地差异检验

二级维度	男 （M±SD）	女 （M±SD）	t	农村 （M±SD）	城镇 （M±SD）	t
宗教信仰	3.23±1.16	2.93±1.07	4.020***	3.00±1.10	3.06±1.11	-0.804
神灵崇拜	3.09±0.96	2.88±0.84	3.380**	2.81±0.84	3.15±0.91	-5.769***
生命崇拜	3.89±0.84	4.21±0.79	-5.795**	4.13±0.83	4.08±0.80	0.947
金钱崇拜	3.37±0.55	3.48±0.53	-2.786**	3.48±0.48	3.38±0.62	3.073**
家族主义	3.41±1.02	3.14±0.94	4.124***	3.23±0.94	3.22±1.02	0.135
家庭主义	3.82±0.94	3.94±0.88	-1.937	3.95±0.89	3.83±0.92	2.014*
国家主义	4.16±0.88	4.39±0.78	-4.094***	4.38±0.81	4.24±0.83	2.621**
民族主义	4.14±0.89	4.51±0.74	-6.420***	4.40±0.80	4.39±0.82	0.257
政治信仰	3.99±1.31	4.07±0.85	-1.117	4.08±1.09	3.99±0.89	1.398

生源地在超自然信仰和实用信仰上有显著差异，在社会信仰和信仰总分上无显著差异，比较平均值发现，在超自然信仰上，城镇大学生的平均分要显著高于农村大学生，在实用信仰上，农村大学生的平均分要显著高于城镇大学生。在二级维度上，神灵崇拜、金钱崇拜、家庭主义和民族主义上存在显著的生源地差异，比较平均分发现，在神灵崇拜上，城镇大学生得分显著高于农村大学生，在金钱崇拜、家庭主义和国家主义上，农村大学生得分显著高于城镇大学生。

大学生精神信仰在年级上的差异检验见表7-19，结果发现，在超自然信仰和社会信仰上存在显著的年级差异，进一步采用LSD进行比较，结果发现，在超自然信仰上，大二学生（MD=0.300，P<0.05）和大三学生（MD=0.287，P<0.05）显著要高于大一学生。在宗教信仰上，大一学生得分显著低于大二（MD=0.497，P<0.05）、大三（MD=0.382，P<0.05）和大四（MD=0.423，P<0.05）学生。在神灵信仰上，大二（MD=0.287，P<0.05）和大三（MD=0.226，P<0.05）学生高于大一学生。在实用信仰一级维度上无显著年级差异，在二级维度的金钱崇拜和家族信仰上年级差异显著。在金钱崇拜上，大一学生高于大三学生（MD=0.137，P<0.05）。在家族信仰上，大一学生显著低于大二（MD=0.315，P<0.05）、大三（MD=0.275，P<0.05）和大四（MD=0.424，P<

0.05）学生。在社会信仰上，大一学生要显著高于大二学生（MD = 0.211，P < 0.05）和大三学生（MD = 0.298，P < 0.05）。在国家主义上，大一学生显著高于大二（MD = 0.177，P < 0.05）和大三（MD = 0.247，P < 0.05）学生。在民族信仰上，大一学生显著高于大二（MD = 0.328，P < 0.05）、大三（MD = 0.377，P < 0.05）和大四（MD = 0.319，P < 0.05）学生。在政治信仰上，大一学生高于大三学生（MD = 0.262，P < 0.05）。

表 7 - 19　　　　　　　大学生精神信仰在年级上的差异检验

	维度名称	均方（MS）	F	Sig.
一级维度与总分	超自然信仰	6.149	9.439	0.000
	实用信仰	0.433	1.915	0.125
	社会信仰	4.789	9.205	0.000
	信仰总分	0.210	1.041	0.374
二级维度	宗教信仰	15.198	12.843	0.000
	神灵崇拜	3.137	4.043	0.007
	生命崇拜	1.497	2.235	0.083
	金钱崇拜	0.894	3.126	0.025
	家族主义	7.914	8.585	0.000
	家庭主义	0.957	1.180	0.316
	国家主义	3.471	5.204	0.001
	民族主义	9.444	15.053	0.000
	政治信仰	3.197	3.113	0.026

　　大学生精神信仰在专业上的差异检验（见表 7 - 20），结果发现，在超自然信仰、实用信仰、社会信仰和信仰总分上存在显著的专业差异，进一步进行 LSD 检验，结果发现，在超自然信仰上，医药类大学生显著低于文史类（MD = - 0.339，P < 0.05）、理工类（MD = - 0.297，P < 0.05）和艺体类（MD = - 0.686，P < 0.05），艺体类大学生显著高于文史类（MD = 0.347，P < 0.05）、理工类（MD = 0.389，P < 0.05）和医药类（MD = 0.686，P < 0.05）。在宗教信仰

上，文史类高于理工类（MD = 0.324，P < 0.05）和医药类（MD = 0.420，P < 0.05），艺体类高于理工类（MD = 0.463，P < 0.05）和医药类（MD = 0.560，P < 0.05）。在神灵信仰上，医药类低于文史类（MD = 0.488，P < 0.05）、理工类（MD = 0.363，P < 0.05）和艺体类（MD = 0.782，P < 0.05）。

表 7 - 20　　　　　　　　大学生精神信仰在专业上的差异检验

	维度名称	均方（MS）	F	Sig.
一级维度与总分	超自然信仰	7.032	10.840	0.000
	实用信仰	4.003	18.621	0.000
	社会信仰	13.671	27.749	0.000
	信仰总分	3.206	16.660	0.000
二级维度	宗教信仰	10.801	9.026	0.000
	神灵崇拜	10.387	13.779	0.000
	生命崇拜	13.665	21.596	0.000
	金钱崇拜	6.344	6.846	0.000
	家族主义	7.914	8.585	0.000
	家庭主义	5.202	6.520	0.000
	国家主义	15.847	25.183	0.000
	民族主义	20.014	33.634	0.000
	政治信仰	6.980	6.875	0.000

在实用信仰上，文史类显著高于理工类（MD = 0.083，P < 0.05）、艺体类（MD = 0.437，P < 0.05），医药类高于理工类（MD = 0.172，P < 0.05）、艺体类（MD = 0.526，P < 0.05）。在生命信仰上，医药类显著高于文史类（MD = 0.291，P < 0.05）、理工类（MD = 0.365，P < 0.05）和艺体类（MD = 0.987，P < 0.05）。在金钱信仰上，艺体类低于文史类（MD = 0.261，P < 0.05）、理工类（MD = 0.219，P < 0.05）和医药类（MD = 0.284，P < 0.05）。在家族主义上，文史类显著高于理工类（MD = 0.220，P < 0.05）和医药类（MD = 0.272，P < 0.05），艺体类高于理工类（MD = 0.447，P < 0.05）和

医药类（MD＝0.499，P＜0.05）。在家庭主义上，艺体类显著低于文史类（MD＝0.544，P＜0.05）、理工类（MD＝0.444，P＜0.05）和医药类（MD＝0.573，P＜0.05）。

在社会信仰上，文史类显著高于理工类（MD＝0.142，P＜0.05）、艺体类（MD＝0.949，P＜0.05），医药类高于艺体类（MD＝0.830，P＜0.05）。在国家信仰上，文史类显著高于理工类（MD＝0.261，P＜0.05）、艺体类（MD＝0.982，P＜0.05）和医药类（MD＝0.171，P＜0.05）。在民族主义上，艺体类得分显著低于文史类（MD＝1.111，P＜0.05）、理工类（MD＝1.071，P＜0.05）和医药类（MD＝1.041，P＜0.05）。在政治信仰上，艺体类得分显著低于文史类（MD＝0.624，P＜0.05）、理工类（MD＝0.456，P＜0.05）和医药类（MD＝0.602，P＜0.05）。

在信仰总分上，艺体类显著低于文史类（MD＝−0.469，P＜0.05）、理工类（MD＝−0.374，P＜0.05）和医药类（MD＝−0.389，P＜0.05）。

（四）道德认同对精神信仰的预测作用

以道德认同总分为预测变量，分别以精神信仰总分、一级维度、二级维度为因变量，采用回归方程统计，结果见表7－21。结果发现，道德认同能显著正向预测精神信仰，在一级维度上，道德认同能正向预测实用信仰、社会信仰，负向预测超自然信仰。在二级维度上，道德认同显著负向预测神灵崇拜，显著正向预测生命崇拜、金钱崇拜、家庭主义、国家主义、民族主义和政治信仰。

表7－21　　　　　道德认同总分对精神信仰的预测作用

	因变量	R^2	标准化回归系数（β）	F	Sig.
一级维度与总分	超自然信仰	0.005	−0.072	4.966	0.026
	实用信仰	0.082	0.286	85.064	0.000
	社会信仰	0.220	0.469	168.173	0.000
	精神信仰总分	0.139	0.373	147.416	0.000

	因变量	R^2	标准化回归系数（β）	F	Sig.
	宗教信仰	0.001	−0.030	0.884	0.347
	神灵崇拜	0.007	−0.083	6.771	0.009
	生命崇拜	0.064	0.254	66.734	0.000
	金钱崇拜	0.013	0.114	12.783	0.000
二级维度	家族主义	0.004	0.062	3.874	0.050
	家庭主义	0.039	0.197	39.341	0.000
	国家主义	0.175	0.419	206.276	0.000
	民族主义	0.206	0.454	250.478	0.000
	政治信仰	0.080	0.284	85.826	0.000

以精神信仰总分为因变量，道德认同为预测变量，回归分析结果发现，R^2 为 0.139，意味着道德认同可以解释精神信仰 13.9% 的变化。对回归方程进行显著性检验，结果发现，F = 147.416，P < 0.001，说明回归方程显著，得到相应的回归方程：y（精神信仰）= 0.373 × x（道德认同）。

以超自然信仰为因变量，道德认同为预测变量，回归分析结果发现，R^2 为 0.005，意味着道德认同可以解释超自然信仰 0.5% 的变化。对回归方程进行显著性检验，结果发现，F = 4.966，P < 0.05，说明回归方程显著，道德认同可以显著负向预测超自然信仰，得到相应的回归方程：y（超自然信仰）= −0.072 × x（道德认同）。以神灵崇拜为因变量，道德认同为因变量，回归分析发现，R^2 为 0.007，说明道德认同可以解释神灵信仰 0.7% 的变化，回归方程显著，得到相应的回归方程：y（神灵信仰）= −0.083 × x（道德认同）。

以实用信仰总分为因变量，道德认同为预测变量，回归分析结果发现，R^2 为 0.082，意味着道德认同可以解释实用信仰 8.2% 的变化。对回归方程进行显著性检验，结果发现，F = 168.173，P < 0.001，说明回归方程显著，得到相应的回归方程：y（实用信仰）= 0.286 × x（道德认同）。以生命崇拜为因变量，道德认同为预测变量，回归分析发现，R^2 为 0.064，说明道德认同可以解释生命崇拜 6.4% 的变化，

回归方程显著，得到相应的回归方程：y（生命崇拜）= 0.254 × x（道德认同）。以金钱崇拜为因变量，道德认同为预测变量，回归分析发现，R^2 为 0.013，说明道德认同可以解释金钱崇拜 1.3% 的变化，回归方程显著，得到相应的回归方程：y（金钱崇拜）= 0.114 × x（道德认同）。以家庭主义为因变量，道德认同为预测变量，回归分析发现，R^2 为 0.039，说明道德认同可以解释家庭主义 3.9% 的变化，回归方程显著，得到相应的回归方程：y（家庭主义）= 0.197 × x（道德认同）。比较回归方程，可以发现，在二级维度上，道德认同对生命崇拜的预测作用更强，依次是家庭主义和金钱崇拜。

以社会信仰总分为因变量，道德认同为预测变量，回归分析结果发现，R^2 为 0.220，意味着道德认同可以解释社会信仰 22.0% 的变化。对回归方程进行显著性检验，结果发现，F = 168.173，P < 0.001，说明回归方程显著，得到相应的回归方程：y（社会信仰）= 0.469 × x（道德认同）。以国家主义为因变量，道德认同为预测变量，回归分析发现，R^2 为 0.175，说明道德认同可以解释国家主义 17.5% 的变化，回归方程显著，得到相应的回归方程：y（国家主义）= 0.419 × x（道德认同）。以民族主义为因变量，道德认同为预测变量，回归分析发现，R^2 为 0.206，说明道德认同可以解释民族主义 20.6% 的变化，回归方程显著，得到相应的回归方程：y（民族主义）= 0.454 × x（道德认同）。以政治信仰为因变量，道德认同为预测变量，回归分析发现，R^2 为 0.080，说明道德认同可以解释政治信仰 8.0% 的变化，回归方程显著，得到相应的回归方程：y（政治信仰）= 0.284 × x（道德认同）。比较社会信仰二级维度的回归方程，可以发现，道德认同对民族主义的预测作用最强，依次是国家主义和政治信仰。

（五）道德认同与自尊、精神信仰相关分析

采用相关分析，考察道德认同与自尊、精神信仰的相关关系，结果见表 7 - 22，从中可以发现，道德认同总分与自尊呈显著正相关，与大学生信仰总分呈显著正相关。内隐维度与超自然信仰显著负相关，与自尊、实用信仰、社会信仰和信仰总分显著正相关。外显维度与超自然信仰不相关，与自尊、实用信仰、社会信仰和信仰总分显著正相关。自尊与超自然信仰显著负相关，与其他维度和总分都显著正相关。

表 7 - 22 相关分析

	1	2	3	4	5	6	7	8
1. 自尊	1							
2. 超自然信仰	-0.175**	1						
3. 实用信仰	0.138**	0.130**	1					
4. 社会信仰	0.234**	-0.014	0.526**	1				
5. 精神信仰总分	0.143**	0.429**	0.813**	0.812**	1			
6. 内隐维度	0.257**	-0.108**	0.300**	0.483**	0.376**	1		
7. 外显维度	0.275**	-0.016	0.203**	0.357**	0.292**	0.666**	1	
8. 道德认同	0.289**	-0.072*	0.286**	0.469**	0.373**	0.940**	0.881**	1

（六）道德认同的中介效应检验

本研究利用相关分析发现，自尊、道德认同和信仰存在显著的相关，之前采用回归分析发现，自尊能正向预测道德认同，那么道德认同在自尊和信仰之间是否起着中介作用？即自尊影响道德认同，进而影响信仰。为了检验道德认同是否真正起着中介变量的作用，或者说道德认同的中介效应显著，本研究采用依次检验回归系数的方法。

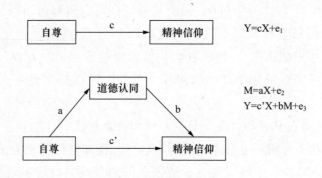

图 7 - 6　道德认同的中介作用

巴伦（Baron）和肯尼（Kenny）[1] 定义的（部分）中介过程认为，如果下面两个条件成立，则中介效应显著。前面两个条件成立：（1）自变量显著影响因变量。（2）在因果链中任一个变量，当控制了它前面的变量（包括自变量）后，显著影响它的后继变量。（3）在控制了中介变量后，自变量对因变量的影响不显著，变成了贾德（Judd）和肯尼定义的完全中介过程。[2] 采用回归分析结果见表 7-23。从表中我们可以发现，道德认同在自尊和精神信仰之间起着完全中介作用，即自尊影响道德认同进而影响精神信仰，研究结果验证了我们最初的假设。

表 7-23　　　　　　道德认同（W）的中介效应依次检验

	标准化回归方程	回归系数检验	
第一步	$Y = 0.143X$	$SE = 0.039$	$t = 4.370^{***}$
第二步	$W = 0.289X$	$SE = 0.050$	$t = 9.440^{***}$
第三步	$Y = 0.367W + 0.036X$	$SE = 0.023$	$t = 11.401^{***}$
		$SE = 0.038$	$t = 1.112$

注：SE 为标准误。X = 自尊，W = 道德认同，Y = 精神信仰。

四　讨论

（一）大学生自尊的现状

本研究发现，大学生的自尊平均分为 3.28，标准差为 0.378，表明大学生的自尊水平较高，说明当代大学生具有较高的自我价值感，能对自我进行正确的评价。性别差异检验发现，女生的自尊显著高于男生。这与以往的研究结果不一致。以往研究表明，男性的自尊水平

[1]　Baron, R. M. and Kenny, D. A., "The Moderator Mediator Variable Distinction in Social Psychological Research: Conceptual, Strategic, and Statistical Considerations", *Journal of Personality and Social Psychology*, Vol. 51, No. 6, 1986, pp. 1173-1182.

[2]　Judd, C. M. and Kenny, D. A., "Process Analysis: Estimating Mediation Intreat Ment Evaluations", *Evaluation Review*, Vol. 5, No. 5, 1981, pp. 602-619.

在整体上高于女性。① 罗宾斯（Robins）等②进行了一次大样本研究，获得了一些有价值的结果。他们发现，男性的自尊水平高于女性。更具体地说，在童年期，男孩和女孩的自尊水平是相似的，但是到了青少年期，自尊变化呈现出明显的性别差异。奥尔特（Orth）等③也得出类似结论。这暗示出：青少年期一定存在某些不利于自尊发展的因素，而且它对女孩的影响要显著大于对男孩的影响。例如，青春期身体的成熟和社会情感的变化可能会造成男孩和女孩的自尊水平都有所降低，而青春期生理变化可能对女孩会产生更为深刻的影响。④

由于本研究的被试者为"90 后"大学生，年龄范围为 17—26 岁，处于青春晚期到成年早期，这个期间大学生已经拥有了足够的心理资源去自我调适。身体的变化开始减弱，且个体关于自我的概念也基本形成并稳定，因此，女大学生的自尊稳定性呈现增加的趋势。"90 后"女大学生的情感丰富热烈、情绪敏感多变，心理需求表达具有明显的即时性、互动性和指向性特征；她们独立自主意向明显，个性心理上表现出日益明显的"中性化"倾向。⑤ "90 后"女大学生具有较强的独立意识，较多的社会支持，自我价值感较强，敢于勇敢追求自我，这就是我们研究中女大学生自尊水平高于男生的主要原因。

本研究发现，大学生自尊存在显著的生源差异，来自城镇大学生的自尊显著高于来自农村的大学生，与以往研究结果一致。⑥ 这可能主要是由城乡的经济、社会文化和生活差异造成的。有研究者发现，

---

① Kling, Hyde, Showers and Buswell, "Gender Differences in Self – Esteem: A Meta – Analysis", *Psychological Bulletin*, Vol. 125, No. 4, 1999, pp. 470 – 500.

② Robins, R. W., Trzesniewski, K. H., Tracy, J. L., Gosling, S. D. and Potter, J., "Global Self – Esteem Across the Lifespan", *Psychology and Aging*, Vol. 17, 2002, pp. 423 – 434.

③ Orth, U., Trzesniewski, K. H. and Robins, R. W., "Self – Esteem Development from Young Adulthood to Old Age: A Cohort – Sequential Longitudinal Study", *Journal of Personality and Social Psychology*, Vol. 98, 2010, pp. 645 – 658.

④ Rosenberg, M., "Self – Concept from Middle Childhood Through Adolescence", In J. Suls and A. G. Greenwald eds., *Psychological Perspectives on the Self*. Hillsdale, NJ: Erlbau, 1986, pp. 107 – 136.

⑤ 万美容、曾兰：《"90 后"女大学生心理特点的实证研究——基于与男大学生的比较》，《中国青年研究》2014 年第 4 期。

⑥ 张奇、王锦：《大学生自尊与社会支持》，《心理与行为研究》2007 年第 5 期。

自尊与社会经济地位之间存在正相关。[①] 这意味着，社会经济地位越高，自尊水平越高。城镇大学生的经济条件、社会地位和生活水平普遍高于农村大学生，这会使来自城市的大学生产生不同程度的优越感，从而使他们的自尊水平高于乡镇大学生。

自尊同时具有相对稳定性和变动可能性。[②] 也就是说，个体的自尊随着个体社会化和认知能力的发展会不断倾向于更加稳定和成熟。另有研究者通过元分析发现：自尊在一生时间内持续地在变化，其稳定性从童年期至成年早期一直在增加，然后从成年中期到晚期处于下降趋势。[③] 研究者选取从9—90岁的大样本被试，采用横断研究方法，研究结果认为，自尊是一生发展的，且不同年龄阶段自尊水平是不同的：自尊在童年期的水平较高，从童年晚期开始，整个青少年期的自尊水平都呈下降趋势，一直到成年早期又开始逐渐上升，并在成年中期达到一个相对平稳的"高原状态"，随后在老年期又出现急剧下降。[④] 另外，童年期的自尊水平接近于成年晚期，老年期的自尊水平接近于青少年期。奥尔特等的研究获得了与此一致的结论[⑤]，并且指出，在60岁左右自尊水平达到顶峰。本研究中，大一学生的平均年龄为19.4岁，处于成年早期（18—35岁），并且刚经历过高考，处于意气风发阶段，该阶段的学生自我评价较高，关于自我的概念基本形成，因此该阶段的大学生自尊水平最高。自尊不仅具有相对稳定性，也具有可变化性，这已经得到证实，外界很多因素会影响自尊在

---

① Twenge, J. M. and Campbell, W. K., "Self - Esteem and Socioeconomic Status: A Meta - analytic Review", *Personality and Social Psychology Review*, No. 6, 2002, pp. 59 - 71.

② Crocker, J. and Wolfe, C. T., "Contingencies of Worth", *Psychological Review*, Vol. 108, 2001, pp. 593 - 623.

③ Trzesniewski, K. H., Donnellan, M. B. and Robins, R. W., "Stability of Self - Esteem Across the Life Span", *Journal of Personality and Social Psychology*, Vol. 84, 2003, pp. 205 - 220.

④ Robins, R. W., Trzesniewski, K. H., Tracy, J. L., Gosling, S. D. and Potter, J., "Global Self - Esteem Across the Lifespan", *Psychology and Aging*, Vol. 17, 2002, pp. 423 - 434.

⑤ Orth, U., Trzesniewski, K. H. and Robins, R. W., "Self - Esteem Development from Young Adulthood to Old Age: A Cohort - Sequential Longitudinal Study", *Journal of Personality and Social Psychology*, Vol. 98, 2010, pp. 645 - 658.

不同年龄阶段发生变化。① 大二、大三阶段的学生，受到学习、生活等诸多方面的影响，对自我的评价也会有所改变，因此，大二、大三年级大学生的自尊水平略微降低。由于本研究样本中大四学生较少，所以，在年级差异比较中，其差异并不显著。

在专业方面，艺体类学生的自尊水平要显著低于文史类、理工类和医药类。由于大学阶段主要是自主学习阶段，艺术类和体育类学生文化基础比较薄弱，由于需要选修大量的通识课程以及教育理论课程，学习压力较大，艺体类大学生的自主学习能力较差，因此产生了学习倦怠②，学习情绪低落，反映出艺体类大学生对学习的排斥心理，这种负面情绪状态会影响大学生对自我的评价，所以艺体类学生的自尊水平最低。

(二) 大学生精神信仰的现状

1. 大学生精神信仰一级维度和二级维度平均分的比较

本研究中，大学生精神信仰总分平均分为 3.79，标准差为 0.45，表明大学生的精神信仰水平普遍较高。比较大学生在精神信仰一级维度上的平均数，我们可以发现，大学生的社会信仰得分最高，依次是实用信仰和超自然信仰，这与以往研究结果一致。③ 李幼穗研究指出，各人群信仰得分的排序是相同的：国家社会信仰、精神和伦理信仰、物质信仰，最后是宗教信仰。④ 对于大学生而言，从小学到大学都接受正面教育，国家、政治、民族在他们的心目中占有很重要的位置，这说明教育环境对个人的价值观、信仰起着重要的影响作用。本研究的结果证明我国大学生精神信仰呈现出积极向上的良好面貌，这也是我国长期精神文明建设努力的结果。

比较二级维度的平均分，大学生精神信仰依次排序为，民族主

---

① Kernis, M. H., Whisenhunt, C. R., Waschull, S. B. and Greenier, K. D., Berry, A. J., Herlocker, C. E., Anderso, C. A., "Multiple Facets of Self – Esteem and Their Relations Todepressive Symptoms", *Personality and Social Psychology Bulletin*, Vol. 24, 1998, pp. 657 – 668.

② 何香仪：《地方师范院校学生学习倦怠、学习压力与学业成绩的关系研究》，硕士学位论文，东北师范大学，2010 年。

③ 宋兴川、金盛华：《大学生精神信仰的现状研究》，《心理科学》2004 年第 4 期。

④ 李幼穗：《信仰现状的心理学研究》，《心理科学》2002 年第 6 期。

义、国家主义、生命崇拜、政治信仰、家庭主义、金钱崇拜、家族主义、宗教信仰和神灵崇拜。说明对于当代大学生而言，民族主义、国家主义、生命崇拜和政治信仰是大学生精神主流，而宗教信仰和神灵崇拜不处于优势。

本研究中，民族主义平均分最高（M=4.40），表明当代大学生具有较强的民族意识，民族信仰坚定程度最高。民族信仰是社会成员从内心深处对本民族共有的思想文化、价值观念和精神追求的信奉和笃行，是民族薪火相传、生生不息的精神血脉。民族信仰作为凝聚民族思想的精神纽带和激发精神追求的原动力，能唤起社会成员的民族意识、增强集体主义和爱国主义意识、激发投身社会主义的热情，是增强民族内聚力、向心力和民族认同感的精神支柱和思想支撑。人们一旦形成稳定的信仰观念，就会在其强大的感召力下形成对本民族精神和主流价值观念的认同感和归属感，并会自觉将社会的相关思想内化为自身的行为准则和信念追求，并不断使其"外化"来指导和规约自身的行为。① 当代大学生作为我国未来建设的生力军，其民族信仰坚定程度将直接影响我国和谐社会建设和民族的伟大复兴。

国家主义（M=4.32）位居第二，表明当代大学生具有较强的爱国主义精神。在中国儒家传统文化中，"忠君报国"的思想深刻地影响着每一个人，这种思想已经潜移默化地渗透在他们的骨髓和血液中。樊和平认为，中国人精忠爱国的原因主要是中国人总是把自己的国家称作"祖国"，不仅是衣食之源，而且是情感之源，对其具有强烈的依恋意识。在中国的传统道德中，爱祖国、爱民族历来被看作"大节"。② 党的十八大报告中提出培育和践行社会主义核心价值观，其中"爱国、敬业、诚信、友善"规范了公民的道德行为标准，强调了个人与祖国之间的关系，也成为评价公民道德行为显著的基本价值标准。在社会主义核心价值观体系建设过程中，强化大学生的国家信仰养成。

---

① 孙书平：《社会主义核心价值体系建设与当代青少年的民族信仰养成》，《青少年研究》2009年第4期。

② 张岱年：《中国文化概论》，北京师范大学出版社1994年版，第284—285页。

　　生命崇拜（M＝4.11）位居第三，表明当代大学生的生命意识水平较好，这也是各级政府和高校重视大学生心理健康教育与生命教育的结果。连淑芳、魏传成的调查研究发现，大学生对生命现象已形成基本认识，对生命价值有所体验和感知。① 卓筱芸利用自编生命价值观调查问卷发现，我国当代大学生的生命价值观呈现一种多元化的趋势，主流是积极向上的，充满活力的，但也存在一些消极、功利世俗的倾向。② 研究调查还发现③，大部分大学生生命认识正确、生命态度积极、生命价值观健康、生命信仰科学。该调查中关于"死亡的态度"问题，90%的大学生认为死亡是必然的事，10%的大学生认为死亡是很可怕的。时间对每个人都是平等的，每个人的生命只有一次，生命很坚强，也很脆弱，只有乐观向上的生活态度，才能形成正确的生死观。关于"你所在的学校是否应开展生命教育"的问题中，91%的大学生认为很有必要，大学生对生命教育极度渴求并希望高校能有效开展生命教育。我们从这些调查数据中可以发现，当代大学生对生命的信仰程度较高，具有正确的生死观，对高校开展生命教育迫切。台湾辅仁大学早已将"人生哲学"课程列为共同必修课程，并成立专业伦理委员会在各系推动专业伦理课程，将人生哲学、大学入门与专业伦理三门课作为"全人教育"的基础课程，希望学生们经过这样的学习后，能更加珍惜生命。我国高校应借鉴这些开展生命教育的经验，把生命教育课程纳入大学教育计划之中。

　　政治信仰（M＝4.05）位居第四，这表明当代大学生具有良好的政治素养与政治意识。大学生的政治信仰是关系"培养什么人，如何培养人"的重大问题，其政治信仰状况，不仅影响他们自身发展，而且关系党和国家的前途命运。研究者对北京大学生价值观的调查研究发现，位居首位的是政治价值观，说明大学生具有良好的政治价值

---

①　连淑芳、魏传成：《当代大学生生命意识状况调查报告》，《新德育·思想理论教育》（综合版）2007 年第 2 期。

②　卓筱芸：《大学生生命价值观及其相关研究》，硕士学位论文，江西师范大学，2009 年。

③　张加明：《当代大学生生命观调查报告》，《湖北广播电视大学学报》2011 年第 4 期。

观，以国家民族事业为己任。① 许华和许冲的调查研究认为，"90 后"大学生的政治信仰和政治参与主流是积极向上的，呈现出主流政治信仰鲜明、参与意识强烈、途径多维等特点，但是，也存在信仰模糊、参与功利性、无序性及监督缺乏等问题。② 因此，应该不断加强马克思主义理论教育，提高大学生政治认知能力，加强政治参与监管，营造良好的政治文化环境，为改善"90 后"大学生政治信仰提供良好的途径。

家庭主义（M = 3.90）位居第五，说明当代大学生具有良好的家庭观。家庭是社会的重要组成部分，施瓦茨认为，"家庭、教育、经济、政治和宗教制度等社会制度的运作方式、目标和惯例能体现出人们更看重哪些文化价值观"，因此，大学生的家庭信仰也是社会文化生活的重要组成。转型中的中国社会的价值观正从传统社会的家族主义转向家庭集体主义，中国人仍将家庭的整体利益居于个人利益之上，强调为家人尽义务而不看重个人权利。③ 在本研究中，关于"家庭不幸福的人，其他方面再成功也是不幸的"选项，部分同意的占23.2%，大部分同意的占26.6%，完全同意的占10.6%，这表明大部分大学生都认为家庭的幸福占有绝对的重要性。关于"工作和家庭幸福发生冲突时，应该首先选择家庭"选项中，部分同意的占24.6%，大部分同意的占36.0%，完全同意的占16.0%，这说明大学生普遍认为家庭价值要高于个人发展价值。尽管面临频繁的社会流动和市场竞争压力的冲击，大学生仍未将个人发展价值放在家庭价值之上，这说明当代大学生对工作事业和家庭之间的关系思考得更为细腻，他们认为，工作压力和事业发展在给这些人带来更多金钱和更高生活质量的同时，也给其个人健康和家庭生活带来负面影响，因此，他们更期待多些时间陪伴家人，多享受天伦之乐，把家庭作为暂时远离尘嚣、逃避世俗的宁静港湾和温馨暖巢。

金钱崇拜（M = 3.44）居第六，说明当代大学生受物质主义的影

① 许燕：《北京大学生价值观的现状和教育建议》，《教育研究》1999 年第 5 期。

② 许华、许冲：《"90 后"大学生政治信仰和政治参与现状分析——基于安徽省高校的调查》，《中国青年政治学院学报》2010 年第 4 期。

③ 徐安琪：《家庭价值观的变迁特征探析》，《中州学刊》2013 年第 4 期。

响，表现出对金钱崇拜的倾向。《茶花女》书中有一句名言："金钱是好仆人、坏主人。"是做金钱的主人，还是做金钱的奴隶，这反映了两种不同的金钱观。国内研究者以桂林高校为个案的研究发现，部分大学生在金钱认识问题上存在不少误区，同时部分大学生存在对金钱过度崇拜的现象。① 关于大学生金钱心理的研究，杜林致等认为，金钱崇拜的大学生能充分肯定金钱的正面属性，认为金钱是好的，是获得他人尊重的重要源泉，强调金钱获得的公平性，同时金钱对他们的动力作用较强。在金钱心理的行为成分上，金钱崇拜者的得分都最高，表现为能挣钱、会挣钱，在花钱上精打细算，乐意为弱势群体或慈善机构捐款。金钱崇拜者对金钱持最为积极的态度，他们的自信心和争胜心最强，自卑感较低。②

家族主义（M = 3.22）位居第七，比较平均分，我们可以发现，大学生具有较强的家族观念。家族主义是中国文化的重要组成部分，是中国人首要的社会取向③，并且，中国文化中的家族主义价值观对个体主观幸福感的建构具有重要的影响作用。④ 中国虽是家族观念很强的国家，但随着社会急剧都市化、现代化，家族主义赖以生成的农业经济形态已经发生变化；同时，自国门打开尤其是改革开放以来，与中国文化心理差异很大的西方价值观念的大量输入，在一定程度上影响了中国人的传统心理和日常行为。杨国枢等众多学者的研究表明，家族主义是中国文化心理的深层部分，尽管它在不同的时代会有不同的表现形态，但其根本性的东西不会有太大变化。从家族主义的基本内涵来看，它与当今中国构建和谐社会的要求基本一致。就家族主义而言，取其精华，弃其糟粕，依据现代社会的实际加以修正和发展，这对当今社会的发展十分有益。

---

① 廖非：《从金钱观来看当代大学生的价值观》，硕士学位论文，广西师范大学，2006 年。
② 杜林致、乐国安：《中国大学生金钱心理特征及其与自我价值关系研究》，《心理科学》2003 年第 5 期。
③ 杨国枢：《中国人的家族主义：概念分析与实证衡鉴》，中国人民大学出版社 2004年版，第 132—196 页。
④ 徐海燕、徐学俊、李启明：《大学生家族主义及其与未来时间洞察力、主观幸福感的关系》，《内江师范学院学报》2012 年第 2 期。

　　宗教信仰（M = 3.02）位居第七，比较平均分，我们可以发现大学生对宗教兴趣较为浓厚，但是相比于其他的信仰，宗教信仰在大学生精神信仰中占次要地位。研究者对大学生宗教信仰问题进行探讨，于 2005 年和 2006 年进行了两次调查，从相距一年多的调查数据来看，大学生信教比例 2006 年比 2005 年上升了 3.7%。在对非信教同学今后选择宗教信仰的可能性调查中，12.6% 的人表示"以后会信仰"，52.1% 的表示"说不清"，35.3% 的人坚定表示"不会信仰"，这说明很多大学生的信仰还是很不稳固的。在宗教信仰的分布上，佛教和基督教在大学生中的影响较大。[①] 许丽平等的调查显示，信教大学生中，信仰佛教的占 30%，信仰基督教的占 5%，信仰道教的占 3%，信仰天主教的占 1%，信仰伊斯兰教的占 0.4%。[②] 赵宗宝等的调查也发现，信仰佛教的占 46.84%，信仰基督教的占 17.3%，信仰天主教的占 16.46%，信仰伊斯兰教的占 10.76%，信仰其他的占 8.64%。[③] 要说明的是，虽然有些同学选择信仰佛教，但他们对佛教的教义并不十分清楚，平时也没有佛教的饮食习俗，更没有经常到寺庙去烧香拜佛。之所以选择信仰佛教，是因为佛教文化在中国源远流长，同学们对佛教比较熟悉。相反，信仰基督教的同学虽然从比例上看没有佛教高，但参与基督教活动的人数却相对较多。宗教信仰都是人们现实需要的反映。好奇是年轻人的天性，也是大学生最初接触宗教的心理特点。

　　神灵崇拜（M = 2.94）位居最后一位，这表明，相比于其他的信仰，神灵崇拜不是大学生的主流信仰。对于当代大学生而言，长期接受无神论的教育，系统学习科学知识能有效排除非理性信念，对自然规律和社会规律了解越深，对外部力量的恐惧并由此产生的毫无根据的神灵迷信就越少，因此，大学生能理性地分析和解决问题，自觉地

---

　　① 许琼妍、刘超、张怡：《大学生宗教信仰状况与特点调查研究报告》，《时代金融》2007 年第 5 期。

　　② 许丽平、朱桂芳：《大学生宗教观念的特征及其引导》，《思想教育研究》2005 年第 9 期。

　　③ 赵宗宝等：《大学生宗教观现状分析及良性变化对策》，《河北科技师范学院学报》（社会科学版）2007 年第 3 期。

抵制有神论的思想，对神灵的崇拜较低。

2. 大学生精神信仰的性别差异

对大学生精神信仰一级维度进行性别差异检验，结果发现，在超自然信仰上，男生得分显著高于女生，在宗教信仰和神灵信仰上，男生得分高于女生。在以往的研究中，许多学者都认为女性比男性更易有宗教的价值，相信命运。[1][2] 另有研究也发现，女大学生比男大学生在遇到压力事件时，更多地求助于宗教。[3] 而在本研究中，男生在宗教信仰与神灵信仰的得分显著高于女生，这可能的原因是，我们的研究被试者是"90后"的大学生，"90后"女大学生个性心理上的中性化是其获得心理自强的一种外在表现[4]，越来越多的"90后"女大学生在日常的生理表征、言行举止、行为表达上呈现出男性化、中性化的趋势，传统的"男主外、女主内"的性别角色分工意识为"90后"大学生所不屑。相比而言，"90后"男大学生的情感细腻，好奇感强，对未知或者不能用科学方法解释的事物感兴趣，因此，他们会对宗教信仰感兴趣，并相信命运与神灵。

在实用信仰上，女生得分高于男生。在生命崇拜、金钱崇拜上，女生得分高于男生，在家族主义上，男生得分显著高于女生。在生命崇拜上，女生得分高于男生，这与以往研究结果一致。[5] 说明女性对待生命的态度比男性要更积极，对生命更加有自主性，更能主导自己的生命，对自己的生命更加负责，更加看重自我存在的价值，这些都可能与女性天生具有的性格特征、成长经历有一定的关系。在金钱崇拜上，女生得分显著高于男生，表明女大学生在心理上对金钱的需求更多。王馨竹的研究发现，女大学生在日常生活中更依赖金钱，更视

---

① 黄希庭、张进辅、张蜀林：《我国五城市青少年学生价值观的调查》，《心理学报》1989 年第 3 期。

② 彭凯平、陈仲庚：《北京大学学生价值观倾向的初步定量研究》，《心理学报》1989 年第 2 期。

③ 刘玉新：《注重心理教育全面提高素质》，《长春教育学院学报》2001 年第 3 期。

④ 李菲、李保强：《高校女大学生"中性化"问题探讨》，《黑龙江高教研究》2007 年第 2 期。

⑤ 郭一扬、陈宇等：《某医科大学学生生命态度及其影响因素分析》，《中国学校卫生》2010 年第 11 期。

金钱为权力地位的象征①，但是女大学生在金钱情感因素中，更多持有消极情感。国外研究也发现，女性对于金钱的焦虑，不信任等消极情感要高于男性。② 这说明，女生对金钱的需求更多地在于满足心理上的安全。在家族主义上，男性比女性更易产生家族崇拜，这可能是中国的传统文化中，主要是男性传宗接代，传承香火，男性相对女性而言承担更多的光宗耀祖的责任。

在社会信仰上，女生得分显著高于男生。在国家主义和民族主义上，女生得分显著高于男生，这说明女生比男生更具有爱国爱民族的精神。

3. 大学生精神信仰的生源地差异

在超自然信仰上，城镇大学生的平均分要显著高于农村大学生。在神灵崇拜上，城镇大学生得分显著高于农村大学生。这说明，城镇大学生对于非科学解释的事物更加感兴趣。

在实用信仰上，农村大学生的平均分要显著高于城镇大学生。在金钱崇拜、家庭主义上，农村大学生得分显著高于城镇大学生。农村大学生在上大学以后，比城镇大学生更能感受经济压力，为了解决自身的经济问题，他们在课余时间选择做兼职等工作来维持自己的生活，改善家庭的生活压力。因此，相比于城镇大学生，他们在心理上对金钱具有更多需求。对于农村大学生，他们的家族成员总体上可能多些，家族内的情感联结可能更浓些。农村相比城市而言更重视家庭、家族的血缘纽带关系，崇尚家族团结，因此，农村大学生更容易产生家族崇拜。

4. 大学生精神信仰的年级差异

在超自然信仰上，年级越高就越容易产生宗教信仰与神灵信仰。其中，大二、大三、大四年级学生比大一年级学生更容易产生宗教信仰，大二和大三年级学生比大一年级学生更相信神灵。这个结论与宋兴川的研究相似，在遇到压力事件时，大学生四年级比大学生三年级

---

① 王馨竹：《大学生金钱态度的结构、特点及影响因素研究》，博士学位论文，辽宁师范大学，2011 年。

② Gresham, A. and Fontenot, G. , "The Different Attitudes of the Sexs Toward Money: An Application of the Money Attitude Scale", *Advances in Marketing*, No. 8, 1989, pp. 51 – 57.

更多地求助于宗教。

在实用信仰上，无显著年级差异，但是，在金钱崇拜上，大一学生要高于大二学生。大一学生进校后，在现实生活中，从购买学习用品到人际交往都需要钱，因此他们对金钱的需求较多。随着社会经验的增加，大学生会采取各种各样的途径来赚钱，例如，申请各类奖学金、参加勤工助学、兼职家教等，年级越高反而对金钱的崇拜没有大一年级强烈。在家族信仰上，大学四年级学生比大学一年级家族崇拜信仰增加，这可能是临近毕业大四要面对就业市场的选择和压力有关。在目前中国这个重人情关系的社会，家庭背景和家庭关系对大学生的就业及其他社会活动有很大影响。

在社会信仰上，大一学生的国家、民族和政治信仰最高，大一学生进校后接受了很多正面教育，加强了对国家、民族和政治的信念，随着年级的增高，他们的社会活动也增多，对社会现实的消极面接触也比较多，对各种思潮进行学习与吸收，因此，对国家、民族和政治产生质疑的态度。所以，年级越高的大学生对国家、民族和政治的信仰程度反而没有大一年级的高。

5. 大学生精神信仰的专业差异

在超自然信仰上，存在显著的专业差异，文史类学生和艺体类学生的宗教信仰高于理工类和医药类。这表明人文社会科学和艺体类的大学生们，更注重生命的价值，更注重对人的价值的深层思考，他们对无法解释的现象更容易产生丰富的想象力，对生命神圣性的认同和人生价值的思考产生宗教信仰。在神灵信仰上，医药类低于文史类、理工类和艺体类。这表明，医药类的大学生对生命更具有理性的思考，他们不相信神鬼之说。

在实用信仰上，存在显著的年级差异，在生命信仰上，医药类得分最高，这说明医药类大学生更敬畏生命。医科都涉及人的生死，而对生命的终极关怀又是他们的神圣职责，但是他们觉得人的生死是一瞬间的事，很难掌控。在金钱崇拜上，艺体类的学生得分最低，这主要的原因在于艺体类的学生，家庭经济基础较好〔在本研究中，艺体类学生家庭收入最高（M = 2.86），依次为文史类、理工类和医药类〕，他们对金钱的需求心理没其他专业学生强烈。在家族主义上，文史类和艺体类的学生得分最高，这表明文史类和艺体类大学生更注重家族成员的地位，善于利用家族成员的社会关系。在家庭主义上，艺体类学生得分最低，艺体类大学生的思维比较奔放，不受传统思想的禁锢，因此他们的家庭观比较淡漠。

在社会信仰上，年级差异显著。在国家主义信仰上，文史类最高，在民族主义信仰和政治信仰上，艺体类学生得分最低。这表明，文史类大学生对国家政策、时事政治了解得比较深入，他们具有较强的爱国主义和民族主义情怀，具有高度的政治信仰。而艺体类大学生主要是进行专业类的技能训练，对宏观的时事政治关心程度不高。

（三）道德认同对自尊与精神信仰的作用机制

1. 自尊与道德认同的关系

自尊反映的是个人对自己的积极或消极感受的直接评估，从自尊对道德认同个体的影响来看，通过比较大学生道德认同在高低自尊组得分的差异，我们发现，在道德认同总分、内隐维度和外显维度上，高自尊大学生的道德认同水平显著高于低自尊大学生。以自尊为预测变量，以道德认同为因变量，采用回归分析，结果发现自尊能显著正向预测道德认同。本研究结果与万增奎研究结果一致。

哈特指出，自尊在较大的程度上依赖于他人知觉和反映我们行为的方式。青少年对某一领域的重要性的评价与其对在该领域中胜任能力的评价之间的一致性的高低决定了他们自尊水平的高低。哈特等在对普通青年、大学生和成人的几项调查中得到了同样的结果，即两种评价之间的一致性越高，个体的自尊就越强；不一致性越高，个体的自尊就越低。罗森博格则认为，高自尊感或高自我价值感表现为：第一，自我接受；第二，喜欢自己；第三，对自己的价值有适当的尊重。为了更加明确高自尊的特征，罗森博格又指出：第一，高自尊感不是指优越感。高自尊的人不一定把自己看得比别人好，他们只是能够怡然自得而已。第二，高自尊感不包括完美感。相反，高自尊感的人不仅能够认识到自己的缺点，而且还能努力地去克服它们。第三，高自尊感未必反映出高能力感。①

①　张丽华：《论自尊研究的历史发展趋向》，《辽宁师范大学学报》2003年第2期。

　　低自尊在某种程度上可以描述为对自我的偏低肯定。当要求低自尊和高自尊被试在许多特质维度（诸如逻辑性、聪慧性、讨人喜爱的）上对自己进行评定时，结果发现，低自尊被试对自己各方面的评价较低。证据表明，大多数人都会尽力维护自尊，以保持自我概念的完整性。

　　哈特认为，自尊有四个要素，其中有一个是道德感，青少年对道德领域的重要评价与它们在该领域的实际水平不一致决定其道德自尊水平。① 对于道德自尊水平越高的大学生，其在道德方面的自我评价与实际水平就越一致，会产生自我接受，认为自己具有道德价值感并受到尊重。而低自尊的大学生，对道德方面的自我评价较低，自我价值感也越低。很多研究者认为，将道德自尊看作道德行为的动机，并认为，高道德认同具有高道德自尊，更具有自发意识，这种意识来源于个人内在的自我满足和高水平的社会自我卷入，因为他们的道德行为与自我概念是一致的。②

　　泰弗尔提出了一个对社会认同研究影响的假设，即人们建立社会身份，是为了通过所认同的社群提高自尊。作为群体的社会认同在社会中维护社会的道德价值、目标和人际关系，从而导向自我价值，他们作为道德的行动者将会体验到一种效能感，个体在人际关系中获得社会认同。③ 对于大学生而言，道德自尊水平越高，在社会人际交往中能够较好地建立社会身份，并维护该社会身份所认同的道德价值，表现出相应的道德行为。

　　2. 道德认同与精神信仰的关系

　　道德认同能显著正向预测精神信仰、实用信仰和社会信仰，道德认同总分与精神信仰总分（r = 0.373）、实用信仰（r = 0.286）和社会信仰（r = 0.469）显著正相关。在实用信仰二级维度上，道德认同

---

　　① 万增奎：《道德同一性的心理发展与建构》，博士学位论文，南京师范大学，2008年。

　　② Aquino, K. and Reed, A. Ⅱ., "The Self – Important of Moral Identity", *Journal of personality and Social Psychology*, Vol. 83, 2002, pp. 1423 – 1440.

　　③ 万增奎：《道德同一性的心理发展与建构》，博士学位论文，南京师范大学，2008年。

能显著正向预测生命崇拜、金钱崇拜和家庭主义，对生命崇拜预测力最强，其次是家庭主义和金钱信仰。在社会信仰二级维度上，道德认同能显著正向预测国家主义、民族主义和政治信仰，对民族主义的预测力最强，其次是国家主义和政治信仰。道德认同总分对超自然信仰具有显著负向预测作用，道德认同与超自然信仰显著负相关（r = -0.072），对神灵崇拜具有显著的负向预测作用，说明个体的道德水平越高，表现出较少的神灵崇拜，即不迷信，不相信神鬼之说。

从我们的研究结果中可以发现，道德认同的水平越高，精神信仰程度越高。道德认同可以看作是自我中的一部分，是涉及道德内容的自我或同一性。高水平的道德认同意味着个体将道德特质、道德价值或道德观念处于自我中心地位①，具有如下四种特征：①统一性。道德自我感作为一个内在的整体，整合了个人的道德价值与期待，涉及个人许多方面的整合。②信念。道德认同反映了个体自己信仰的观念，是个体内部与外部整合适应的感觉。信念意味着个人对自己的道德价值和期待的自我确定，认为自己的行为是正确的，重点体现在一个人的道德信仰中，高道德认同个体在信念上是坚定不可动摇的。③连续性。连续性指的是道德自我感在过去和现在是一致的，个体视自己的道德信念坚定不移。连续性表现在过去和现在应该拥有同样的信仰，特别是成熟的道德价值与选择。④自我认知。人们习惯于用自己的价值观去定义正确的事和错误的事。在某种程度上，自我认知是能描述自己的道德价值与行为的期待，并能够通过自我言语进行自我想象，具有一定的自我评价和调节意识。②

道德认同的形成是深度建构拥有道德信仰的过程，这种信仰被看作处在道德自我感中的核心观念。③ 道德信仰是道德活动的前提。道德活动必须以道德信仰为基础，由此实现人之为人的价值追求。道德

---

① Aquino, K., Freeman, D., Reed, A., Lim, V. K. G. and Felps, W., "Testing a Social – Cognitive Model of Moral Behavior: The Interactive Influence of Situations and Moral Identity Centrality", *Journal of Personality and Social Psychology*, Vol. 97, No. 1, 2009, pp. 123 – 141.

② 万增奎：《道德同一性及其建构》，《外国教育研究》2009 年第 12 期。

③ Damon, W. and Gregory, A., "The Youth Charter: Towards the Formation of Adolescent Moral Identity", *Journal of Moral Education*, Vol. 26, No. 2, 1997, pp. 117 – 131.

信仰是人对道德绝对崇敬与臣服的心理状态，其生成是由人类自身的结构以及与之相伴而生的社会的结构所决定的高道德认同的个体具有较高的精神信仰，特别是在民族信仰和国家信仰上。[①]

3. 道德认同的中介作用

相关分析发现，道德认同与自尊、精神信仰显著正相关，回归分析发现，道德认同在自尊和精神信仰之间起着完全中介作用，这意味着，自尊影响着道德认同进而影响精神信仰。

环境和个人的探索对道德认同的形成有着重要的影响，从个体层面而言，个人构建道德认同依赖于具体的生活经历，包括日常生活中与同伴、老师、朋友交往中所表露的价值、理想。当个体表露的道德价值、道德理想与自我评价相一致，那么该个体的道德自尊水平越高。高道德自尊个体会在社会中更好地维护社会的道德价值和目标，形成良好的人际关系，从而体验到一种道德效能感，使个人在人际关系中更好地获得社会认同，促进道德认同的形成。道德认同的形成就是道德信仰构建的过程，个体的道德认同程度越高，个体表现出较高的精神信仰，特别是国家信仰、民族信仰和政治信仰。

五　小结

（1）大学生自尊水平普遍良好，女生的自尊水平显著高于男生，城镇大学生的自尊水平显著高于农村大学生，大一学生的自尊水平高于大二、大三学生。艺体类大学生的自尊水平最低。

（2）大学生精神信仰水平普遍较高，在精神信仰一级维度上，大学生的社会信仰得分最高，其次是实用信仰和超自然信仰。在二级维度上，大学生精神信仰依次排序为：民族主义、国家主义、生命崇拜、政治信仰、家庭主义、金钱崇拜、家族主义、宗教信仰和神灵崇拜。女生在精神信仰总分、实用信仰、社会信仰上显著高于男生，男生在超自然信仰上高于女生。城镇大学生在超自然信仰上高于农村大学生，农村大学生在实用信仰上高于城镇大学生。在超自然信仰上，大二学生和大三学生要显著高于大一学生。在社会信仰上，大一学生要显著高于大二学生和大三学生。在超自然信仰上，医药类大学生显

---

① 万增奎：《道德同一性及其建构》，《外国教育研究》2009 年第 12 期。

著低于文史类、理工类和艺体类，艺体类大学生显著高于文史类、理工类和医药类。在实用信仰上，文史类显著高于理工类、艺体类，医药类高于理工类、艺体类。在社会信仰上，文史类显著高于理工类、艺体类，医药类高于艺体类。在信仰总分上，艺体类显著低于文史类、理工类和医药类。

（3）高自尊大学生在内隐维度、外显维度和道德认同总分上都显著高于低自尊大学生，说明大学生自尊水平越高，其道德认同水平也越高。自尊能显著正向预测道德认同。道德认同能显著正向预测精神信仰总分、超自然信仰、实用信仰和社会信仰。在二级维度上，道德认同能显著正向预测神灵、生命崇拜、金钱崇拜、家族主义、家庭主义、国家主义、民族主义和政治信仰。

（4）相关分析结果发现，道德认同总分与自尊呈显著正相关，与大学生信仰总分呈显著正相关。内隐维度与超自然信仰显著负相关，与自尊、实用信仰、社会信仰和信仰总分显著正相关。外显维度与超自然信仰不相关，与自尊、实用信仰、社会信仰和信仰总分显著正相关。

（5）中介效应检验发现，道德认同在自尊和精神信仰之间起着完全中介作用，说明自尊影响道德认同进而影响精神信仰。

第三节　外环境下大学生道德认同的作用机制

一　问题提出

随着计算机的普及和网络技术的发展，互联网逐渐成为人们生活中的重要工具，对人们生活产生显著影响。根据中国互联网络信息中心（CNNIC）发布的报告，截至 2016 年 6 月，中国网民规模达到 7.1 亿人，手机网民规模达 6.56 亿。互联网用户中，20—29 岁年龄段网民的比例为 30.4%，在整体网民中占比最大，10—19 岁年龄段网民的比例为 20.1%，这表明大学生群体仍是网民群体中的中坚力量。

近年来，涉及网络行为领域的研究越来越多。由于网民在网络世界里表现出很多欺凌、欺骗、犯罪等行为，许多研究者都把目光集中在这些网络偏差网络行为上①②③，并在此基础上探讨网络产生的消极影响。但网络中也存在大量善意的行为，例如，主动提供信息帮助、网络募捐、微信众筹等。但目前关于网络中的亲社会行为的相关研究还很少见到，可以认为，网络产生的积极影响方面被多数研究者忽略了。④ 网络亲社会行业对助人者、受助者和社会均有重要价值。大学生是互联网使用的主要群体，处在道德发展的重要阶段，关注网络亲社会行为对大学生积极道德品质形成具有重要作用，对网络道德环境建设具有指导意义。

研究者⑤认为，网络利他行为是指在网络环境中发生的将使他人受益而行动者本人又没有明显自私动机的自愿行为。因此，一般而言，网络亲社会行为就是指在互联网中发生的亲社会行为。由于互联网社交活动的匿名性、隐形性、没有地理位置限制以及时间上的异步性等特点⑥，大学生在网络环境下的亲社会行为表现可能与现实生活中有所不同。另有研究者也提出，网络利他行为在数字化、电子化等技术的影响下呈现不同于现实生活的独特性质。⑦

社会支持是个体在人际互动中受尊重、被支持和被理解的程度。⑧

---

① Caspi, A. and Gorsky, P., "Online Deception: Prevalence, Motivation and Emotion", *Cyber Psychology and Behavior*, Vol. 9, No. 1, 2006, pp. 44 – 49.

② Denegri – Knott, J. and Taylor, J., "The Labeling Game: A Conceptual Exploration of Deviance on the Internet", *Social Science Computer Review*, Vol. 23, No. 1, 2005, pp. 93 – 107.

③ 雷雳、李冬梅:《青少年上网偏差行为的研究》,《中国信息技术教育》2008 年第10 期。

④ Amichai – Hamburger, Y. and Furnham, A., "The Positive Net", *Computers in Human Behavior*, Vol. 23, 2007, pp. 1033 – 1045.

⑤ 彭庆红、樊富珉:《大学生网络利他行为及其对高校德育的启示》,《思想理论教育导刊》2005 年第12 期。

⑥ McKenna, K. and Bargh, J. A., "Plan 9 From Cyberspace: The Implications of the Internet for Personality and Social Psychology", *Personality and Social Psychology Review*, Vol. 4 No. 1, 2000, pp. 57 – 75.

⑦ 郑丹丹、凌智勇:《网络利他行为研究》,《浙江学刊》2007 年第4 期。

⑧ Kessler, R. C., Price, R. H. and Wortman, C. B., "Social Factors in Psychopathology: Stress, Social Support and Coping Process", *Annual Review of Psychology*, Vol. 36, 1985, pp. 531 – 572.

互联网应用的扩展促使网络人际关系成为获得社会支持的一条新途径①，越来越多的大学生通过网络中的人际互动寻求社会支持以获得归属感。网络社会支持已成为现实社会支持的重要补充②，是基于虚拟空间的交往中，人们在情感、信息交流，物质交换的过程里被理解、尊重时获得的认同感和归属感，表现形式包括情感支持、友伴支持、信息支持和工具性支持。③ 个体的人格特质影响其对社会支持的感知④，在网络人际交往中，沟通的双方通过相互的自我暴露获得社会支持，进而向对方实施帮助行为。⑤ 研究表明，无论是在现实环境还是在网络虚拟环境，获得的社会支持在减少攻击性行为，增加亲社会行为方面都具有重要的作用。⑥ 赵欢欢等研究发现，网络社会支持能显著正向预测网络利他行为。⑦

近年来，学者开始用社会认知理论来探讨道德，其中出现了一个很重要的概念——道德认同，它是通过具体的道德特征组织起来的、大量包含自我感的、涉及个体自我中有关道德方面的一种特别的同一性。⑧ 道德认同包含两个层面——内隐和外显，而内隐是其中的核心，反映了道德特征在个体自我概念中的重要程度。⑨ 布拉西认为，人们

① Mitchell, M. E., Lebow, J. R., Uribe, R., Grathouse, H. and Shoger, W., "Internet Usehappiness, Social Support and Introversion: A More Fine Grained Analysis of Person Variables and Internet Activity", *Computers in Human Behavior*, Vol. 27, 2011, pp. 1857 – 1861.

② Finfgeld, D. L., "Therapeutic Groups Online: The Good, the Bad, and the Unknown", *Issues in Mental Health Nursing*, Vol. 21, No. 3, 2000, pp. 241 – 255.

③ 梁晓燕：《网络社会支持对青少年心理健康的影响机制研究》，博士学位论文，华中师范大学，2008 年。

④ Sarason, B. R., Pierce, G. R., Bannerman, A. and Sarason, I. G., "Investigating the Antecedents of Perceived Social Support: Parents' Views of and Behavior Toward Their Children", *Journal of Personality and Social Psychology*, Vol. 65, No. 5, 1993, pp. 1071 – 1085.

⑤ Tichon, J. G. and Shapior, M., "The Process of Sharing Social Support in Cyberspace", *Cyber Psychology and Behavior*, Vol. 6, No. 2, 2003, pp. 131 – 170.

⑥ Calvete, E., Orue, I., Estévez, A., Villardón, L. and Padilla, P., "Cyberbullying in Adolescents: Modalities and Aggressors' Profile", *Computer in Human Behavior*, Vol. 26, No. 5, 2010, pp. 1128 – 1135.

⑦ 赵欢欢、张和云等：《大学生特质移情与网络利他行为：网络社会支持的中介效应》，《心理发展与教育》2012 年第 5 期。

⑧ Aquino, K. and Reed, A. II, "The Self – Important of Moral Identity", *Journal of Personality and Social Psychology*, Vol. 83, 2002, pp. 1423 – 1440.

⑨ Ibid..

的道德行为主要是因为他们想要成为某种人，所以，该行为往往是维持个人形象而不是服从道德规范，他把道德自我认同作为道德自我的核心。尼克森（Nickerson）等认为，由于个体在不同的情境下对道德的自我理解不能保持同一，因此，传统的道德推理不能较好地预测个体的道德行为。他们认为，道德自我认同是维持道德行为的关键因素，一个人要想表现出稳定的道德行为，就必须获得在不同情境下都保持一致的道德自我认同。

　　道德认同是一种相对稳定的道德特质，而且道德认同与亲社会行为有显著正相关。① 阿奎诺等的研究认为，道德认同与道德认知以及道德行为的关系密切。② 里德等的研究也证明，道德认同对个人与社会的交互行为产生重要影响。唐芳贵和寄国桢认为，积极健康的道德自我意象是道德行为发生的重要心理前提。③ 马晓辉和雷雳研究发现，网络道德认知和网络道德情感对网络亲社会行为有正向预测作用。④ 吴鹏研究发现，道德认同可以显著影响网络亲社会行为。⑤

　　哈特所设想的道德认同影响模型，个人的家庭、文化和他在社会生活中的地位构成了道德生活，在该模型中，道德认同受到个人的人格、社会结构、机会和同伴群体因素的影响。网络生活与现实生活相比具有其独特支持，个体在网络上受到来自父母、同伴们的社会支持会怎样影响道德认同和网络亲社会行为？网络社会支持、道德认同与网络亲社会行为之间的作用机制有待进一步探索和研究。根据对现实社会中个体道德与亲社会行为的关系的认识，我们假设积极的网络社会支持可以正向预测大学生的道德认同和网络亲社会行为，道德认同在网络社会支持和网络亲社会行为之间起着中介作用。

---

① Aquino, K. and Reed, A. Ⅱ, "The Self – Important of Moral Identity", *Journal of Personality and Social Psychology*, Vol. 83, 2002, pp. 1423 – 1440.

② Ibid. .

③ 唐芳贵、寄国桢:《大学生德性自我意象初探》,《心理科学》2010 年第 4 期。

④ 马晓辉、雷雳:《青少年网络道德与其网络亲社会行为的关系》,《心理科学》2011 年第 2 期。

⑤ 吴鹏:《内疚、同情与网络助人行为的关系及影响因素研究》, 博士学位论文, 华中师范大学, 2013 年。

二　对象与方法

（一）被试

本部分参见本章第一节第二小节有关内容。

（二）研究工具

1. 道德认同问卷

采用我国学者杨韶刚和万增奎修订的阿奎诺和里德的《道德认同问卷》，要求被试者对列举的 10 个特质 16 个题目来测量道德认同，其中一半题目为道德认同内隐维度的测量，用以表示个人对系列道德特质自我认同水平，如"做一个有如上品质的人会让我感觉很好"。另一半为道德认同的外显维度，用以表示个体给他人留下拥有这些道德特质的水平，如"我的着装打扮使我看上去是这样的人"。修订的问卷使用李克特式五点计分，其中 1 = "完全不同意"，2 = "有些不同意"，3 = "中立"，4 = "有些同意"，5 = "完全同意"。在本研究中，该量表的内部一致性系数为 0.890，表明该量表有较好的信度。

2. 网络社会支持量表

采用我国学者梁晓燕编制的网络社会支持问卷，该问卷将青少年对网络交往中的社会支持的感知和评价分为四个方面：信息支持（通过网络与他人交往的过程中，能与别人交流自己感兴趣的信息：娱乐、电脑和周围的社会信息等）；友伴支持（当自己感到不开心能找到他人倾述或得到别人安慰，建议；能找到与自己志同道合的朋友）；情感支持（在网络中的活动能得到他人的正面反馈，获得一种情感满足）；工具性支持（通过网络能够获得人、财、物的帮助）。该量表共有 23 个题项，采用 5 级计分，从"完全不符合"到"完全符合"，分别计 1—5 分。研究表明，该量表具有良好的信效度，各项指标均达到测量学的要求，说明该问卷比较稳定可靠。在本研究中，该量表的内部一致性系数为 0.885。

3. 网络亲社会行为量表

采用马晓辉和雷雳编制的青少年网络亲社会行为问卷，该量表在参考《亲社会倾向量表》的基础上编制而成，该量表有六个维度，共 26 个项目，分别测量公开型、匿名型、利他型、依从型、情绪型和紧急型共 6 类网络亲社会行为。公开型网络亲社会行为指个体在公开网络空间或有其他网民知道的情况下做出的亲社会行为；匿名型网络亲社会行为指在匿名网络条件下个体做出的亲社会行为；利他型网络亲社会行为是个体出于减轻其他网民痛苦的动机做出的亲社会行为；依从型网络亲社会行为指个体在其他网民的请求下做出的亲社会行为；情绪型网络亲社会行为是指个体在情绪被唤起的网络情境中做出的亲社会行为；紧急型网络亲社会行为是指在网络环境中发生紧急事件时个体做出的亲社会行为。采用 5 点评分量表从 1（非常不像我）—5（非常像我）计分。研究表明，该量表具有良好的信效度，各项指标均达到测量学的要求，说明该问卷比较稳定可靠。在本研究中，该量表的内部一致性系数为 0.919。

（三）数据处理

本研究所有数据和管理由 SPSS 17.0 完成，数据统计和分析主要由 SPSS 17.0 进行。主要进行 t 检验、方差分析、相关分析和回归分析。

三　结果

（一）大学生网络社会支持现状

1. 大学生网络社会支持一般现状

比较 1008 名大学生在网络社会支持四个维度和总分上的平均分和标准差，结果见表 7－24，可以发现，大学生在网络上进行人际交往主要的目的是获得信息支持（M = 3.6546）、情感支持（M = 3.2367）、友伴支持（M = 3.1829）和工具支持（M = 2.4937）。

表 7－24　　　　　大学生网络社会支持维度平均分与标准差

维度	平均数（M）	标准差（SD）
信息支持	3.6546	0.75037
友伴支持	3.1879	0.75424
情感支持	3.2367	0.68543
工具支持	2.4937	0.91277
网络社会支持	3.1829	0.54090

2. 大学生网络社会支持的性别与生源地差异

对大学生网络社会支持四个维度与总分进行性别与生源地差异检验，结果见表 7-25，可以发现，在信息支持、工具支持和网络社会支持总分上存在显著的性别差异，比较平均分，结果发现，在信息支持上，女生得分显著要高于男生，在工具支持和网络社会支持上，男生得分显著高于女生。说明女大学生利用网络交往搜寻自己感兴趣的信息，如娱乐新闻、好友动态等，而男大学生更倾向于利用网络获取自己所需要的财物，例如，使用网络游戏获取游戏工具或道具，利用网络交易获取自己所需的钱财。就整体而言，男大学生更倾向于利用网络获取社会支持。

表 7-25　　　　大学生网络社会支持的性别和生源地差异检验

维度	男 （M ± SD）	女 （M ± SD）	t	农村 （M ± SD）	城镇 （M ± SD）	t
信息支持	3.53 ± 0.78	3.71 ± 0.73	-3.389**	3.57 ± 0.70	3.79 ± 0.81	-4.442***
友伴支持	3.24 ± 0.67	3.16 ± 0.79	1.582	3.20 ± 0.71	3.17 ± 0.82	0.480
情感支持	3.25 ± 0.66	3.23 ± 0.70	0.407	3.21 ± 0.67	3.28 ± 0.71	-1.423
工具支持	2.81 ± 0.93	2.35 ± 0.87	7.258***	2.41 ± 0.91	2.63 ± 0.90	-3.622***
网络社会支持	3.24 ± 0.54	3.16 ± 0.54	2.355*	3.15 ± 0.51	3.24 ± 0.58	-2.502*

在信息支持、工具支持和网络社会支持总分上存在显著的生源地差异，比较平均分发现，在信息支持、工具支持和网络社会支持总分上，城镇学生得分要显著高于农村学生，这说明，城镇大学生更倾向于利用网络来获取和维持自己的社会人际关系，以此获得更多的社会支持。

3. 大学生网络社会支持的年级差异

对大学生的网络社会支持四个维度和总分进行年级差异检验，结果发现，在信息支持和工具支持两个维度上均有显著的年级差异（见表 7-26）。进一步进行 LSD 比较，结果发现，在信息支持上，大一学生显著高于大二（MD = 0.204，P < 0.05）和大三学生（MD =

0.162，P<0.05)。在工具支持上，大二（MD=0.258，P<0.05)、大三（MD=0.284，P<0.05)的学生显著高于大一学生。

表7-26   大学生网络社会支持在年级上的差异检验

维度	均值平方	F	Sig.
信息支持	2.470	4.431	0.004
友伴支持	0.093	0.162	0.922
情感支持	0.326	0.693	0.557
工具支持	5.400	6.592	0.000
网络社会支持	0.085	0.289	0.834

4. 大学生网络社会支持的专业差异

对大学生网络社会支持的四个维度和总分进行专业差异检验，结果发现，在信息支持、情感支持、工具支持和网络社会支持总分上均有显著的专业差异（见表7-27)。进一步进行 LSD 比较发现，在信息支持上，文史类显著高于艺体类（MD=0.729，P<0.05）和医药类（MD=0.261，P<0.05)，理工类显著高于艺体类（MD=0.710，P<0.05）和医药类（MD=0.241，P<0.05)，医药类显著高于艺体类（MD=0.469，P<0.05)。在情感支持上，文史类显著高于艺体类（MD=0.271，P<0.05）和医药类（MD=0.199，P<0.05)，理工类显著高于艺体类（MD=0.236，P<0.05）和医药类（MD=0.163，P<0.05)。在工具支持上，理工类显著高于文史类（MD=0.202，P<0.05）和医药类（MD=0.298，P<0.05)，艺体类显著高于文史类（MD=0.587，P<0.05)、理工类（MD=0.385，P<0.05）和医药类（MD=0.683，P<0.05)。在网络社会支持总分上，文史类显著高于艺体类（MD=0.185，P<0.05）和医药类（MD=0.135，P<0.05)，理工类显著高于艺体类（MD=0.200，P<0.05）和医药类（MD=0.151，P<0.05)。

表 7 - 27　　　　大学生网络社会支持在专业上的差异检验

维度与总分	均值平方	F	Sig.
信息支持	10.680	20.054	0.000
友伴支持	0.687	1.208	0.305
情感支持	2.195	4.725	0.003
工具支持	8.836	10.926	0.000
网络社会支持	1.351	4.669	0.003

5. 大学生网络社会支持在网龄上的差异检验

对大学生网络社会支持的四个维度和总分进行网龄的差异检验，结果发现，在信息支持、情感支持和网络社会支持总分上存在显著的网龄差异（见表 7 - 28）。进一步进行 LSD 检验，结果发现，在信息支持上，5 年以上网龄得分显著高于 1 年（MD = 0.462，P < 0.05）、1—3 年（MD = 0.431，P < 0.05）、3—5 年（MD = 0.242，P < 0.05）。在情感支持上，5 年以上网龄得分显著高于低于 1 年（MD = 0.359，P < 0.05）、1—3 年（MD = 0.251，P < 0.05）、3—5 年（MD = 0.110，P < 0.05）。在网络社会支持总分上，5 年以上网龄得分显著要高于低于 1 年（MD = 0.225，P < 0.05）、1—3 年（MD = 0.169，P < 0.05）、3—5 年（MD = 0.120，P < 0.05）。

表 7 - 28　　　　大学生网络社会支持在网龄上的差异检验

维度与总分	均值平方	F	Sig.
信息支持	11.520	21.706	0.000
友伴支持	0.528	0.925	0.428
情感支持	4.387	9.562	0.000
工具支持	0.867	1.041	0.373
网络社会支持	2.013	6.996	0.000

6. 大学生网络社会支持在上网时间上的差异检验

对大学生网络社会支持的四个维度和总分在上网时间上进行差异检验，结果发现，在信息支持、友伴支持、情感支持和网络社会支持总分上均存在显著的差异（见表 7 – 29）。进一步进行 LSD 检验，结果发现，在信息支持上，每周上网时间在 21 小时以上的大学生得分显著要高于每周上网时间小于 3 小时（MD = 0.431，P < 0.05）、3—7 小时（MD = 0.344，P < 0.05）和 7—21 小时（MD = 0.237，P < 0.05）。在友伴支持上，每周上网时间为 21 小时以上的大学生得分显著高于 3—7 小时（MD = 0.191，P < 0.05）。在情感支持上，每周上网时间在 21 小时以上的大学生得分显著要高于每周上网时间小于 3 小时（MD = 0.182，P < 0.05）、3—7 小时（MD = 0.132，P < 0.05）和 7—21 小时（MD = 0.122，P < 0.05）。在网络社会支持总分上，每周上网时间在 21 小时以上的大学生得分显著要高于每周上网时间小于 3 小时（MD = 0.142，P < 0.05）、3—7 小时（MD = 0.201，P < 0.05）和 7—21 小时（MD = 0.136，P < 0.05）。

表 7 – 29　　　　　　大学生网络社会支持在上网时间的差异检验

维度与总分	均值平方	F	Sig.
信息支持	8.137	15.062	0.000
友伴支持	1.692	2.992	0.030
情感支持	1.434	3.071	0.027
工具支持	1.201	1.443	0.229
网络社会支持	2.001	6.965	0.000

（二）大学生网络亲社会行为现状

1. 大学生网络亲社会行为一般现状

比较 1008 名大学生在网络亲社会行为六个维度和总分上的平均分和标准差，结果见表 7 – 30，可以发现，大学生的网络亲社会行为中更多表现为利他型（M = 4.1111），其次为紧急型（M = 3.4488）、情绪型（M = 3.3719）、匿名型（M = 3.2889）、依从型（M = 3.0016）和公开型（M = 2.9616）。

表 7 - 30　　大学生网络亲社会行为维度和总分的平均分和标准差

维度和总分	平均分（M）	标准差（SD）
公开型	2.9616	0.71012
匿名型	3.2889	0.71749
利他型	4.1111	0.89686
依从型	3.0016	0.66764
情绪型	3.3719	0.69161
紧急型	3.4488	0.80863
网络亲社会行为	3.2434	0.57764

2. 大学生网络亲社会行为在性别和生源地上的差异检验

比较 1008 名大学生在网络亲社会行为六个维度和总分上的性别差异检验，结果见表 7 - 31，可以发现，在匿名型、利他型、情绪型、紧急型和网络亲社会行为总分上存在显著的性别差异，进一步比较平均分可以发现，女生得分显著高于男生，说明女生相比男生而言，在网络上有更多的亲社会行为。

表 7 - 31　　　　　　　网络亲社会行为在性别上的差异检验

维度和总分	男（M ± SD）	女（M ± SD）	t
公开型	2.97 ± 0.70	2.96 ± 0.71	0.362
匿名型	3.20 ± 0.74	3.33 ± 0.71	- 2.444 *
利他型	4.00 ± 0.92	4.16 ± 0.88	- 4.270 ***
依从型	3.00 ± 0.65	3.00 ± 0.67	- 0.071
情绪型	3.27 ± 0.72	3.42 ± 0.68	- 3.138 **
紧急型	3.31 ± 0.84	3.51 ± 0.79	- 3.546 ***
网络亲社会行为	3.17 ± 0.60	3.28 ± 0.56	- 2.649 **

对大学生网络亲社会行为六个维度和总分进行生源地差异检验，结果见表 7 - 32，可以发现，在公开型、匿名型、利他型、紧急型和网络亲社会行为总分上均存在显著差异，比较平均分可以发现，城镇学生的得分要显著高于农村学生。这说明，城镇大学生在网络上有较多的亲社会行为。

表 7 – 32　　　　　网络亲社会行为在生源地上的差异检验

维度和总分	农村（M ± SD）	城镇（M ± SD）	t
公开型	2.92 ± 0.72	3.02 ± 0.68	− 2.222 *
匿名型	3.22 ± 0.71	3.40 ± 0.72	− 3.723 ***
利他型	4.03 ± 0.89	4.24 ± 0.90	− 3.732 ***
依从型	3.00 ± 0.66	3.02 ± 0.67	− 0.641
情绪型	3.34 ± 0.67	3.43 ± 0.72	− 1.933
紧急型	3.40 ± 0.80	3.53 ± 0.82	− 2.615 **
网络亲社会行为	3.20 ± 0.58	3.31 ± 0.58	− 2.729 **

3. 大学生网络亲社会行为在年级上的差异检验

对大学生网络亲社会行为六个维度和总分进行年级上的差异检验，结果发现，在匿名型、利他型、紧急型和网络亲社会行为总分上存在显著的年级差异（见表 7 – 33），进一步进行 LSD 检验，结果发现，在匿名型上，大一（MD = 0.170，P < 0.05）、大二（MD = 0.210，P < 0.05）、大四（MD = 0.337，P < 0.05）学生均显著高于大三学生。在利他型上，大一（MD = 0.212，P < 0.05）、大二（MD = 0.263，P < 0.05）、大四（MD = 0.422，P < 0.05）学生均显著高于大三学生。在紧急型上，大四学生显著高于大二（MD = 0.274，P < 0.05）、大三（MD = 0.443，P < 0.05）学生，大一学生显著高于大三学生（MD = 0.252，P < 0.05）。在网络亲社会行为总分上，大三学生的得分均低于大一（MD = 0.128，P < 0.05）、大二（MD = 0.144，P < 0.05）和大四（MD = 0.229，P < 0.05）学生。

表 7 – 33　　　　网络亲社会行为维度和总分在年级上的差异检验

维度和总分	均值平方	F	Sig.
公开型	0.695	1.379	0.248
匿名型	2.138	4.192	0.006
利他型	3.340	4.192	0.006
依从型	0.671	1.508	0.211
情绪型	1.227	2.578	0.052
紧急型	3.863	5.996	0.000
网络亲社会行为	1.036	3.126	0.025

4. 大学生网络亲社会行为在专业上的差异检验

对大学生网络亲社会行为六个维度和总分进行专业上的差异检验，结果发现，在六个维度和总分上，均存在显著的专业差异（见表7-34）。进一步进行 LSD 比较，结果发现，在公开型上，医药类显著低于文史类（MD = 0.423，P < 0.05）、理工类（MD = 0.370，P < 0.05）和艺体类（MD = 0.284，P < 0.05）。在匿名型上，文史类显著高于艺体类（MD = 0.260，P < 0.05）、医药类（MD = 0.401，P < 0.05），理工类显著高于艺体类（MD = 0.222，P < 0.05）、医药类（MD = 0.362，P < 0.05）。在利他型上，文史类显著高于艺体类（MD = 0.325，P < 0.05）、医药类（MD = 0.501，P < 0.05），理工类显著高于艺体类（MD = 0.278，P < 0.05）、医药类（MD = 0.453，P < 0.05）。在依从型上，医药类显著低于文史类（MD = 0.318，P < 0.05）、理工类（MD = 0.271，P < 0.05）和艺体类（MD = 0.207，P < 0.05）。在情绪型上，文史类显著高于艺体类（MD = 0.343，P < 0.05）、医药类（MD = 0.272，P < 0.05），理工类显著高于艺体类（MD = 0.340，P < 0.05）、医药类（MD = 0.269，P < 0.05）。在紧急型上，文史类显著高于艺体类（MD = 1.473，P < 0.05）、医药类（MD = 1.539，P < 0.05），理工类显著高于艺体类（MD = 0.491，P < 0.05）、医药类（MD = 0.513，P < 0.05）。在网络亲社会行为总分上，文史类显著高于艺体类（MD = 0.276，P < 0.05）、医药类（MD = 0.356，P < 0.05），理工类显著高于艺体类（MD = 0.247，P < 0.05）、医药类（MD = 0.328，P < 0.05）。

表7-34　　　网络亲社会行为维度和总分在专业上的差异检验

维度和总分	均值平方	F	Sig.
公开型	6.553	13.482	0.000
匿名型	6.427	12.933	0.000
利他型	10.042	12.933	0.000
依从型	3.610	8.274	0.000
情绪型	4.587	9.846	0.000
紧急型	13.478	21.912	0.000
网络亲社会行为	5.219	16.384	0.000

5. 大学生网络亲社会行为在网龄上的差异检验

对大学生网络亲社会行为在网龄上进行差异检验，结果发现，在公开型、匿名型、利他型、情绪型、紧急型和网络亲社会行为总分上均存在显著的网龄差异（见表 7 – 35），进一步进行 LSD 检验，结果发现，在公开型上，网龄在 5 年以上的大学生得分显著高于网龄低于 1 年（MD = 2.971，P < 0.05）、3—5 年（MD = 0.109，P < 0.05）的大学生。在匿名型上，网龄在 5 年以上的大学生得分显著高于网龄低于 1 年（MD = 0.270，P < 0.05）和 1—3 年（MD = 0.218，P < 0.05）的大学生。在利他型上，网龄在 5 年以上的大学生得分显著高于网龄低于 1 年（MD = 0.337，P < 0.05）和 1—3 年（MD = 0.272，P < 0.05）的大学生。在情绪型上，网龄低于 1 年的大学生得分显著低于网龄在 1—3 年（MD = 0.253，P < 0.05）、3—5 年（MD = 0.362，P < 0.05）和 5 年以上（MD = 0.383，P < 0.05）的大学生。在紧急型上，网龄在 3—5 年的大学生得分显著高于低于 1 年（MD = 0.314，P < 0.05）和 1—3 年（MD = 0.193，P < 0.05）的大学生，网龄在 5 年以上的大学生得分显著高于低于 1 年（MD = 0.411，P < 0.05）和 1—3 年（MD = 0.290，P < 0.05）的大学生。在网络亲社会行为总分上，网龄为 3—5 年的大学生显著高于网龄低于 1 年的大学生（MD = 0.242，P < 0.05），网龄 5 年以上的大学生得分显著高于网龄低于 1 年（MD = 0.319，P < 0.05）和 1—3 年（MD = 0.163，P < 0.05）的大学生。

表 7 – 35　　网络亲社会行为维度和总分在网龄上的差异检验

维度和总分	均值平方	F	Sig.
公开型	1.816	3.622	0.013
匿名型	3.037	5.976	0.000
利他型	4.745	5.976	0.000
依从型	0.886	1.992	0.114
情绪型	2.846	6.036	0.000
紧急型	5.902	9.239	0.000
网络亲社会行为	2.403	7.331	0.000

6. 大学生网络亲社会行为在每周上网时间上的差异检验

对大学生网络亲社会行为六个维度和总分进行每周上网时间上的差异检验，结果见表7-36，可以发现，在六个维度和总分上均存在显著的差异。进一步进行 LSD 检验，结果发现，在公开型上，每周上网时间为3—7 小时的大学生得分显著低于7—21 小时（MD = 0.134，P<0.05）和 21 小时以上（MD = 0.218，P<0.05）。在匿名型上，每周上网时间为 21 小时以上大学生得分显著高于每周上网时间为少于 3 小时（MD = 0.159，P<0.05）、3—7 小时（MD = 0.267，P<0.05）和7—21 小时（MD = 0.125，P<0.05）。在利他型上，每周上网时间为 21 小时以上大学生得分显著高于每周上网时间为少于 3 小时（MD = 0.199，P<0.05）、3—7 小时（MD = 0.334，P<0.05）和7—21 小时（MD = 0.157，P<0.05）。在依从型上，每周上网时间为7—21 小时的大学生得分显著高于 3—7 小时（MD = 0.165，P<0.05）的大学生，每周上网时间为 21 小时以上的大学生得分显著高于 3—7 小时（MD = 0.171，P<0.05）的大学生。在情绪型上，每周上网时间为 21 小时以上大学生得分显著高于每周上网时间为少于 3 小时（MD = 0.171，P<0.05）、3—7 小时（MD = 0.259，P<0.05）和7—21 小时（MD = 0.106，P<0.05）。在紧急型上，每周上网时间为 21 小时以上大学生得分显著高于每周上网时间为少于 3 小时（MD = 0.274，P<0.05）、3—7 小时（MD = 0.339，P<0.05）和7—21 小时（MD = 0.142，P<0.05）。在网络亲社会行为上，每周上网时间为 21 小时以上大学生得分显著高于每周上网时间为少于 3 小时（MD = 0.167，P<0.05）、3—7 小时（MD = 0.257，P<0.05）和7—21 小时（MD = 0.109，P<0.05）。

表7-36　网络亲社会行为维度和总分在每周上网时间上的差异检验

维度和总分	均值平方	F	Sig.
公开型	2.244	4.498	0.004
匿名型	3.302	6.521	0.000
利他型	5.159	6.521	0.000

续表

维度和总分	均值平方	F	Sig.
依从型	1.884	4.267	0.005
情绪型	3.160	6.721	0.000
紧急型	5.769	9.037	0.000
网络亲社会行为	5.769	9.260	0.000

（三）大学生网络社会支持对道德认同的预测作用

1. 大学生网络社会支持对道德认同的预测作用

以网络社会支持总分为自变量，以道德认同总分为因变量，考察网络社会支持对道德认同的预测作用，采用回归分析，结果见表7-37。

表7-37　　　网络社会支持对大学生道德认同的预测作用检验

预测变量	R^2	标准化回归系数	F	Sig.
网络社会支持	0.058	0.240	58.071	0.000

R^2 为方程的确定系数，它取值在 [0, 1] 之间，R^2 越接近1，表明方程中的变量对 y（自尊）的解释能力越强。通常将 R^2 乘以100% 表示回归方程解释 y 变化的百分比。回归分析显示，网络社会支持与道德认同的 R^2 为 0.058，意味着可以网络社会支持解释道德认同 5.8% 的变化。对回归方程进行显著性检验，结果发现，F = 58.071，P < 0.001，表明回归方程是显著的，表明网络社会支持能显著地预测道德认同，因此得到相应的回归方程，即 y（道德认同）= 0.240 × x（网络社会支持）。

2. 大学生网络社会支持对内隐维度和外显维度的预测作用

以网络社会支持总分为自变量，分别以道德认同的两个维度内隐维度和外显维度为因变量，考察网络社会支持对两个维度的预测作用，采用回归分析，结果见表7-38。

表7-38　网络社会支持对大学生内隐维度和外显维度的预测作用检验

预测变量	因变量	R^2	标准化回归系数	F	Sig.
网络社会支持	内隐维度	0.035	0.188	35.105	0.000
网络社会支持	外显维度	0.076	0.276	78.493	0.000

从表7-38中可以发现，以网络社会支持为预测变量，考察网络社会支持对内隐维度的预测作用，其中 R^2 为0.035，表明网络社会支持可以解释内隐维度3.5%的变化。利用回归方程进行显著性检验发现，F=35.105，P<0.001，表明回归方程是显著的，说明网络社会支持能显著预测内隐维度，该回归方程可以表示为：y（内隐维度）=0.188×x（网络社会支持）。

以网络社会支持为预测变量，考察网络社会支持对外显维度的预测作用，其中，R^2 为0.076，表明网络社会支持可以解释外显维度7.6%的变化。利用回归方程进行显著性检验发现，F=78.493，P<0.001，表明回归方程是显著的，说明网络社会支持能显著预测外显维度，该回归方程可以表示为：y（外显维度）=0.276×x（网络社会支持）。

从两个回归方程中，我们可以发现，网络社会支持可以更多地解释外显维度的变化，道德认同的外显维度意味着个体的道德品质的外在表现行为，与公共的外在自我有关，属于公德中的自我表现行为。个体在网络交往中所获得社会支持越多，那么我们就可以准确地预测到该个体越注重自己在他人眼中的表现行为，使自己的行为表现更符合自己所要求的道德品质。

（四）道德认同对网络亲社会行为的预测作用

1. 大学生道德认同对网络亲社会行为的预测作用

以道德认同总分为自变量，以网络亲社会行为总分为因变量，采用回归分析考察道德认同对网络亲社会行为的预测作用，结果见表7-39。

表 7 – 39　　　　道德认同对大学生网络亲社会行为的预测作用

预测变量	R^2	标准化回归系数	F	Sig.
道德认同	0.136	0.369	150.854	0.000

从表 7 – 39 中可以发现，R^2 为 0.136，表明道德认同可以解释网络亲社会行为 13.6% 的变化。对回归方程进行显著性检验，发现 F = 150.854，P < 0.001，说明回归方程是显著的，表明道德认同能显著地预测网络亲社会行为，因此得到相应的回归方程，即 y（网络亲社会行为）= 0.369 × x（道德认同）。

2. 大学生道德认同对网络亲社会行为六个维度的预测作用

以大学生道德认同为自变量，以网络亲社会行为的六个维度为因变量，考察道德认同对网络亲社会行为六个维度的预测作用，采用回归分析，结果见表 7 – 40。

表 7 – 40　道德认同对大学生网络亲社会行为六个维度的预测作用

因变量	R^2	标准化回归系数	F	Sig.
公开型	0.069	0.262	72.584	0.000
匿名型	0.088	0.296	94.031	0.000
利他型	0.110	0.332	120.811	0.000
依从型	0.044	0.211	45.570	0.000
情绪型	0.110	0.332	120.620	0.000
紧急型	0.132	0.363	148.269	0.000

以道德认同为预测变量，以公开型网络亲社会行为为因变量，结果发现，R^2 为 0.069，表明道德认同可以解释公开型网络亲社会行为 6.9% 的变化，对回归方程进行显著性检验，结果发现，F = 72.584，P < 0.001，表明回归方程是显著的，因此道德认同可以显著预测公开型网络亲社会行为，并得到相应的回归方程，即 y（公开型网络亲社会行为）= 0.262 × x（道德认同）。

以道德认同为预测变量,以匿名型网络亲社会行为为因变量,结果发现,R^2为0.088,表明道德认同可以解释利他型网络亲社会行为8.8%的变化,对回归方程进行显著性检验,结果发现,F=94.031,P<0.001,表明回归方程是显著的,因此道德认同可以显著预测依从型网络亲社会行为,并得到相应的回归方程,即y(匿名型网络亲社会行为)=0.296×x(道德认同)。

以道德认同为预测变量,以利他型网络亲社会行为为因变量,结果发现,R^2为0.110,表明道德认同可以解释情绪型网络亲社会行为11.0%的变化,对回归方程进行显著性检验,结果发现,F=120.811,P<0.001,表明回归方程是显著的,因此道德认同可以显著预测利他型网络亲社会行为,并得到相应的回归方程,即y(利他型网络亲社会行为)=0.332×x(道德认同)。

以道德认同为预测变量,以依从型网络亲社会行为为因变量,结果发现,R^2为0.044,表明道德认同可以解释匿名型网络亲社会行为4.4%的变化,对回归方程进行显著性检验,结果发现,F=45.570,P<0.001,表明回归方程是显著的,因此道德认同可以显著预测依从型网络亲社会行为,并得到相应的回归方程,即y(依从型网络亲社会行为)=0.211×x(道德认同)。

以道德认同为预测变量,以情绪型网络亲社会行为为因变量,结果发现,R^2为0.110,表明道德认同可以解释匿名型网络亲社会行为11.0%的变化,对回归方程进行显著性检验,结果发现,F=120.620,P<0.001,表明回归方程是显著的,因此道德认同可以显著预测情绪型网络亲社会行为,并得到相应的回归方程,即y(情绪型网络亲社会行为)=0.332×x(道德认同)。

以道德认同为预测变量,以紧急型网络亲社会行为为因变量,结果发现,R^2为0.132,表明道德认同可以解释紧急型网络亲社会行为13.2%的变化,对回归方程进行显著性检验,结果发现,F=148.269,P<0.001,表明回归方程是显著的,因此道德认同可以显著预测紧急型网络亲社会行为,并得到相应的回归方程,即y(紧急型网络亲社会行为)=0.363×x(道德认同)。

通过比较,我们可以发现,道德认同可以较多地预测紧急型网络亲社会行为，即当网络中的他人处于急需帮助的情境下，道德认同水平越高的人，越会施以援手。其次是利他型和情绪型，即道德认同可以较好地预测利他型和情绪型网络亲社会行为，道德认同水平越高的个体，更容易在网络上不求回报地帮助他人，并且，当发现网络中的他人情绪紧张或者情绪不良时，道德认同水平高的个体更容易去帮助他们，疏导情绪。

3. 道德认同的内隐维度与外显维度对网络亲社会行为的预测作用

以道德认同的内隐维度和外显维度为预测变量，以网络亲社会行为总分为因变量，考察道德认同的两个维度对网络亲社会行为的预测作用，采用逐步回归分析进行考察，结果见表 7–41。

表 7–41　　　道德认同两个维度对网络亲社会行为的预测作用

预测变量	标准化回归系数	R^2	F	Sig.
内隐维度	0.180	0.139	150.854	0.000
外显维度	0.227			

从表 7–41 中可以发现，以内隐维度和外显维度为预测变量，对网络亲社会行为的预测作用检验，其中 R^2 为 0.139，说明两个维度共同解释网络亲社会行为 13.9% 的变化，回归方程显著，其中，F = 150.854，P < 0.001，表明内隐维度和外显维度能显著预测网络亲社会行为，并得到相应的回归方程，即 y(网络亲社会行为) = 0.180 × x_1(内隐维度) + 0.227 × x_2 (外显维度)。从回归方程中我们可以发现，对于网络亲社会行为，外显维度比内隐维度更具有较强的预测作用。这意味着，个体在道德认同外显维度得分越高，该个体越多地注重在他人眼中的自我道德品质，并表现出相应的道德行为，其在网络上也会表现出较多的亲社会行为。

4. 道德认同的内隐维度和外显维度对网络亲社会行为六维度的预测作用

以道德认同的内隐维度和外显维度为预测变量，以网络亲社会行为的六个维度作为因变量，分别进行回归分析，结果见表 7–42。

表 7 - 42　　　　　　内隐维度与外显维度对网络亲社会行为
六维度的预测作用

因变量	预测变量	标准化回归系数	R^2	F	Sig.
公开型	内隐维度	0.165	0.262	36.256	0.000
	外显维度	0.122			
匿名型	内隐维度	0.165	0.297	47.186	0.000
	外显维度	0.160			
利他型	内隐维度	0.125	0.115	63.648	0.000
	外显维度	0.244			
依从型	内隐维度	0.049	0.049	25.542	0.000
	外显维度	0.187			
情绪型	内隐维度	0.182	0.111	60.599	0.000
	外显维度	0.183			
紧急型	内隐维度	0.213	0.132	74.205	0.000
	外显维度	0.186			

　　以公开型网络亲社会行为为因变量，以内隐维度和外显维度为预测变量，结果发现，R^2 为 0.262，说明内隐维度和外显维度可以解释公开型网络亲社会行为 26.2% 的变化。回归方程显著，其中，F = 36.256，P < 0.001，表明内隐维度和外显维度能显著预测公开型网络亲社会行为，得到相应的回归方程，即 y（公开型网络亲社会行为）= $0.165 \times x_1$（内隐维度）+ $0.122 \times x_2$（外显维度）。

　　以匿名型网络亲社会行为为因变量，以内隐维度和外显维度为预测变量，结果发现，R^2 为 0.297，说明内隐维度和外显维度可以解释匿名型网络亲社会行为 29.7% 的变化。回归方程显著，其中，F = 47.186，P < 0.001，表明内隐维度和外显维度能显著预测匿名型网络亲社会行为，得到相应的回归方程，即 y（匿名型网络亲社会行为）= $0.165 \times x_1$（内隐维度）+ $0.160 \times x_2$（外显维度）。

　　以利他型网络亲社会行为为因变量，以内隐维度和外显维度为预测变量，结果发现，R^2 为 0.115，说明内隐维度和外显维度可以解释利他型网络亲社会行为 11.5% 的变化。回归方程显著，其中，F =

63.648，P<0.001，表明内隐维度和外显维度能显著预测利他型网络亲社会行为，得到相应的回归方程，即 y（利他型网络亲社会行为）= 0.125×x_1（内隐维度）+0.244×x_2（外显维度）。

　　以依从型网络亲社会行为为因变量，以内隐维度和外显维度为预测变量，结果发现，R^2 为 0.049，说明内隐维度和外显维度可以解释依从型网络亲社会行为 4.9% 的变化。回归方程显著，其中，F=25.542，P<0.001，表明内隐维度和外显维度能显著预测依从型网络亲社会行为，得到相应的回归方程，即 y（依从型网络亲社会行为）= 0.049×x_1（内隐维度）+0.187×x_2（外显维度）。

　　以情绪型网络亲社会行为为因变量，以内隐维度和外显维度为预测变量，结果发现，R^2 为 0.111，说明内隐维度和外显维度可以解释情绪型网络亲社会行为 11.1% 的变化。回归方程显著，其中，F=60.599，P<0.001，表明内隐维度和外显维度能显著预测情绪型网络亲社会行为，得到相应的回归方程，即 y（情绪型网络亲社会行为）= 0.182×x_1（内隐维度）+0.183×x_2（外显维度）。

　　以紧急型网络亲社会行为为因变量，以内隐维度和外显维度为预测变量，结果发现，R^2 为 0.132，说明内隐维度和外显维度可以解释紧急型网络亲社会行为 13.2% 的变化。回归方程显著，其中，F=74.205，P<0.001，表明内隐维度和外显维度能显著预测网络亲社会行为，得到相应的回归方程，即 y（紧急型网络亲社会行为）= 0.213×x_1（内隐维度）+0.186×x_2（外显维度）。

　　比较回归方程，我们可以发现，道德认同中的外显维度能较多地预测利他型网络亲社会行为，这表明，个体希望在人际互动中表现自我所拥有的道德品质的程度越高，就意味着个体道德认知发展水平越高，道德情感和意向越积极，个体就更容易在网络上表现出利他型亲社会行为。道德认同中的内隐维度可以较多地预测紧急型网络亲社会行为，这表明，个体对道德特质在自我感中进行重要性评价程度越高，即自我对道德品质的内在认同程度越高（例如，个体对自我的道德品质"诚实"进行评价，如果认为自己是非常诚实的人，就表明个人对"诚实"品质的内在认同程度越高），那么该个体更容易表现紧急型的网络亲社会行为，当个体发现网络上的人急需帮助，就会毫不犹豫地帮助他人。

（五）大学生网络社会支持、网络亲社会行为与道德认同的相关分析

对大学生网络社会支持、网络亲社会行为与道德认同各维度与总分进行相关分析，结果见表7-43。从表中可以发现，道德认同总分与网络社会支持总分显著正相关，与网络社会支持各维度中的信息支持、友伴支持和情感支持现状正相关，与工具支持显著负相关。这说明，大学生在网络上越多地获取信息资源，得到朋友群体的支持以及情感上的支持越多，其道德认同水平就越高，充分说明道德认同受网络环境的影响。而网络上的工具支持一般指的是大学生利用网络交往来获取自己所需要的财物，例如金钱交易或者网游中的游戏道具等，是一种更具有功利性的社会支持，因此，这种工具性的网络社会支持水平越高，道德认同水平就越低。道德认同的内隐维度与网络社会支持总分显著正相关，与网络社会支持中的信息支持、友伴支持和情感支持现状正相关，与工具支持现状负相关。道德认同的外显维度与网络社会支持总分显著正相关，与网络社会支持中的信息支持、友伴支持和情感支持显著正相关，与工具支持相关不显著。

道德认同总分、内隐维度和外显维度与网络亲社会行为六个维度以及总分显著正相关，我们可以发现，道德认同水平越高的大学生，其在网络上表现出较多的亲社会行为。

（六）道德认同在网络社会支持与网络亲社会行为关系中的作用机制

从相关分析中我们可以发现，道德认同与网络社会支持总分、网络亲社会行为总分显著相关，这满足了中介作用检验的前提。从回归分析中我们可以发现，网络社会支持可以显著正向预测道德认同，道德认同也可以显著正向预测网络亲社会行为，因此，我们可以假设道德认同在网络社会支持与网络亲社会行为之间起着中介作用，本研究采用依次检验回归系数的方法对道德认同的中介作用进行检验。

巴伦和肯尼定义的（部分）中介过程认为，如果下面两个条件成立，则中介效应显著：（1）自变量显著影响因变量；（2）在因果链中任一个变量，当控制了它前面的变量（包括自变量）后，显著影响

表7-43　大学生网络社会支持、网络亲社会行为与道德认同的相关分析

	1	2	3	4	5	6	7	8	9	10	11	12	13	14	15
1. 信息支持	1														
2. 友伴支持	0.350**	1													
3. 情感支持	0.403**	0.485**	1												
4. 工具支持	0.005	0.255**	0.353**	1											
5. 网络社会支持	0.596**	0.822**	0.782**	0.532**	1										
6. 公开型	0.237**	0.280**	0.283**	0.180**	0.354**	1									
7. 匿名型	0.341**	0.225**	0.195**	0.085**	0.309**	0.383**	1								
8. 利他型	0.385**	0.284**	0.287**	0.072*	0.380**	0.454**	0.639**	1							
9. 依从型	0.223**	0.311**	0.249**	0.173**	0.363**	0.622**	0.503**	0.586**	1						
10. 情绪型	0.379**	0.344**	0.344**	0.053	0.414**	0.570**	0.610**	0.661**	0.627**	1					
11. 紧急型	0.388**	0.261**	0.295**	0.014	0.354**	0.561**	0.640**	0.669**	0.569**	0.707**	1				
12. 网络亲社会行为	0.400**	0.347**	0.334**	0.119**	0.443**	0.728**	0.792**	0.827**	0.807**	0.866**	0.841**	1			
13. 内隐维度	0.304**	0.136**	0.194**	-0.117**	0.188**	0.249**	0.276**	0.292**	0.177**	0.309**	0.333**	0.337**	1		
14. 外显维度	0.275**	0.167**	0.274**	0.033	0.276**	0.233**	0.269**	0.328**	0.223**	0.301**	0.327**	0.347**	0.666**	1	
15. 道德认同	0.317**	0.162**	0.249**	-0.065*	0.240**	0.262**	0.296**	0.332**	0.211**	0.332**	0.363**	0.369**	0.369**	0.881**	1

它的后继变量。采用回归分析结果见表7-44。从表中我们可以发现，道德认同在网络社会支持和网络亲社会行为之间起着部分中介作用，即网络社会支持可以影响网络亲社会行为，也可以通过影响道德认同进而影响网络亲社会行为。

表7-44　　　　　道德认同（W）的中介效应依次检验

	标准化回归方程	回归系数检验	
第一步	Y = 0.443X	SE = 0.036	t = 15.089***
第二步	W = 0.240X	SE = 0.025	t = 7.620***
第三步	Y = 0.280W + 0.372X	SE = 0.044	t = 9.643***
		SE = 0.035	t = 12.787***

注：SE 为标准误。X = 网络社会支持，W = 道德认同，Y = 网络亲社会行为。

四　讨论

（一）大学生网络社会支持现状分析

大学生网络社会支持总分的平均分为 3.18 分，说明大学生的网络社会支持较多。其中，信息支持、情感支持、友伴支持得分较高，工具性支持得分较低[①]，这与以往的研究结果相一致，也表现出大学生网络交往的特点。较高的信息支持、情感支持、友伴支持与网络交往的广泛性、匿名性、平等性、去抑制性、开放性等特点吻合。工具性支持得分最低，说明网络上的虚拟物质支持在大学生的认知范围内，但是，实际的获得并不是他们所关注的焦点。

对于大学生而言，在信息支持上，女生得分要显著高于男生，这可能的原因是，随着网络的快速发展，网络资源的日益丰富，女生会通过网络来搜索自己所需要的相关信息，如娱乐信息、学习资料等。在工具支持和网络社会支持总分上，男生得分高于女生，一方面可能是男生接触和使用网络的机会多于女生，使用网络时产生的成就感和归属感要高于女生，并且男生会较多地参与网络大型游戏，例如魔兽、传奇等，其中会涉及虚拟道具、虚拟钱币的交易，也会涉及虚拟

---

① 梁晓燕：《网络社会支持对青少年心理健康的影响机制研究》，博士学位论文，华中师范大学，2008年。

夫妻等角色的扮演，由于男生理解能力、动手能力和机械操作能力方面普遍要强于女生，因此男生在网络中的工具性的社会支持较多，更容易获得成就感。另一方面可能是社会对于性别角色的要求所导致的，在现实生活中，男生对情感的表达较为含蓄，情感更为内敛，心理闭锁性更明显，这样容易导致他们在现实生活中缺乏充分的社会支持，当遇到挫折或困难时，他们不会像女生那样主动地寻求现实的社会支持，由于网络的匿名性、开放性等特点，男生可以开放地进行情感宣泄，寻求社会支持，而不用担心他人对自己的评价，因此男生更喜欢利用网络寻求他人的帮助与支持。

在生源地的差异检验中，可以发现，城镇学生在信息支持、工具支持和社会支持总分上显著高于农村学生。研究者的研究发现，农村地区由于艰苦的学业环境加上片面追求升学率，只重视文化课，忽视了全面教育，农村学生与城镇学生教育基础的差异非常大。由于经济基础、教育基础的差异，导致了农村学生虽然有学习的欲望，却在文化素质方面存在知识面狭窄，思维方式欠科学、欠灵活的问题；而城镇学生较优越的生活基础和教育基础使他们见识较广，知识较宽，他们的思维方式，组织能力优势明显。① 以往研究表明，农村大学生在上大学以后，比城镇大学生更能感受经济压力，由此可能带来自卑感、焦虑和抑郁等心理，从而在自我态度方面显得不够乐观自信，尊严感也低于城镇大学生。② 诸多方面的原因造成农村大学生有较多的心理问题，人际交往能力也较差，不善于沟通与自我表达。因此，农村大学生的社会支持要低于城镇大学生。

由于家庭环境等方面的影响，城镇大学生比农村大学生触网时间越早，对网络的使用掌握也越熟练。研究者发现，中国大学生最经常使用的网络功能是在线娱乐，其次是信息收集，再次是网络游戏和网

---

① 张兰玲：《大学生基本素质的城乡基础差异及教育对策研究》，《开封大学学报》2001 年第 2 期。

② 李雪峰、关香丽：《大学生尊严感现状与对策的实证研究》，《山东商业职业技术学院学报》2013 年第 4 期。

络社交，使用最少的是网上交易。① 我们不难发现，除了在线娱乐，大学生使用最多的就是信息搜集和网络游戏，使用信息搜集了解相关知识内容，以此获得更多的信息支持，通过网络游戏来获取工具支持，因此，城镇大学生在信息支持和工具支持上也显著高于农村大学生。

在网络社会支持的年级差异上，我们可以发现，大一学生的信息支持显著要高于大二和大三学生，由于大一学生离家进入大学生活，为了适应学校生活，需要将自己融入一个大环境中，需要更多地了解相关的学习、生活知识，大一学生会较多地利用网络搜索自己需要的相关信息，指导自己的学习和生活方式。例如，2014 年 7 月，华中师范大学为了指导大学新生了解寝室情况，在华中师范大学《桂声》发表了《大隐隐于"寝"》的专题报道，阅读这篇文章的大学新生，能对华中师范大学的宿舍的历史、地理、外观和内部等情况有更深入的了解，能有效地消除他们入学前的焦虑感。在工具支持上，大二、大三的学生显著高于大一学生，由于大二、大三学生已融入大学生活，开始筹划自己的职业生涯，他们会借助于网络寻求较多的工具性支持，为他们学习和工作打基础。

在网络社会支持的专业差异上，我们可以发现，文史类、理工类、医药类大学生的信息支持要高于艺体类大学生，由于专业学习要求不同，文史类、理工类和医药类的大学生专业理论学习较多，艺体类学生的实践活动课较多，因此，文史类、理工类和医药类大学生相比于艺体类大学生的信息支持较多，他们会较多地利用网络搜索学习资料，组建网络学习小组交换学习心得，开展相应的科研计划。在情感支持上，文史类、理工类大学生的情感支持要高于艺体类和医药类。由于艺体类和医药类大学生的实践活动课较多，他们能在现实活动中建立良好的社会支持，利用实践活动宣泄自己的情感，而文史类和理工类大学生的理论知识课较多，并且选课时间各不一致，导致现实生活中的社会支持不能有效地维系，因此，文史类和理工类大学生

① 罗喆慧、万晶晶等：《大学生网络使用、网络特定自我效能与网络成瘾的关系》，《心理发展与教育》2010 年第 6 期。

需要依靠网络来维持和稳定他们的社会支持群体，借助网络平台（如QQ、QQ 空间、朋友圈等）来表达情感诉求。在工具支持上，理工类显著要高于文史类和医药类，艺体类显著高于文史类、理工类和医药类。对于理工类大学生，他们的专业决定了多数理工科学生在理解程序和动手解决问题能力方面高于其他专业的学生，对网络运用探究的深度和广度要强于其他专业学生[①]，理工类大学生的网络游戏使用也比其他专业多，这是因为理工类大学生学习难度大，任务重，容易产生挫败心理与学习倦怠，从而促使其在网游中寻找自我实现[②]，因此，理工类大学生的工具性支持要高于文史类和医药类。对于艺体类大学生，由于专业的特殊性，他们的学习工具（如舞蹈服装、乐器、体育器材等）可以通过网络社会支持小组进行互换，因此艺体类大学生的工具性支持的得分较高。

对于大学生网络社会支持的网龄与上网时间上的差异检验，我们可以发现，大学生网龄越长，每周上网时间越长（>21 小时），其所获得的网络社会支持越多。社会支持是个体在人际互动中受尊重、被支持和被理解的程度。[③] 互联网应用的扩展促使网络人际关系成为获得社会支持的一条新途径[④]，越来越多的大学生通过网络中的人际互动寻求社会支持以获得归属感。网络社会支持已成为现实社会支持的重要补充[⑤]，是基于虚拟空间的交往中，人们在情感、信息交流，物

①　魏岚、梁晓燕、高培霞：《大学生网络交往动机与网络社会支持关系研究》，《中国学校卫生》2007 年第 7 期。

②　王滨、王海滨、杨爽：《大学生网络游戏成瘾与学习倦怠的关系》，《中国心理卫生杂志》2007 年第 12 期。

③　Kessler, R. C., Price, R. H. and Wortman, C. B., "Social Factors in Psychopathology: Stress, Social Support and Coping Process", *Annual Review of Psychology*, Vol. 36, 1985, pp. 531 – 572.

④　Mitchell, M. E., Lebow, J. R., Uribe, R., Grathouse, H. and Shoger, W., "Internet Usehappiness, Social Support and Introversion: A More Fine Grained Analysis of Person Variables and Internet Activity", *Computers in Human Behavior*, Vol. 27, 2011, pp. 1857 – 1861.

⑤　Finfgeld, D. L., "Therapeutic Groups Online: The Good, the Bad, and the Unknown", *Issues in Mental Health Nursing*, Vol. 21, No. 3, 2000, pp. 241 – 255.

质交换的过程里被理解、尊重时获得的认同感和归属感[1]，降低孤独感。[2]

（二）大学生网络亲社会行为现状分析

对大学生网络亲社会行为进行分析，可以发现，网络亲社会行为总分平均分为 3.24 分，说明大学生表现出较高的网络亲社会行为。研究者曾指出，网络环境更有利于亲社会行为的发生[3]，本研究也发现，大学生在网络中经常做出帮助他人的行为，支持了之前研究者的观点。随着互联网在人们的生活中扮演着越来越重要的角色，网络环境中的亲社会行为将成为大学生道德发展水平和道德品质的重要表现。[4]

从不同情境的亲社会行为结果来看，在本研究中大学生的网络亲社会得分由高到低依次为利他型、紧急型、情绪型、匿名型、依从型和公开型。这意味着，当今大学生功利色彩较淡，更容易表现出利他型亲社会行为，在网络环境中助人的时候并不期待对方有所回报。在紧急、高情绪唤醒、有人求助的网络情境下，青少年更容易产生亲社会行为。国外研究结果表明，现实生活中青少年报告最多的亲社会行为倾向是利他型，其次为紧急型和情感型，最少的是公开型。[5] 寇彧等对青少年亲社会行为的研究发现，在现实生活中青少年的利他型亲社会行为倾向最高，其次是紧急型、情绪型、依从型、匿名型和公开型。[6] 可以看到，网络环境中的利他型和紧急型排名很高，公开型的

---

① 梁晓燕：《网络社会支持对青少年心理健康的影响机制研究》，博士学位论文，华中师范大学，2008 年。

② 姜永志、白晓丽：《大学生手机互联网依赖与孤独感的关系：网络社会支持的中介作用》，《中国特殊教育》2014 年第 1 期。

③ 彭庆红、樊富珉：《大学生网络利他行为及其对高校德育的启示》，《思想理论教育导刊》2005 年第 12 期。

④ 马晓辉、雷雳：《青少年网络道德与其网络亲社会行为的关系》，《心理科学》2011年第 2 期。

⑤ Carlo, G., Hausmann, A., Christiansen, S. and Randall, B. A., "Sociocognitive and Behavioral Correlates of a Measure of Prosocial Tendencies for Adolescents", *Journal of Early Adolescence*, Vol. 23, No. 1, 2003, pp. 107 – 134.

⑥ 寇彧、王磊：《儿童亲社会行为及其干预研究述评》，《心理教育与发展》2003 年第 4 期。

的排名最低，表明大学生在网络中的亲社会行为与现实生活中的比较类似，他们更倾向于在网络环境中不求回报地来帮助他人。中国文化更多地强调"群体性"，强调团结、和谐，"一方有难，八方支援"，在危急时候，更易体现出这种精神，所以中国大学生的紧急亲社会行为也较多。另外，由于网络环境的匿名性和开放性等特点，网络环境中出现匿名型亲社会行为情境更多，青少年在不显露自己真实身份的条件下助人的可能性也更大。

在网络亲社会行为的性别差异上，本研究发现，女生的网络亲社会行为要高于男生，这与以往的研究结果一致①，并且该结果也与现实生活中的结果是一致的。本研究结果也说明，在网络环境中，女生比男生做出助人行为的时候更少考虑到能否得到回报，利他水平更高。我国受传统儒家思想的影响，女性应表现出温柔娴淑、顺从并更加感性，多愁善感，易情绪化等性别特征，而男性则表现出阳刚、理性，不易受情绪情感的影响等性别特征，因此，女性比男性更容易被情绪性唤起，产生移情、共情。这种文化无意识地影响着大学生的行为，所以女大学生更容易表现出亲社会行为。

在生源地差异上，本研究发现，城镇大学生在公开型、匿名型、利他型、紧急型和网络亲社会行为总分上高于农村大学生。以往研究表明，现实生活中，城镇大学生在匿名型亲社会行为上要高于农村大学生。② 我们探究其中的原因，其一，城镇大学生触网时间较早，并随着网络的迅速发展，各种榜样人物也越来越多，媒体宣传的力度扩大，城镇大学生接受网络媒体道德教育的机会也增多了。其二，城镇更注重道德教育的宣传，例如，不定期开展道德模范宣讲活动，在社区或者街道张贴道德宣传标语，学校内开展志愿服务活动等，城镇大学生参与道德教育获得机会较多。其三，城镇大学生的父母受教育程度普遍较高，他们更重视对孩子的道德教育，培育孩子优良的道德品质。而农村大学生的父母文化程度略低，由于家庭经济问题，大部分

① 马晓辉、雷雳：《青少年网络道德与其网络亲社会行为的关系》，《心理科学》2011年第2期。

② 从文君：《大学生亲社会行为类型的研究》，硕士学位论文，南京师范大学，2008年。

需要外出务工，孩子一般是与老人们一起生活，或者就寄宿于学校，父母对孩子的道德教育相比城镇家庭少。综合上述分析，我们不难发现，城镇大学生会在网络上表现出较多的亲社会行为。

通过年级差异比较发现，匿名型、利他型和网络亲社会行为上，大一、大二和大四的学生显著要高于大三学生，在紧急型网络亲社会行为上，大四学生要高于大一和大三学生，大一学生高于大三学生。意味着大三年级学生的网络亲社会行为最低。这与现实中的亲社会行为研究结果有所不同，卡洛（Carlo）的研究结果显示，青少年随着年龄的增长，表现出依从型、利他型、紧急型和利他型亲社会行为的倾向均是增加的。[1][2] 而马晓辉和雷雳对青少年网络亲社会行为研究发现，除了紧急型，其他类型的网络亲社会行为都随着年级的增长而有下降趋势。[3] 本研究的结果说明，由于网络上充斥着很多虚假信息，对于大一、大二的学生，生活阅历较少，本性单纯，他们无法判断网络中的求助信息和求助者是否可靠，由于缺乏经验和沟通交流需求，可能表现出较高的亲社会行为。随着年级的增长，他们对网络中的求助者产生怀疑态度，会降低亲社会行为。而到了大四年级，学生经历了社会实习和工作实践，具有高度的判断力，能够在网络上清楚地辨别出真实和虚假的求助信息和求助者，相应的亲社会行为也增多了。

对大学生网络亲社会行为的网络和每周上网时间差异进行分析，我们可以发现，网龄越长，每周上网时间越多，大学生网络亲社会行为就较多。这表明，网龄长的大学生具有丰富的沟通交流经验，每周上网时间越多，能有效地掌握最近的网络动态，能在他人求助的状态下，准确地判断求助信息，并施以援手，表现出更多的亲社会行为。

---

① Carlo, G. and Randall, B. A., "The Development of a Measure of Prosocial Behaviors for Late Adolescents", *Journal of Youth and Adolescence*, Vol. 3, No. 1, 2002, pp. 31 – 44.

② Carlo, G., Hausmann, A., Christiansen, S. and Randall, B. A., "Social Cognitive and Behavioral Correlates of a Measure of Prosocial Tendencies for Adolescents", *Journal of Early Adolescence*, Vol. 23, No. 1, 2003, pp. 107 – 134.

③ 马晓辉、雷雳：《青少年网络道德与其网络亲社会行为的关系》，《心理科学》2011年第2期。

（三）道德认同在网络社会支持与网络亲社会行为之间的作用

1. 网络社会支持与道德认同的关系

以网络社会支持为预测变量，以道德认同为因变量，采用回归方程检验，结果发现，网络社会支持总分能正向地预测道德认同总分。以网络社会支持为预测变量，以道德认同的两个维度为因变量，采用回归方程检验，结果发现，网络社会支持可以更多地解释外显维度的变化。

随着网络的迅速发展，网络不仅是人们获得信息的工具，也是获得友情、归属感和情感支持的重要场所，是人们获得社会支持的重要途径。卡罗琳（Carolyn）和戴维指出，网络不仅提供资讯功能，也通过网络的人际互动提供社会支持。网络社会支持是指个体在网络人际互动中被尊重、支持和理解的程度。[1] 与现实社会支持相比，网络空间的匿名性、异步性、超时空性等特征使网络社会支持行为更加便利。

大学生正处于寻求社会支持以获得归属感、避免孤独感的发展阶段，而网络的匿名性和网络使用者多重角色的扮演使网络成为发展友谊及获得归属感的重要途径[2]；同时，网络具有的心理补偿作用，可以满足个体不同层次的心理需求，补偿大学生在现实生活中未能满足的需要[3]，促使缺乏社会支持的个体运用新的在线交流机会建立人际关系，寻求他们无法在现实生活中实现的支持性的人际交往，获得充分的网络情感支持和友伴支持。

符号互动理论认为，个体的自我概念主要通过与重要他人的互动而建立，个体在很大程度上需要借助他人的反馈性评价来建立自我概念。当个体在网络上与他人（包括网络陌生人、好友、父母等）建立

---

① Turner, J. W. , Grube, J. A. and Meyers, J. , "Developing an Optimal Match within On-line Communities: An Exploration of CMC Support Communities and Traditional Support", *Journal of Communication*, Vol. 51, No. 2, 2001, pp. 231 –251.

② Lo, S. , Wang, C. and Fang, W. , "Physical Interpersonal Relationships and Social Anxiety Among Online Game Players", *Cyber Psychology & Behavior*, Vol. 8, No. 1, 2005, pp. 15 – 20.

③ 万晶晶、张锦涛等：《大学生心理需求网络满足问卷的编制》，《心理与行为研究》2010 年第 2 期。

良好的互动，获得信息、情感、友伴和工具上的支持，能在互动过程中得到他人的反馈评价并建立自我概念。道德认同是由两个维度（即内化和符号化）组成，一个反映了道德认同的中心性，另一个体现了道德认同的公开表达。① 这种两维度划分法是与自我理论相对应的，自我理论认为自我意识有两个不同的部分，对个体内在想法和感觉的内在反省性意识、作为一个可以影响他人的社会性对象的外在主动自我。② 以往的研究表明道德认同的两个维度与不同的道德结构有显著的相关，内化维度与道德推理、志愿服务带来的满足感和赠送食物有显著的正相关，符号化维度与宗教虔诚、志愿精神和帮助外团体的意愿有显著的正相关。③ 因此可以认为，网络社会支持水平越高的个体，能通过人际互动来建立自我概念，并且通过他人的评价对自我进行准确判断，并表现出相应的道德品质行为，即公开表达自我的道德品质。

2. 道德认同与网络亲社会行为的关系

以往研究表明，道德认同对于个体的道德行为具有直接作用④，我们研究发现，道德认同可以显著正向地预测网络亲社会行为，与以往研究结果一致。道德认同能正向预测网络亲社会行为⑤，其中的原因可能有两个：

其一，按照道德认同的社会认知理论，道德认同可以看作是道德价值、道德目标、道德特质和道德行为脚本的认知表征或图式⑥，启

---

① Aquino, K. and Reed, A. Ⅱ, "The Self – Important of Moral Identity", *Journal of Personality and Social Psychology*, Vol. 83, 2002, pp. 1423 – 1440.

② Fenigstein, A., Scheier, M. F. and Buss, A. H., "Public and Private Self – Consciousness: Assessment and Theory", *Journal of Consulting and Clinical Psychology*, Vol. 43, 1975, pp. 522 – 527.

③ Aquino, K. and Reed, A. Ⅱ, "The Self – Important of Moral Identity", *Journal of Personality and Social Psychology*, Vol. 83, 2002, pp. 1423 – 1440.

④ 杨继平、王兴超等：《道德推脱的概念、测量及相关变量》，《心理科学进展》2010年第4期。

⑤ 吴鹏：《内疚、同情与网络助人行为的关系及影响因素研究》，博士学位论文，华中师范大学，2013年。

⑥ Shao, R. D., Aquino, K. and Freeman, D., "Beyond Moral Reasoning: A Review of Moral Identity Research and its Implications for Business Ethics", *Business Ethics Quarterly*, Vol. 18, 2008, pp. 513 – 540.

动或激活道德认同会激发社会性的道德价值和道德特质，促使个体按社会认可的价值观、道德标准来应对遇到的道德情景。而道德认同水平高的个体，其自身的道德标准高，道德特质稳定，道德目标明确，有着清晰的道德行为脚本。在遇到道德情景时，高的道德标准、稳定的道德特质、明确的道德目标和清晰的道德行为脚本促使个体以道德行为来应对。因此，道德认同水平高的大学生可以导致个体展现更多的网络助人行为。

其二，有学者指出，道德认同与道德行为的联系是通过维持自我的一致性来实现的①，道德认同可以看作是自我中的一部分，是涉及道德内容的自我或同一性。当道德特质、道德价值或道德观念在个体自我中处于中心地位时，我们就称这个个体具有高的道德认同。② 作为自我的一部分，个体有维持自我一致性的动力。当社会认可的道德价值、道德标准是个体自我的中心内容时，个体需要去维持这种自我。于是，个体需要去按照社会认可的道德价值或道德标准思考和行事，在助人情景中也就有强烈的动力去展现助人行为，以保持个体自我的一致感。

3. 网络社会支持与网络亲社会行为的关系

回归分析和相关分析结果发现，网络社会支持能显著正向预测网络亲社会行为，网络社会支持与网络亲社会行为显著正相关，这与以往研究结果一致。③ 关于网络社会支持对网络亲社会行为的影响，研究者曾以 BBS 为例，对网络利他行为互动的过程与表现进行了分析，提出了网络利他行为的互动模式，认为有过现实利他行为经历者，能得到受助者的感谢和网友的赞赏肯定，在网上能获得更多的社会支持，在网络中能获得荣誉感和价值感。这样，其利他行为就受到及时

---

① Aquino, K., McFerran, B. and Laven, M., "Moral Identity and the Experience of Moral Elevation in Response to Acts of Uncommon Goodness", *Journal of Personality and Social Psychology*, Vol. 100, No. 4, 2011, pp. 703 –718.

② Aquino, K., Freeman, D., Reed, A., Lim, V. K. G. and Felps, W., "Testing a Social – Cognitive Model of Moral Behavior: The Interactive Influence of Situations and Moral Identity Centrality", *Journal of Personality and Social Psychology*, Vol. 97, No. 1, 2009, pp. 123 –141.

③ 赵欢欢、张和云、刘勤学、王福兴、周宗奎：《大学生特质移情与网络利他行为：网络社会支持的中介效应》，《心理发展与教育》2012 年第 5 期。

的积极强化，从而增加网络利他行为。[1] 并且，网络社会支持对主观幸福感存在正向预测作用，能增加个体的积极情绪体验。[2] 而当个体产生满足、愉快等积极情绪时，就较乐于帮助他人，容易导致利他行为。[3] 因此，在网络交往过程中得到的网络社会支持越多，产生的网络利他行为就越多。

4. 道德认同在网络社会支持与网络亲社会行为中的中介作用

研究结果发现，道德认同在网络社会支持与网络亲社会行为中起着完全中介作用，这意味着，网络社会支持通过影响道德认同进一步影响网络亲社会行为。

大学时期是介于成人与儿童之间的人生阶段，由于处于中间地带，他们缺乏明确的定位，因此比成人、儿童有更强烈的认同需求。而网络时代的来临，网络交往中网络同辈群体的形成，来自网络他人的支持，在对大学生发生影响的过程中，必然受到大学生原有认同发展水平的制约。根据詹姆士的理论，认同涉及多种体验和与自我相联系的心理过程，认同需要一种个人反映的客体是自我意识。认同也包括将自我的许多不同方面整合成连贯的、统一的整体，不限时间空间持续存在。最终，认同是一种社会建构：当我们判定自我某些方面是批判我们自我的方式时，认同通常在一种与其他人的关系中被建构。结果，认同成为他们思考、判断和行为的方向。当自我朝向道德问题，他们自我感的核心包括道德标准时，就形成了道德认同。[4]

罗斯（Roth）认为，道德认同是持续性道德行为的关键成分，在其对 60 名 9—12 年级的青少年进行的社会性推理实验研究中，实验者首先抽取由社区管理者提名作为表现了更多关心他人行为的"关爱榜样"（道德认同水平高）30 名，将另外 30 名年龄和性别都相匹配

---

① 杨英：《青少年网络亲社会行为互动模型研究》，《中国青年研究》2011 年第 7 期。

② 梁栋青：《大学生网络社会支持与主观幸福感的相关研究》，《中国健康心理学杂志》2010 年第 8 期。

③ Joyce, F., Joanna, P. and Nicola, R., "Children's Altruistic Behavior in the Dictator game", *Evolution and Human Behavior*, Vol. 28, 2007, pp. 168 – 175.

④ Hart, D. and Yates, M., "Identity and Self in Adolescence", *Annals of Child Development*, 1997, pp. 207 – 242.

的青少年（道德认同水平低）作为对照组。被试者对 19 个冒险项目
所作的推理采用 SIT（Social Issue Test）进行评估。结果发现，与对照
组相比，关爱榜样更多地将使用毒品看作是道德事件，并认为毒品的
危害更大。对于志愿者服务，关爱榜样比对照组更多采用道德动机，
而对照组更多采用个人理由来解释。阿奎诺等研究发现：对于道德认
同高的个体，情境因素的影响作用比较弱，因为道德认同处于高水平
的个体原本就具有较高的利他倾向性，可以直接产生亲社会行为；而
对于道德认同性较低的个体，情境因素的作用则十分重要，个体要能
觉察出并能够理解情境中的道德问题后，即有了一定的道德敏感性以
后，才可能产生亲社会行为。[①]

这些研究结果都说明，网络社会支持水平越高的大学生，能形成
较高的道德认同水平，具有较高的道德标准与稳定的道德品质，能直
接产生亲社会行为。网络社会支持水平低的大学生，道德认同水平较
低，这种境况下，个体可能会受到情境因素的影响，具有道德敏感性
后，才产生亲社会行为。

五　小结

（1）大学生具有较好的网络社会支持。在性别差异上，女生在信
息支持上得分显著要高于男生，男生在工具支持和网络社会支持总分
上显著高于女生。在生源地差异上，城镇大学生在信息支持、工具支
持和网络社会支持总分上显著高于农村大学生。在年级差异上，大一
学生在信息支持上显著高于大二和大三学生，大二、大三学生在工具
支持上显著高于大一学生。在专业差异上，文史类和理工类在信息支
持上显著高于艺体类和医药类，医药类显著高于艺体类；文史类和理
工类在情感支持上显著高于艺体类和医药类；理工类在工具支持上显
著高于文史类和医药类，艺体类显著高于文史类、理工类和医药类；
文史类和理工类在网络社会支持总分上显著高于艺体类和医药类。网
龄对大学生网络社会支持的影响上，5 年以上网龄的大学生在信息支

持、情感支持和社会支持总分得分最高。每周上网时间对大学生网络社会支持的影响上，每周上网时间超过21小时的大学生在信息支持、友伴支持、情感支持和网络社会支持总分上显著高于其他上网时间的大学生。

（2）大学生表现出较多的网络亲社会行为，在六个维度上的得分依次为利他型、紧急型、情绪型、匿名型、依从型和公开型。在性别差异上，女生在匿名型、利他型、情绪型、紧急型和网络亲社会行为总分上得分显著高于男生。在生源地差异上，城镇大学生公开型、匿名型、利他型、紧急型和网络亲社会行为总分上显著高于农村大学生。在年级差异上，在匿名型、利他型和网络亲社会总分上大三学生得分最低，在紧急型上，大四学生显著高于大二、大三学生，大一学生显著高于大三学生。在专业差异上，医药类大学生在公开型和依从型得分上显著低于文史类、理工类和艺体类大学生；文史类和理工类在匿名型、利他型、情绪型、紧急型和网络亲社会行为总分上得分显著高于艺体类和医药类。网龄对大学生网络亲社会行为的影响上，5年以上网龄的大学生得分在网络社会支持总分和六个维度上得分最高。每周上网时间对网络亲社会行为影响上，每周上网时间超过21小时的大学生在网络社会支持总分和六个维度上得分最高。

（3）网络社会支持能显著正向预测道德认同总分、内隐维度和外显维度，网络社会支持可以更多地解释外显维度的变化。道德认同总分、内隐维度和外显维度能显著正向预测网络亲社会行为总分和六个维度，其中，道德认同可以较多地预测紧急型网络亲社会行为，其次是利他型和情绪型。

（4）相关研究发现，道德认同总分与网络社会支持总分显著正相关，与网络社会支持各维度中的信息支持、友伴支持和情感支持现状正相关，与工具支持显著负相关。道德认同总分、内隐维度和外显维度与网络亲社会行为六个维度以及总分显著正相关。

（5）中介效应检验发现，道德认同在网络社会支持和网络亲社会行为之间起着部分中介作用，意味着网络社会支持可以影响网络亲社会行为，也可以通过影响道德认同进而影响网络亲社会行为。

第四节　大学生道德认同构建模型

一　问题提出

本研究二（第七章第二节）发现自尊正向预测道德认同，道德认同可以预测精神信仰，并且研究结果发现，道德认同在自尊和精神信仰中起着完全中介作用。

本研究三（第七章第三节）发现，网络社会支持对道德认同具有预测作用，道德认同对网络亲社会行为具有预测作用，并且道德认同在网络社会支持与网络亲社会行为中起着部分中介作用。

结合研究二和研究三，同时考察内环境和外环境共同作用下，道德认同的形成与作用机制，探讨如何有效地引导大学生道德认同的形成，对于大学生身心发展和网络环境的安全具有很大的现实作用。综合上面的论述，笔者提出一个道德认同形成与作用模型，见图 7 - 7。

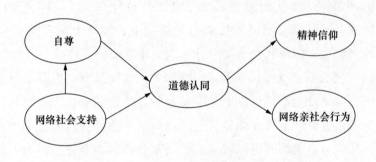

图 7 - 7　假设模型

二　研究与方法

（一）被试

本部分内容参见本章第一节第二小节。

（二）研究工具

1. 道德认同问卷

采用我国学者杨韶刚和万增奎修订的阿奎诺和里德的《道德认同

问卷》，要求被试对列举的 10 个特质 16 个题目来测量道德认同，其中一半题目为道德认同内隐维度的测量，用以表示个人对系列道德特质自我认同水平，如"做一个有如上品质的人会让我感觉很好"。另一半为道德认同的外显维度，用以表示个体给他人留下拥有这些道德特质的水平，如"我的着装打扮使我看上去是这样的人"。修订的问卷使用李克特式五点计分，其中 1 = "完全不同意"，2 = "有些不同意"，3 = "中立"，4 = "有些同意"，5 = "完全同意"。在本研究中，该量表的内部一致性系数为 0.890，表明该量表有较好的信度。

2. 网络社会支持量表

采用我国学者梁晓燕编制的网络社会支持问卷，该问卷将青少年对网络交往中的社会支持的感知和评价分为信息支持（通过网络与他人交往的过程中，能与别人交流自己感兴趣的信息：娱乐、电脑和周围的社会信息等）、友伴支持（当自己感到不开心能找到他人倾诉或得到别人安慰，建议；能找到与自己志同道合的朋友）、情感支持（在网络中的活动能得到他人的正面反馈，获得一种情感满足）和工具性支持（通过网络能够获得人、财、物的帮助）四个方面。该量表同有 23 个题项，采用 5 级计分，从"完全不符合"到"完全符合"，分别计 1—5 分。研究表明，该量表具有良好的信效度，各项指标均达到测量学的要求，说明该问卷比较稳定可靠。在本研究中，该量表的内部一致性系数为 0.885。

3. 网络亲社会行为量表

采用马晓辉和雷雳编制的青少年网络亲社会行为问卷，该量表在参考《亲社会倾向量表》的基础上编制而成，该量表有六个维度，共 26 个项目，分别测量公开型、匿名型、利他型、依从型、情绪型和紧急型共 6 类网络亲社会行为。公开型网络亲社会行为指个体在公开网络空间或有其他网民知道的情况下做出的亲社会行为；匿名型网络亲社会行为指在匿名网络条件下个体做出的亲社会行为；利他型网络亲社会行为是个体出于减轻其他网民痛苦的动机做出的亲社会行为；依从型网络亲社会行为指个体在其他网民的请求下做出的亲社会行为；情绪型网络亲社会行为是指个体在情绪被唤起的网络情境中做出的亲社会行为；紧急型网络亲社会行为是指在网络环境中发生紧急事件时个体做出的亲社会行为。采用5点评分量表从1（非常不像我）—5（非常像我）计分。研究表明，该量表具有良好的信效度，各项指标均达到测量学的要求，说明该问卷比较稳定可靠。在本研究中，该量表的内部一致性系数为0.919。

4. 自尊量表

采用罗森伯格编制的自尊量表（The self - esteem Scale，SES），该量表最初是用以评定青少年关于自我价值和自我接纳的总体感受，目前它是应用最广泛的测量总体自尊的工具。SES在国内修订中信效度达到要求，在已有研究中，重测信度达到0.853，表明该量表具有较好的信度，具有一定的稳定性和可靠性。该量表由10个题目构成，其中有5个反向计分题，被试者直接报告这些描述是否符合自己。采用四点计分，其中1 = 非常不符合，2 = 不符合，3 = 符合，4 = 非常符合。量表得分范围在1—40分，分值越高，表明自尊程度也越高。在本研究中，该量表的内部一致性系数为0.705，表明该量表有较好的信度。

5. 精神信仰量表

采用宋兴川所编制的《大学生精神信仰问卷》，该问卷有39个题目，构成三个方面，分别是：超自然信仰、实用信仰和社会信仰。采用六点计分，1 = 完全不同意，2 = 大部分不同意，3 = 部分不同意，4 = 部分同意，5 = 大部分同意，6 = 完全同意。量表得分越高，表明信仰程度越高。以往研究表明，该量表具有良好的重测信度（0.72）和分半信度（0.74）。在本研究中，该量表的内部一致性系数为0.79，表明该量表有较好的信度。

（三）数据处理

本研究所有数据和管理由SPSS 17.0完成，数据统计和分析主要由SPSS 17.0和LISREL 8.7进行。主要进行相关分析和结构方程模型分析。

三 结果

（一）各变量之间的相关分析

考察自尊、网络社会支持、道德认同、精神信仰和网络亲社会行为之间的相关关系，结果见表7-45，结果发现，各变量之间都存在显著的正相关。

表 7 - 45　　　　　　　　　各变量之间的相关关系

变量	1	2	3	4	5
1. 自尊	1				
2. 网络社会支持	0.183**	1			
3. 道德认同	0.289**	0.240**	1		
4. 精神信仰	0.143**	0.301**	0.373**	1	
5. 网络亲社会行为	0.210**	0.443**	0.369**	0.329**	1

（二）结构方程模型分析结果

采用结构方程模型考察道德认同在自尊、网络社会支持对精神信仰和网络亲社会行为中的中介作用（见图 7 - 8）。自尊和网络社会支持为自变量对精神信仰和网络亲社会行为的预测作用中，自尊对精神信仰的路径系数为 -0.25，对网络亲社会行为的路径系数为 0.62，网络社会支持对精神信仰的路径系数为 -0.27，对网络亲社会行为的路径系数为 0.57（见表 7 - 46）。

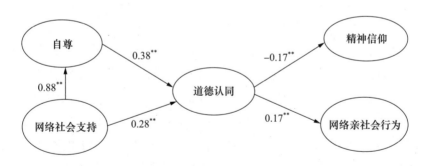

图 7 - 8　模型估算结果

根据假设模型，结构方程模型分析结果发现，$X^2 = 576.5$，RM-SEA = 0.089，CFI = 0.95，NFI = 0.95，NNFI = 0.92，RFI = 0.91，说明模型拟合很好。分析模型路径发现，各路径都显著。为了进一步了解中介变量作用的大小，我们计算出预测变量与因变量间各部分效应的大小及所占比例。从分析结果可以看出，中介效应值能非常有效地解释预测变量和因变量之间的关系。

表 7 – 46　　　　　　　模型中各部分效应的大小及比例

路径	中介效应值	总效应值	比例（%）
自尊—道德认同—精神信仰	$0.38 \times (-0.17) = -0.0646$	-0.25	25.84
自尊—道德认同—网络亲社会行为	$0.38 \times 0.17 = 0.0646$	0.62	10.25
网络社会支持—道德认同—精神信仰	$0.28 \times 0.17 = -0.0476$	-0.27	17.63
网络社会支持— 道德认同—网络亲社会行为	$0.28 \times 0.17 = 0.0476$	0.57	8.2
网络社会支持—自尊— 道德认同—精神信仰	$0.88 \times 0.38 \times$ $(-0.17) = -0.0568$	-0.27	21.04
网络社会支持—自尊— 道德认同—网络亲社会行为	$0.88 \times 0.38 \times 0.17 = 0.0568$	0.57	9.96

四　讨论

从结构方程模型分析结果可以发现，社会环境因素（网络社会支持）和个人心理因素（自尊）可以作用于道德认同进而影响精神信仰与网络亲社会行为。研究结果充分表明，道德自我认同的形成受网络社会支持与自尊的影响。

相关研究还发现，网络社会支持与自尊显著正相关，这说明，在网络环境中，个体所感受到社会支持水平越高，其自我价值感也越高，反映出自尊水平也越高。网络使用"富者越富模型"认为，社会化良好的个体不仅能从现实社会中获得较多的社会支持，也可以通过网络人际交往来获得更多的社会支持，由此获得线上线下的双重支持选择，进而提高他们的自尊和主观幸福感，降低和减少孤独感和消极情感。即使社会化不良的个体在现实社会中获得的社会支持较少，他们也倾向于在线上表达情感（如 QQ 人际交流、网络空间的自我表露），从而通过获得较高的网络社会支持，减少在现实社会中的孤独感和疏离感，缓解因缺少现实社会支持而产生的心理不适。因此，可以认定网络社会支持是个体提高自尊感的一个有效途径，也是提高道德认同的一个有效方式。

道德认同的形成有利于精神信仰与网络亲社会行为。自我离不开社会，从自我到社会，其实是人的社会化的过程，个体会将特定社会所肯定的社会规范逐渐内化，在这个过程中，人的道德品质也会越来越表现出"泛化的组织"的态度，越来越符合社会的要求。在社会化的过程中，个体将道德特质、道德价值感和道德观念处于自我中心地位，即意味着道德认同水平较高。道德认同也反映出个体自己信仰的观念，是一种个体内部和外部整合适应的过程，当个体对自己的道德价值和期待进行自我确定，就会表现出相应道德行为，并认为自己的行为是正确的，高道德认同的个体在信念上是坚定不可动摇的。

道德认同能激发道德行为，在网络环境下，个体道德认同形成有利于激发网络亲社会行为。以往研究发现，在现实环境中，道德认知、情感和意向与亲社会行为之间有着紧密的关系。道德认知发展水平越高，道德情感和意向越积极，个体就更容易表现出亲社会行为。[①]而网络环境更有利于亲社会行为的发生[②]，本研究也发现大学生在网络上可以做出帮助他人的事情。随着互联网在人们生活中的重要性增强，网络环境中的亲社会行为将成为大学生道德发展水平和道德品质的重要表现。

五　小结

（1）自尊、网络社会支持、道德认同、精神信仰和网络亲社会行为之间存在显著正相关。

（2）通过结构方程模型分析，自尊、网络社会支持影响道德认同进而影响精神信仰与网络亲社会行为。

---

① 寇彧、徐华女：《移情对亲社会行为决策的两种功能》，《心理学探新》2005年第3期。

② 彭庆红、樊富珉：《大学生网络利他行为及其对高校德育的启示》，《思想理论教育导刊》2005年第12期。

第八章 大学生道德认同培育路径

一般来说，满 13—20 周岁的人被称为青少年。据统计，在我们中国，青少年这个群体已占到总人口的约五分之一。青少年时期是儿童向成人的过渡阶段，是人的自然属性和社会属性在发展中逐渐成熟的阶段，更是每个人人生发展和道德品质形成的关键时期，在这一阶段，他们的身体发育迅速，体力精力非常旺盛，各项身体机能都趋于成熟，要经历生理、认知以及社会角色等方面的重要变化。除此之外，也是他们个性、智力、情感发展的高峰期，个体需要面对和经历许多新的观念、态度和行为，必须重新整合过去的经验，认识到自己发展的连续性。因此，该阶段也被称为"自我的第二次诞生"或"自我的发现"期。埃里克森在人生八阶段的自我精神分析理论中，将青少年视为同一性对同一性扩散，认为建立自我同一性是青少年中心发展任务。人作为一种二重的存在物，总是接受他人、社会及环境的影响，将个人利益和社会公共利益二重需要集于一身。而道德是一种特殊的社会规定性，植根在人和自然不可分割的联系之中，是一种特殊的社会价值形态。①

在自我的发展过程中，道德自我占据着重要位置。布拉西认为，决定道德人格的关键因素不是道德发展阶段，而是个体的道德观、道德标准和道德信念与自我意识的融合程度，而理性本身无法引发个体的道德责任感和道德行为。西方心理学者戴蒙把道德自我认同看作是对"我想成为某种好人"的觉知，道德自我认同是一个人社会自我图式的一部分。人们所拥有的道德自我认同构成了他们的道德自我图

---

① 万增奎：《道德同一性的心理发展与建构》，博士学位论文，南京师范大学，2008年。

式，在发展机制上可以建构个体的道德自我，它是激发道德行为的重要调节机制。莱斯特认为将"道德人的自我意识"（即道德自我）看作是一种原始的道德驱动力，认为自我道德评价意识低的个体，更倾向于一种"道德良心麻痹症"。美国著名道德心理学家哈特认为，同一性是一种建构，像人格变量一样，反映了不同人的差异，把同一性加入道德的一种目的是要研究为什么有人比其他人更一贯地坚守道德。

道德自我认同有两个维度：一是内隐维度，表现为道德特质在自我感中重要性的评价，即自我对道德特质的内在认同，反映了一系列的道德特质是否处在自我感的核心，与自我价值感的"内在自我"相对应；二是外显维度，表现为个人希望在社会人际互动中表现自我拥有道德特质的程度，主要是看个体希望这些特质是否在外显的行为方式中表现出来，与公共的"外在自我"相对应。研究中普遍发现，道德的内隐维度与外显维度对道德行为都有预测作用，而内隐维度对道德行为的影响比外显维度更明显。

调查研究结果显示，决定道德认同发展的有多重因素。首先是来自个体的个人成长经历，青少年需要经历各种道德的生活事件才能建构和发展自己的道德认同；其次是影响道德境遇与成长的社会客体，主要是一个人生成道德价值的媒介，如父母的教育方式、同伴榜样、学校、社会风俗习惯、电视网络等，这些方面对青少年与儿童的道德认同都有重要意义；最后是个体的自我调节与反思能力，包括在各种道德叙事中道德判断技能的发展。总之，道德认同的发展涉及个人各方面的道德叙事信息，如对道德领域知识的理解、个人所拥有的道德价值、对道德情境的判断。①

基于此，我们在本研究基础上分别从内环境、外环境两个层面出发来探讨道德认同的培育路径。在个体内环境影响因素方面，包括道德认知发展、移情和同情人格、道德判断和道德价值观，以及更广泛意义上的自我同一性发展都会影响道德认同的发展。而在外环境影响

① 万增奎：《道德同一性的心理发展与建构》，博士学位论文，南京师范大学，2008年。

因素水平上，主要是指个体外部的社会机构方面，包括邻里、学校、家庭和一些社区机构，这些机构场所为青少年提供了个人价值和社会价值相互影响的机会。此外，一个人的家庭、文化和在社会结构中的位置构成了个体的道德生活风格，家庭、文化和社会身份为个体提供了不同的道德情境。

第一节　形成良好的道德自尊感

个体道德的萌芽起初是与主体自我认知水平的发育相适应的。儿童最初获得的关于是非、好坏和善恶的观念，是在同别人的交往中，从掌握具体的道德行为开始的。在这种日常生活中，儿童逐步地将一定的行为同表扬、赞许、认可或惩罚、斥责联系了起来，懂得了行为的好坏、是非，产生了初步的道德观念。个体道德的形成更多地依赖于个体的道德意识定位。个体在有了对道德初步认识和实践之后，就会形成自己的或深或浅的道德决定。这一时期的个体也就有了最早的道德定式。道德追求的实现离不开个体内在的自觉性，社会若提供适宜的条件将更有利于个体的道德觉醒。

随着年龄的增长，儿童开始走出家庭，步入学校、参与社会活动，最初他们接触的主要是家庭成员，其后则是同伴好友、老师以及社会上许多方面的人，广泛的交往以及接受思想品德教育使儿童的道德观念得到了进一步的丰富和发展。道德自我的发展有认知和动机的前提。道德内疚、羞愧感、道德宽恕感的出现则标志道德自我的出现。个体道德理解的发展依赖于个体关于社会的复杂性知识结构，特别是对道德规定性知识的掌握。

在道德发展阶段中，自我开始认识到他对别人的行为结果会引起别人的评价。儿童也渐渐意识到这个评价过程的意义，也因此自我渐渐建立了一套自我评估系统。这个评估系统包括激发道德行为的道德理想，如果一个人的道德行为和他的道德理想不一致，他就会产生羞耻感；如果一个人实现了这个道德理想，他就会产生满足感和自豪感。根据库利的"镜我观"，个体如果违反日常社会规范，就会受到他者的惩罚，而且还会引起内心道德感的失调。因此，道德感是和个人想要维持建立自我形象紧密联系的。

培育良好的道德感离不开自我形象的建立，自我形象与自尊息息相关。自尊是个体对自我能力和自我价值的评价性情感体验，美国已故宗教领袖戈登·兴格莱认为，"自尊是所有人培养道德的开始"。自尊是人的一种自我定位，一个人有来自内心的自尊，便会依循基本的做人原则，有所为，有所不为。高自尊的形成与父母教养方式、同伴关系、师生关系、社会环境等因素有关。对于大学生而言，从情感、态度和行为上培养其自尊感，不仅是高校教育工作者的主要责任，也是每个大学生的必修课。要唤醒自我主体意识，应注重以下几个方面的培养：

一　树立科学的理想信念与人生目标

习近平总书记多次强调理想信念问题。2014年1月20日，在党的群众路线教育实践活动第一批总结暨第二批部署会议上，习近平指出，理想信念是共产党人的精神之"钙"，必须加强思想政治建设，解决好世界观、人生观、价值观这个"总开关"问题。2015年6月12日，在纪念陈云同志诞辰110周年座谈会上，习近平指出，对马克思主义、共产主义的信仰，对社会主义的信念，是共产党人精神上的"钙"。

个人理想是指处于一定历史条件和社会关系中的个体对于自己未来的物质生活、精神生活所产生的种种向往和追求，它包括个人具体的社会政治理想、道德理想、职业理想和生活理想等。信念是意志行为的基础，是个体动机目标与其整体长远目标相互的统一，没有信念人们就不会有意志，更不会有积极主动性的行为。信念是一种心理动能，其行为上的作用在于通过士气激发人们潜在的精力、体力、智力和其他各种能力，以实现与基本需求及欲望和信仰相应的行为志向。著名的教育学家苏霍姆林斯基曾说过："人类的精神与动物的本能区别在于，我们在繁衍后代的同时，在下一代身上留下自己的美、理想和对于崇高而美好的事物的信念。"大学生对于自己未来生活的追求和向往，需要以社会理想为指导，形成自己在生活、职业和道德等方面的理想信念，自觉将个人的理想融入社会共同理想中，遵循社会发展的客观规律，形成正确的选择。在实现的过程中，积极发挥主观能动性，正确处理逆境和顺境的关系，形成自尊自强的信念，朝着自己的人生目标，努力在实践中将理想化为现实。

高校教育工作者要多关注大学生的日常生活，根据他们不同的认知特征、专业方向、家庭环境，有针对性地帮助大学生确立适当的抱负水平，引导大学生树立正确的理想信念。学校和教师要支持和鼓励大学生参与社会实践活动，扩展学生的交往范围，让学生在活动中体验和感悟，学生在实践中清楚地认识到自身的不足和优势，更加地了解自我，提高大学生的自我意识，促使他们在人生道路上做出正确的决定。教育者要根据大学生的思想实际，引导他们认识到个人的理想信念建立在社会共同理想的基础上，使他们自觉融入社会共同理想信念中，将大学生的理想信念和个人及社会的发展有机结合起来。

二　把握正确的自尊激励

人类都具有保持高水平自尊的动机，并且这种动机潜藏于人类的大量行为之中。"自尊的社会计量器理论"从进化心理学和人际互动的角度对自尊的本质与功能进行了阐述，并揭示了人类保持高自尊动机的原因。这一理论的开拓者是社会心理学教授马克·里亚利（Mark Leary），他认为，一个人对自我价值的肯定，也就是自尊，与别人和社会对他的接受或拒绝、重视或蔑视、尊重或轻侮有着密切关系。与自尊的进化心理学说相一致，社会计量器理论也认为，自尊本身不是行为的目标或动机，而是给心理系统提供信息，为目标或动机服务的指示器。即在社会认知心理系统中，自尊是个体与他人相比而言，个体是如何评价自己的，这些评价机制在道德心理系统中具有广泛的适应功能和引导功能。因此，在一个社会里，大多数人是否有自尊，便成为衡量普遍社会关系好坏、优劣的一个尺度。缺乏自尊的现象越普遍，就越说明社会关系和制度中存在相当严重的轻侮、蔑视和排斥的现象。人在调节对自己的看法、道德要求、行为标准、人品期待等问题的时候，很大程度都取决于同伴关系、群体价值、制度环境。许多研究都证实了，人们对高自尊的渴望，实际上就是对社交接纳的渴望，而这又会与个人幸福感息息相关。所以，政治和社会权利有保障、在人际交往中相互尊重、用说理而非强制的方式解决分歧和争端、对学校公共活动有所积极参与，这些都对大学生有培养自尊的促进作用。由于自尊，他们的公共行为会展现出自重、自爱的特征。

高校教育工作者要理解、尊重、培养大学生的自尊，多以激励的方式促进他们自尊水平的提高。教育者要树立尊重大学生的教育理念，平等地对待学生，学会宽容、接纳学生，欣赏、关爱学生，营造民主和谐的教育氛围。教育工作者要尽可能多地创造机会，增加大学生的成功体验，激励他们的自尊发展，也要引导大学生形成正确的归因方式，使其具有健康的心理状态，正确面对挫折、战胜挫折，维护其自尊。

三 培养个人诚实态度与行为，建造起羞耻心和过失心的心理防线

当个人的行为与自己决定的价值观一致时，就具备了个人诚实。当我们的行为方式与自己的准则发生冲突时，我们心中就会有蒙羞的感觉，就不再有自尊感了。羞耻心、过失感就如人格尊严的守护神，它对人的思想行为起着自我控制、自我监督、自我调节的作用，一旦发现自己违背社会有关准则、规范，或者自己尚未尽到应尽的社会责任和义务，人就会感到羞耻、内疚、惭愧和悔恨，这是人之所以能够自觉地进行自我批评的心理基础。以往研究发现自我批评对心理健康有间接的效应，这提示个体要对自己、他人以及生活中的事物有客观合理的认识，正确认识自己，悦纳自己，接受自己，促进身心健康的发展。大学生要树立正确的道德价值观念，学习道德行为规范，提高对道德的认识水平，培养个人的品格，提高个人的修养。在认识和理解道德的基础上，坚定道德意志，学会自我约束和自我控制，将道德规范内化，通过自我调节，形成良好的道德行为习惯。

道德自尊是对自身在道德发展水平一种具体的积极认知评价，反映了个人对自己的人品、道德价值的感知，是一种积极的自我倾向。积极的社交评价和接纳可以促进个体自尊水平的提高，从而产生积极的情绪体验，避免反社会行为，促进亲社会行为。[①] 大学生可以积极

---

① Anthony, D. B., Holmes, J. G. and Wood, J. V., "Social Acceptance and Self – Esteem: Tuning The Sociometer to Interpersonal Value", *Journal of Personality and Social Psychology*, Vol. 92, No. 6, 2007, pp. 1024 – 1039.

参与社会公益活动、遵守社会规范、帮助他人、树立自我实现的理想并有所行动，通过实践活动提高自我的道德自尊水平，形成正确的道德自我价值评价。大学生需要有勇气来面对自己，经常进行自我发省，以坚强的自信心和完全的自制力来克服自己的缺点，接受并悦纳自己的优点，提高自我幸福感，以此提升自尊。

第二节　提供有效的社会支持系统

道德认同是社会与个体的道德交流与深层次的精神渗透，道德认同的实现取决于道德主体、道德客体与道德环境的有机互动，其中起着关键作用的是道德主体的图式，它是一种过滤器，选择和控制外界的信息输入。道德认同的实现还取决于道德客体即社会道德的性质，个体对社会道德认同的过程是一个有选择的过程，当社会道德符合人性的要求，并与个体的主观利益相一致，个体会内化社会道德的标准。道德认同也离不开道德情境，个体在不同情境下会有不同的道德评价，社会情境是规范行为的外部条件，人总会选择自认为最有意义、最有价值或者最为合理、正当、应该的行为。当个体在进行决策时，会采用社会比较的方式，并求助于社会支持群体，为自己选择最有利的行为。因此，为个体提供有效的社会支持系统对道德认同的形成具有重要作用。

社会支持是指一定社会网络运用一定的物质和精神手段对社会弱势群体进行无偿帮助的行为的总和，也是人与人之间的亲密关系，当面临困难或者威胁时，这种联系可以为个体提供精神上或物质上的帮助。大学生在面临压力情境时，朋友的理解、忠诚和抚慰无疑是"雪中送炭"，这可以使他们体验到友伴对自我的接纳，也有利于他们产生应对情绪困扰时的成就感，从而增强自信心，提升自尊。

由于网络的迅速发展，网络不仅是人们获得信息的工具，也是获得友情归属感和情感支持的重要场所，是人们获得社会支持的重要途径，人们越来越多地在网络上寻找专业人士、医疗机构组织或者他人（如家庭、朋友和同学）的支持。他们会在网络上寻求处境相同的人，并从他们那里获得帮助。由此形成了社会支持网络，即通过人与人之间的接触，个人得以维持社会身份并且获得情绪支持、物质援助和服务、信息与新的社会接触。因此，当个体面临着压力问题、情绪问题、道德两难问题等问题时，在解答过程中为了避免他人的指责，人们更倾向于求助匿名型的网络群体。

网络社会支持是个体从自己的网络社会支持系统中获得客观的、实际的或可见的支持，主观的、体验到的或情绪上的支持以及个体充分利用这些支持以促进自身发展、保持个体身心健康的一种社会行为。为大学生提供有效的网络社会支持系统，其中网络社交群体主要包括家人、教师、同伴等，大学生在情感、信息交流、物质交换的过程中被理解、尊重，并获得认同感和归属感，获得情感支持、友伴支持、信息支持和工具性支持。

社会认知理论为理解人类行为、社会交往和心理健康提供了一个广泛的理论框架。该理论认为，自我效能评估和结果预期是影响人的行为的两大认知机制。在网络社会支持中，自我效能反映了个体对在网络上寻求社会支持的信心。个体对此信心越高，就会更积极主动地去寻求社会支持；反之，个体则会减少从网络上寻求社会支持。结果预期在网络社会支持中分为积极的结果预期和消极的结果预期。积极的结果预期会提高个体的自我满足感、自尊以及提高对自我价值的认识，而消极的结果预期则会使个体产生自我失落感和自我贬低。所以，在网络社会支持中，高的自我效能和积极的结果预期会增强个体在网络上获取社会支持的信心和期望，使个体寻求网络社会支持的目的得以实现，促进个体更积极主动地在网络上寻求社会支持，加强个体与网络的联系。作为大学生本体、教育工作者和监管部门，应注意到如下几个方面的培养：

一　文化支持

文化作为一种隐性力量会潜移默化地塑造个人的价值取向，规定个人的认知方式，影响个人的情感认同，为个人提供行为方式，并决定着人们之间的交往和沟通。文化的核心是价值观，价值观通常是在情感认同的基础上形成的，涉及人的情感价值观通常表现为一个社会的道德观念。文化具有社会控制的功能，文化将社会主流的价值观念和行为标准内化为社会成员的个体道德素质，使其能运用各种社会规范来指导和约束自己的行为，从而使自己成为合格的社会成员。

社会建构论认为，人的内在心灵是一个流动的舞台，心理是社会的建构，道德自我是被社会建构的。某些领域的知识是我们的社会实践和社会制度的产物。道德认同是在文化、社会机构和人际关系中建构而成的，要在文化与个人冲突的日常情境中进行道德建构，强调道德通过社会认同的建构而获得。道德认同的建构要研究社会文化活动的影响。道德教育要尽可能紧密地与生存环境结合起来。人们所处的文化环境在其道德自我感的形成中起着十分重要的作用。在一定的文化体系中，青少年道德感的内容是青少年早期通过对周围环境的学习、加工得到的，包括存在于一定文化生活史中的语言、逻辑、法规和习俗，一个人的道德同一性是作为个人文化自我认同的一部分，社会化和文化习俗对道德自我认同有一种潜在的影响。

在互联网迅速发展的今天，个体的道德焦虑感和道德双重人格往往蕴含着道德价值的矛盾冲突，这就要求建立有利于社会和个体的道德规范体系，并通过利益引导强化个体的道德认同。结合网络资源，加强网络文化支持建设，例如，利用网络、电视等媒体，宣传诚信、助人为乐、无私奉献等典型事迹，弘扬中国优秀民族文化，讲中国故事，宣传社会主义道德价值观，唤醒人们的道德责任感，将社会道德目标、价值观、道德规范转换为自身稳定的道德人格特质和道德行为反应模式。

道德文化支持还需要帮助大学生建立"价值轴心"，树立以首位价值观念影响大学生多元价值观念的选择和认定，社会主流文化应该为大学生提供一套清晰、稳固而又一致的行为体系、期待和社会标准，共同来整合形成大学生的道德统一性。因此，借鉴于十八大报告中提出培育和践行社会主义核心价值观，其中"爱国、敬业、诚信、友善"规范了公民的道德行为标准，也为大学生提供了一个成为有责任市民的道德要求，从而将大学生导向基本的道德价值观。

二　社会组织机构支持

社会组织是基于成员共同的兴趣和利益而结成的团体，具有组织性、自治性、民间性、志愿、公益性等特点，这些特性决定了社会组织可以培养成员合作和团结的习惯，造就更具社会信任感、更大行为能力和更多社会参与的公众。建立大学生道德教育的社会组织支持系统，可以帮助大学生将个人价值带入社会价值之中。尤尼斯（1966）认为，服务社会的活动可以为之提供社会互动的机会，从而导致其使命感、社会意识和道德—政治意识变化。参与社会组织结构的大学生会对社会发展变革有深刻的影响，更愿意去思考社会中政治和道德问题，更愿意思考如何影响社会变革，他们对民主与政治生活有更深刻的认识。

在社会组织活动中，青少年会把抽象的观念变成道德行为，同时，适当的交流会使青少年内心产生一致感。社会参与可以为青少年的道德认同发展提供动力支持。社会不只是个体自我认同形成的背景，还是自我认同形成的动力。青少年的社区参与可以提高处理社区问题和增加个人的交往能力，同时也可能增进对社会变革发展的认识。在国外，有人甚至认为，"社会服务学习"是青少年最有生命力的影响源。"社会服务学习"把社区服务看作是青少年道德疾病的良药，通过社区活动让青少年成为市民，可以更好地建构青少年的道德认同发展。"社会服务学习"更好地把青少年的个人价值带入了社会价值之中；可以提升人的道德敏感性，其主要功能在于促进青少年的个人主动性及社区互动，其中引发作用的因素包括提供有意义的工作、强调助人精神、群体生活、互相反省的机会、榜样人物的以身作则和责任感的灌输；可以增进青少年对社会的理解与关心、青少年的社会责任感及对道德的敏感性。社会组织机构为他们提供了关爱环境，通过实践，使个人价值和社会价值有相互影响的机会。青少年服务社会的活动可以为其提供社会互动的机会，从而引导其内心的使命感和道德意识的变化。参加了高质量的社会服务学习活动的学生对社会组织，如社区的发展更敏感，更愿意去改善现状，在以后的生活中更愿意去服务。

社会组织具有规范和约束社会行为的功能。社会组织内部具有规范、章程、约定，不仅可以规范和引导成员的行为，也可以规范和引导一定社会群体的行为。并且，社会组织具有促进社会互动的功能，社会组织自身具有一定的公益作用，主要是以尊老爱幼，帮扶济困为主旨，通过社会工作、志愿服务等方式，促进全社会形成互助互爱、友爱融洽的道德氛围。采用社会组织的活动帮助大学生学会如何和他人在一个集体中融洽相处，对待他人更友善、信任他人，并被他人信任，为他人提供帮助等，通过这些方式，促进大学生的社会责任感，增强道德意识。

三　学校支持

学校不仅是学生学习知识的圣地，也是道德社会化的重要场所。在学校培养青少年道德认同，会涉及这样几个问题：内容（教什么?）、环境（班级氛围）和运输（怎么教?）。

阿奎诺提出利于道德认同形成的课堂内容，他对道德认同的测量是要求被试评估一组道德特质（有同情心的、怜悯、慷慨的、公平的、友好的、助人的、勤奋的、诚实和仁慈）对他们而言的重要程度，这意味着道德认同形成的重要方面，以及道德教育的主要内容。通过举例，明确告诉学生拥有这些特质的人在实际生活中的行为表现，这是一种重要的方法。在课堂上师生共同探究美德的意义，特别是中国文化中所提倡的仁、义、礼、智、信，抑或是社会主义核心价值观在个人层面上所提倡的爱国、诚信、友善、敬业，都有利于学生道德身份认同形成。以电影、小说、戏剧中的典型人物的道德品质为例，师生共同探讨道德典型的行为表现。作为教师应充分挖掘道德典型的道德品质，为学生对道德品质的认同以及道德身份的建立提供引导作用。

关于班级氛围方面，教师应在课堂上为学生营造一个温暖的、备受关怀的氛围，有助于学生加强对老师的信任，有利于学生能不受约束、自由地对老师或同伴讲述自己关于道德行为的观点，提高学生道德认同形成。这种信任的、备受关怀的氛围能让学生认同教师和同学，认为自己是群体中的一员，能与他们分享目标和价值观。这是学生对老师和群体产生依恋的一个过程，也是道德认同形成至关重要的要素。与此同时，无论在班级，或是学校，教师需要向学生强调道德身份的建立是基于个体的道德目标、价值观与承诺的行为，学生需要在学校中表现出个人所形成的道德身份行为。教师不仅要显性教育学生这些道德目标、价值观和承诺，并且还要根据这些内容在课堂建立一种期望。此外，学生群体能营造出一种"道德氛围"，允许同伴群体具备道德权威的功能，以此来规范成员的行为。① 这个群体同样可以建立一种深层次的相互关系，特别是在青春期关键期。

关于怎么教？首先是教师的言传身教。在纽约布朗克斯的一个社区学校，学生自我报告教师就是他们道德认同的榜样。② 榜样是传统教育的组成部分，也是道德教育的重要手段，大学生会接纳榜样的价值观，内化他们的道德信念与态度，模仿他们的行为，榜样就变成道德认同的一部分。其次，可以通过服务学习项目的方式来帮助学生道德认同形成。通过教育者对项目类型的使用，帮助学生道德认同发展。社区服务项目需要教育者表现出仁慈的行动，以此来引导学生的道德行为，尽管教育者允许学生自由选择他们自己的服务活动。根据施伦克尔（Schlenker）等的观点，教育者需要有意地影响学生的态度并引导他们善意的行为。此后，教育者可以让学生针对他们的社区服务活动进行反思，特别是与自我意识有关的内容。通过这种方式，学生参与社区服务行为能够影响到他们的认知，将自我视为更正直的和更有道德原则的。

四　家庭支持

家庭教育是个体接受的最早最宝贵的教育，它在人的道德品质形成中发挥着特殊、决定性的作用，这种作用方式是其他任何教育所无法比拟和取代的。子女对父母有着强烈的依赖感和信任感，易于接受父母的教育与指导。由此可见，家庭教育的功能比社会、学校都大得多。个人的伦理道德观念以及行为习惯，最初都来自家庭的熏陶。

著名的道德教育学家马卡连柯认为，家庭环境对个人道德品质具有重要的影响，并提出需着重建立家风的问题。他认为，教育的过程是一个不断变化的过程，他的各个细节由家庭的风气来解决，而家风

---

① Snarey, J. and Samuelson, P., "Moral Education in the Cognitive Developmental Tradition: Lawrence Kohlberg's Revolutionary Ideas", In L. P. Nucci and D. Narvaez eds., *Handbook of Moral and Character Education*, New York, NY: Routledge, 2008, pp. 53 – 79.

② Kohlberg, L. and Diessner, R., "A Cognitive – Developmental Approach to Moral Attachment", In J. Gewirtz and W. M. Kurtines eds., *Intersections with Attachment*. Hillsdale, NJ: Erlbaum, 1991, pp. 229 – 246.

不是想出来的，又不是人工来维持，而是通过父母自身的行为塑造的。父母通过自身行为所营造的良好的道德氛围，为孩子提供良好的道德环境，能帮助孩子形成良好的道德品质与行为。

家庭中的父母教养方式和实践深刻影响着青少年道德认同的形成与发展，并影响价值观的内化。民主型的家庭易于给青少年提供自我认同发展的机会。在支配型的家庭中，父母对子女的支配性，会使子女变得消极、缺乏主动性；干涉性态度会导致子女的幼稚、神经质和被动；娇宠性态度会导致子女的任性和温和；否定性态度会导致子女反抗、暴乱、冷淡和自高自大；放任的态度会导致子女的攻击、不安定情绪和冷酷；专制性态度会导致子女反抗、不安定情绪；依赖和服从民主性态度会导致子女的合作、独立和直爽。由于这些结果大多与道德有关，因而父母的教育方式是影响青少年道德认同发展的一个重要因素。同样，日本心理学家的研究也表明，父母如果采取保护、非干涉性、合理的、民主的和宽大的态度，青少年就会富有积极性，态度友好；反之，如果父母采取拒绝的、干涉的、溺爱的、支配的、独裁的和压迫的态度，青少年将变得适应能力差，依赖性强和富有反抗性等。

在家庭中培养青少年的道德认同，父母需要做到：（1）建立一个安全和信任的家庭氛围；（2）建构和教导亲社会价值观；（3）有明确预期的目标来监控孩子行为；（4）提供能体现道德价值的道德活动机会。研究者对父母提出建议：（1）可以通过亲子活动方式来传递价值观；（2）积极参与亲社会活动（志愿活动）；（3）对孩子的亲社会行为或反社会行为要做出回应，促进孩子的认同达成[1]和亲社会价值观的获得。[2]

在中国家庭中传递价值观的重要载体就是家风，而中国人的家风之根在德行。在中国宗祠大门上经常可以看到"德泽源流远，家风世

---

[1] Sartor, C. E. and Youniss, J., "The relationship between positive parental involvement and identity achievement during adolescence", *Adolescence*, Vol. 37, No. 146, 2002, pp. 221–234.

[2] Hardy, S. A., Carlo, G. and Roesch, S. C., "Links between Adolescents' Expected Parental Reactions and Prosocial Behavioral Tendencies: The Mediating Role of Prosocial Values", *Journal of Youth and Adolescence*, Vol. 39, No. 1, 2010, pp. 84–95.

泽长"之类的对联，表达出中国人慎终追远的观念。我国自古家风书记颇多，有北齐颜之推《颜氏家训》、宋代朱熹《家训》，等等，家风是政风之源、世风之基。《孟子》曰："天下之本在国，国之本在家"；《大学》所言，"一家仁、一国兴仁；一家德，一国兴德"；司马光《温公家范》亦重德："贤者居世，以德自显。"古时中国人聚族而居，重视家风世泽，以团结形成良好的家族风气，并强调传承，长辈对晚辈进行德行的教化，晚辈学习祖辈的高贤大德，保持德行不坠，并严格自律。

对于现代中国家风而言，家风就是一种家庭规范，是家庭内部的文化。中国人重视家庭，不同的家庭氛围会塑造出不同的性格与处世之道。习近平指出："家庭是社会的基本细胞，是人生的第一所学校。不论时代发生多大变化，不论生活格局发生多大变化，我们都要重视家庭建设，注重家庭、注重家教、注重家风。"2001年10月15日，习近平在写给父亲的祝寿信中说："自我呱呱落地以来，已随父母相伴四十八年，对父母的认知也和对父母的感情一样，久而弥深，从父亲这里继承和吸取的高尚品质很多。父亲的节俭几近苛刻。家教的严格，也是众所周知的。我们从小就是在父亲的这种教育下，养成勤俭持家习惯的。这是一个堪称楷模的老布尔什维克和共产党人的家风。这样的好家风应世代相传。"这些家规严、家风正的佳话，彰显了共产党人的风骨。

家是中国社会中最小却是最为重要的单元，家风的纯正与否会直接影响整个社会的风气。同时，与时俱进的家风能起到更好的教化作用。家庭成员特别是父母需要从小处入手，从日常生活入手，传承有道德示范的家风，培养孩子优秀的道德品质，在实际的生活中践行道德行为，促进道德品质的内化。

五　同辈支持

同辈群体，又称同伴群体，是由年龄、兴趣、爱好、态度、价值观、社会地位等方面较为接近的个体组成并进行直接或间接互动的非正式群体。作为大学生时期道德社会化的主要环境因素之一，同辈群体以其独特的性质对大学生的道德观念和道德行为发挥着重要的功能。作为伴随大学生成长的普遍的人际环境，同辈群体具有其他道德行为执行者难以替代的独特话语权。同辈群体作为一个社会类别，是建立在对群体内相似和群体间差异的意识之上的。任何一个同辈群体都有其自己的道德规范，要求其群体成员遵守，谁违反了规范，都会受到群体内"大多数原则"的压力。然而，更为重要的是，大学生自己急切地要获取与同辈群体的一致，行为的动力来源于正在从事遵从行为的个体本身，因为人有同他人相类似的需要。这种群体内的同化作用不但使大学生同辈群体成员彼此更加相似，而且对个体如何获得同辈亚文化的道德态度与行为做出了一定的解释。①

　　个体只有置于关系中才能够被说明与理解，生存于社会环境中的个体无时无刻不受到群体的影响。身处同辈群体之中的大学生，经常在有意无意间，在大多数成员的作用下，采取了与群体相一致的行为，即从众行为，所以，大学生同辈群体就成为将社会道德内化为个体道德的重要载体，成为大学生道德行为的重要执行者之一。大学生道德上的从众是由其心理机制与外部赏罚机制所决定的，具体来说，从众源于同辈群体中大多数成员的一致所给予的压力，以及大学生自身的归属需要。大学生追求独立而又有所依赖，社交欲望强烈而害怕独立，渴望得到他人的积极性评价，这些心理特点决定了他们对所属的群体具有较强的归属需要，尤其是为他们看重的对其意义非凡的同辈群体，更是他们强烈要求归属的对象。于是，为了将自己融入同辈群体中，根据群体来有意识地、理性地调整自身的道德取向和行为，尽量同群体保持一致，就成为大学生的必然选择。

　　然而，大学生在同辈群体中的道德从众行为并不都是自愿的选择。一个凝聚力强大的群体，其成员会自觉严格地遵守群体规范，时刻维护着群体的一致。倘若有成员违反了群体规范或表现出与大多数相悖的言行，必将对其进行劝服，用一致性压力迫使他遵从，倘若该成员依旧一意孤行，则群体就用疏离、孤立、排斥和拒绝对其进行惩罚。为了免予偏离群体或被群体拒之门外，很多大学生在道德选择时都会以多数人为参照而选择从众。大学生在同辈群体中的道德从众不

---

① 刘春雪：《同辈群体对青少年道德社会化影响的心理机制研究》，《湖北社会科学》2008 年第 9 期。

但内化了群体的亚文化规范，而且还会加强大学生对主流社会文化价值的认同，增强社会道德在协调大学生行为和维系社会秩序方面的功能。

对于同辈群体道德教育的引导，需要帮助建立健康的同辈群体亚文化。亚文化对群体成员的道德行为具有规范作用，因此一定要善于引导同辈群体的亚文化向健康有益的方向发展。这需要多方协助才能完成：梳理大学生主流文化观念，了解大学生的心理发展特点、群体的形成规律、大学生群体的价值取向，调整主流文化的传播方式，创造健康的文化传播内容，营造健康的同辈群体文化；用网络法制体系与网络信息控制技术对网络行为进行监督，用丰富多彩的优秀文化充溢网络空间，为大学生营造一个洁净的健康的网络环境；建立内部道德理念和谐一致的、积极向上的校园文化，加强校园社团文化建设，为青少年提供道德角色的交流和道德行为的参与机会；融洽社区的人际关系，使之温暖、友爱、互助，加强对社区道德行为的舆论评价，形成对社区道德行为的外部约束力，净化社区道德风气；深化改革，加快实现社会民主与公正，为青少年道德社会化创造有利的宏观社会背景……道德环境影响的合力并不容易形成，需要多方相互联系、相互适应，共同进行长时期的努力。

第三节　加强自我认同的辅导

自我认同涉及的是个体如何对待自我以及自我与"他人"的关系问题，其内核是自我人格的同一性，这种人格同一性反映了个体的自我完善和道德精神境界。自我人格同一性的本质是自我真实性，其要旨在于，使个体"成为一个人并尊敬他人为人"。自我认同中的自我反思及其持续展开，使个体成为一个具有道德反思能力的主体。自我真实性与道德反思能力，是个人品德的重要构成因子。吉登斯指出："拥有合理稳定的自我认同感的个人，会感受到能反思性地掌握的其个人经历的连续性，并且能在某种意义上与他人沟通。通过确立早期的信任关系，这种个体也能建立保护带，以在日常生活的实际行动中

'过滤'掉许多普遍威胁到自我完整性的威胁。最后，个体能够把完整性作为有价值的事物接受下来。在反思控制的范围内，这种个体有充分的自我关注去维持'活生生的'自我感，而不是像客体世界中的事物那样具有惰性的性质。"

康德认为，道德行动是自由的，应置于个人心中的道德律之内，道德行为根源于行为者的道德法。道德律与自我同一性的形成具有一定的关系。埃里克森认为，青春期是自我认同形成的关键时期，其形成是双方面的，一方面个体有选择地遗弃和相互同化，另一方面社会（通常是亚社会）对青年个体也有一个认识过程。在自我追求的过程中，他们会感觉到困惑和迷失，努力地在寻求"我是谁？"的最佳答案，他们开始探寻一系列充满哲理的人生问题，例如人为什么活着？别人怎样看待我？因此，成功地解决个人成长和发展问题对道德自我意识帮助很大，德育工作需针对这些情况，进行相应的自我认同辅导，从而提高道德自我认同感。

高校和教育工作者要注重培养大学生的自我意识，尊重个体价值，深化大学生的主体性教育，帮助他们树立正确的价值观念，组织丰富多彩的实践活动，锻炼大学生的人际交往能力，提升大学生的专业技能，促进大学生的自我认识和自我认同。教育工作者可以鼓励学生利用自我评价的方式来了解自我。利用自画像等方法让学生对自我形象、心理特征、人际关系、学习生活等情况进行阐述与深入分析，从而建立正确的自我概念，增强个人的自我认同。采用他评的方式了解他人对自我的评价，进一步实现自我认同的统合。他人对自我的评价如同一面"镜子"，能帮助个体从"外面"加以认识，使个体从客观的角度上了解自我。

教师还可以采用心理剧、角色扮演等方式，帮助大学生设定"理想我"。理想我的形成对自我实现有着重要的意义，马斯洛在《人类激励理论》一书中提到个人有自我实现的需求，这是一种最高等级的需求，满足这种需求就要充分地发挥自己的潜在能力，成为所期望的人物，这就是理想我的实现。而理想我与现实我存在差距，教师需要帮助大学生了解这种差距，分析现实我和理想我之间的矛盾，并寻找现实我通往理想我的途径。

除此之外，随着互联网技术的发展以及其在中国的迅速普及，网络越来越深入和渗透到青少年的学习和生活，并对他们的行为、观念产生巨大的冲击。大学生本身正处于心理年龄不成熟的阶段，在自我意识、认知、情绪以及人际交往等心理方面都缺乏必要的理性的判断和调节。大学生正在深刻地经历着自我认同危机降临的风险。因此，进行大学生自我认同的辅导更显得十分迫切和重要。

首先，实现频繁的现实互动。现实互动是人与人之间直接的面对面的交往，具有虚拟社会中的互动无法比拟的诸多优势。通过这种多样化的直接互动，大学生更容易直接感受到对方的感情，也更能实现心灵深处的情感以及精神的交流。现实互动由于表达的非匿名性、身体的在场性，以及交往对象范围的有限性，更容易受到规则和道德的约束从而向理性方向发展。现实互动中的人也更容易实现承担他人的角色，即从他人所处的位置、应当获得的利益和可能具有的意愿来考虑问题、处理问题。人只有承担他人的角色，进入社会关系和社会过程之中，才能找到自己的生存位置，实现自己的生命价值，才能明确自己的角色地位。因此，大学生要充分认识现实社会互动的优势，积极参与现实互动而不是整日沉溺于虚无缥缈的网络虚拟互动中，努力回到现实社会来，在现实互动中健康成长。

其次，培养正确的网络价值观。人在实名环境下的行为与在匿名环境下的行为具有巨大差异性，匿名性是导致越轨行为的因素之一。而网络环境在多数情况下是处于匿名状态，这种环境固然给青年提供了网络更多的自由空间，但也存在社会规范难以维持的特征。然而，网络宽松的环境并不意味着大学生可以为所欲为、随心所欲，也需要遵守一定的社会底线，遵循一定的社会规范。科学的价值观取向可以促使大学生自觉地遵守网络社会规范，提升自我的网络道德素养。大学生要培养自己正确理性的网络价值观，加强自律和自我管理，正确处理虚拟社会和现实社会的关系。既要善于发挥网络的积极作用，使其满足自己生活、学习、娱乐各方面的需求；同时又要上网有度，不能沉溺于网络不能自拔。大学生要正确认识网络的功能与价值所在，积极发挥网络的正向作用，选择和利用健康有益的网络信息来帮助自己健康成长。

再次，培育大学生的理性精神。在网络空间海量的信息充斥于网络青年面前，他们面临选择的痛苦。而且，在一些缺乏良知的网络意见领袖的鼓动下，他们的行为可能会被网络意见领袖左右。倘若没有权威的机构第一时间发布相关信息，大学生可能会对事实做出误判，或是表现出情绪化、不理智的状况，进而影响到最终形成的态度和行动。构建良好的网络舆论生态环境，既要培育大学生的理性精神，同时也要改善网络信息的环境。一是要提高他们的网络素养，使他们理性地运用网络进行舆论和利益表达，学会运用网络、用好网络，充分发挥网络的正功能。二是发挥大学生的主人翁意识，要求他们遵守社会底线，加强互相监督，进行自我管理。三是增强大学生的社会责任感，在网络空间，鼓励他们传递社会正能量，营造良好的网络社会环境。

最后，建立专属大学生的网络社区。网络社区具有交流的互动性和平等性的特点，用户身份信息真实、安全，且实现了资源的开放与共享。建立专属大学生的网络社区有利于扩展教育教学空间，丰富教育内容，加强教育的针对性、实效性。目前而言，虽然大学生是网民群体的主体部分，但专门属于大学生的网络社区还不多。因此，建立专属大学生特别是未成年人的网络社区很有必要且意义重大。在深入了解青少年的需求的基础上，互联网运营商以及大学生服务机构应该建立符合大学生特点、满足大学生需求的专属网络社区，帮助大学生健康成长。学校也要重视网络社区的作用，改变传统的教育理念，加强网络社区教育队伍的建设，提高教师的网络素质，建立和健全网络社区的监管制度，积极开展各种网络社区活动，动员大学生的参与，调动他们的积极性，促使他们树立正确的价值观，养成良好的道德行为习惯。

第四节　积极开展道德信仰教育

党的十八大以来，习近平总书记发表了一系列重要讲话，提出了很多新观点、新论点、新思想，并多次谈到道德建设问题与信仰问题。习近平总书记在 2015 年 2 月 28 日会见第四届全国文明城市、文明村镇、文明单位和未成年人思想道德建设工作代表发表重要讲话，他强调，人民有信仰，民族有希望，国家有力量。实现中华民族伟大复兴的中国梦，物质财富要极大丰富，精神财富也要极大丰富。习近平总书记指出，要用社会主义核心价值观凝魂聚力，更好构筑中国精神、中国价值、中国力量，为中国特色社会主义事业提供源源不断的精神动力和道德滋养。必须通过教育引导、文化熏陶等，积极开展道德信仰教育，将社会主义核心价值观内化于心，外化于行。

大学生作为未来时代发展的主力军，加强道德信仰教育势在必行。道德信仰教育的开展，需要结合大学生心理发展特点而量身定做。对于大学生而言，他们的思维特点已经进入形式运算期，自我意识增强，并开始关注自己的内部世界，发生了心理性"断乳"的现象，逐渐开始发展出反省以及探索信念的特点。在道德和信仰上，他们在经历一种自觉寻找属于自己信仰的过程，同时也在经历一种外部信仰与自身内部信仰的冲突，体验到一种道德信仰危机感，并尽力地寻求信仰之间的最佳平衡。

大学生道德信仰，就是大学生对道德理想及其价值依据的笃信和奉行，是对应该做个什么样的人的设定，是对道德理想人格的设定。它表现为对高尚道德及道德终极目标的认同、信服和崇尚，能内在地提高大学生的道德修养。当代大学生多为"90后"，他们是改革开放直接受益的一代。在社会转型期间，大学生作为社会特殊群体，道德信仰现状主流是好的，是积极健康的。但也存在某些道德信仰方面的危机，即大学生对既有道德价值信仰体系的怀疑、动摇甚至缺失的精神状态，在现象层面上显现为道德失范。

因此，在这个阶段，需要培养信仰的反省能力，加强道德信仰教育。道德信仰教育不同于一般知识技能的教育，是一种理想教育，而理想教育与现实教育存在不一致。大学生同时也在经历各种社会思潮对他们的洗礼，会产生矛盾、混沌的信仰状态。如果一个社会在道德教学上偏重言辞，过分外化强调道德规范，会加深大学生的抗拒心理，陷入道德危机状态。

目前，家庭教育、高校教育、社会教育是对大学生进行道德信仰教育的三种基本形式和重要途径，各具特点和优势，若能发挥三者的教育合力作用，形成全方位综合整体化的环境系统，即学校、家庭、社会三位一体，构成一个整体的育人功能，将大大增强高校道德信仰教育实效。

首先，学校教育与社会教育相结合。改革开放与市场经济的迅速发展是当前的外部环境。高校德育要准确把握社会影响与学校教育的互动，整体性地发挥学校和社会的育人功能，教学形式内容都必须是开放的，而不是闭目塞听一味回避社会问题。高校注重引导学生积极地、深入地步入广阔的社会天地，学校应该将自身的一切教育活动与生动的社会实践紧密结合，有效培养学生的社会能力，是学生形成应对复杂多变的社会现实的素质、在纷繁多样的社会现象中坚持高扬正确的理想信念、保持正确的思想道德行为。学校教育和社会教育相互协作，共同发挥作用，使教育的空间扩展和延伸，增强教育的实效性。学校和社会要尤其重视校园周边环境的优化，也要加强网络的监督和管理，优化网络环境，形成正确的舆论导向。学校要积极地创造学生实习和实践的条件，使学生在社会中更好地锻炼自身技能。社会要更加关注学校教育，给学生提供尽可能多的机会参与社会实践。

其次，学校教育与家庭教育相结合。家庭的教育对学生道德信仰的形成具有很大的影响，父母的行为可以影响子女的道德水平，但家庭教育缺乏系统性以及目的性。因而需要将家庭教育与学校教育相结合，充分发挥各自的长处。加强家长与学校的相互沟通联系，使家庭教育的内容、方式方法与高校的教育保持一致，以便增强学校教育的效果。一方面，学校引导家长做好大学生的道德信仰等方面的指导工作；另一方面，家长应及时反映子女在家的表现以及在学校可能不易察觉的思想动态，帮助老师根据学生的实际情况调整教育方式、方法，引导学生树立正确的道德信仰。学校教育和家庭教育协同运作，要构建学生道德信仰教育的和谐互动环境。学校和家庭可以举行定期的双向交流活动，实现信息的沟通和反馈，共同商量教育对策，管理学生。学校教育和家庭教育结合起来，发挥各自的优势，帮助学生树立正确的价值观念，坚定道德信仰。

最后，学校需要重视我国优秀民族文化中道德资源，在我国优秀民族文化中蕴含着道德、伦理等丰富的道德资源。它影响着人们道德价值观念的形成和发展，促进青少年坚定道德信仰。学校和教育工作者要注重道德资源的开发和利用，突出优秀文化的内涵，强调民族文化的特色，以及在教育活动中要适应时代的要求，遵循科学的教育规律，例如，仁、义、礼、智、信的宣讲，挖掘传统节日的文化内涵，家风的寻找与延续等，开展相关的道德学习讲堂，以及一系列有关的实践活动，采用内隐、劝服等道德信仰教育方式，帮助大学生提高信仰反省能力。也可以借助网络媒体，高校教师利用网络与学生进行互动，让学生能有途径，自觉自主地了解先进文化，提高信息判断能力，培养信息世界的主体意识。以多元化的方式来帮助大学生道德信仰的建立，帮助大学生发展自律道德，促进道德主体的养成。

第五节　完善志愿服务制度

卢文格指出："真正的同一性必须由青少年自己在其他事件中，通过将自己在别人眼中的形象和他在各行各业中找到的适合自己的职业相结合的过程中锻炼而成。"青少年服务社会的活动可以为之提供社会互动和相互影响的机会，从而导致其使命感、社会意识和道德—政治意识的变化。大学生参与志愿活动，是尊重品质形成的前提和基础。在自我与他人、与社会的关系中，个体的道德认同得以形成，并表现出对他人和社会的尊重。道德发展的实质是逐渐形成对他人、对社会，乃至对人类的尊重情感。

尤尼斯通过对学校教育的实践进行追踪研究发现，社会参与活动经验可以在很大程度上预测其后来的道德发展状况，在青少年期的社会活动经验与成年期的道德品质、社会参与行为之间存在明显的连续性。[①] 尤尼斯概括指出，青少年参与社会的意义可以从以下几个方面得到说明：青少年期的亲社会活动经验，如参加宗教或其他志愿活动，可能会提高其后来的学业成绩，而降低冒险或越轨行为的发生；

---

① 陈会昌：《道德发展心理学》，安徽教育出版社 2004 年版。

参加社会服务的经验可能影响其若干年后自愿参与社会的行为；同时，另一些社会参与经验，包括参加学校管理和社会政治运动，还可能提高成年期（10—30 年后）参与政治活动（如投票选举）和各种社会团体（如政治、商业或慈善团体）的可能性。[1] 并且尤尼斯等指出，青少年期的参与活动之所以能够产生持久的影响，主要是因为：在实践层次上，它使青少年参与公民的义务活动，使之承担相应的社会公民角色；在个体层次上，这种社会参与活动则促进了青少年公民身份感的形成，将社会参与意识整合进个体的公民同一性或公民身份感。

现如今，我国的高校志愿服务广泛开展，注册志愿者人数庞大。大学生树立了较强的志愿服务理念，高校志愿服务活动广泛地开展，大学生的志愿服务热情是值得肯定的。但是，高校志愿服务活动形式单一、内容老化。高校在组织志愿服务活动时缺少前期策划、安排，仅仅对原有服务进行简单重复，不能进一步提升服务质量、推动服务影响力。而且，高校志愿服务具有偶然性和随机性。偶然性的志愿服务给予服务对象短期帮助，大学生志愿服务的队伍稳定性较差，大学生志愿者难以提供专业性更高、需要长期投入的志愿服务。同时，高校志愿服务活动缺乏资金支持。大学生是社会的消费者，本身没有收入，而参加志愿服务活动需要一定的财力投入。资金问题也是高校提高志愿服务质量的阻碍因素之一。除此之外，高校志愿服务组织之间的合作也有待加强。不同高校以及高校内志愿者分队之间缺乏联系和沟通，有时会造成活动时间和内容的冲突，同时也造成了志愿服务力量的浪费。

针对我国高校的志愿服务的现状问题，我们应当实施一定的措施和制定一定的服务制度政策。

第一，完善招募制度。志愿组织招募制度可参考如下招募机制。招募初，进行项目设计，制定招募规划、标准和方式；发布招募信息，内容包括服务对象、服务行为、志愿者发展等，明确志愿者在志

---

① Yates, M. and Youniss, J., "A Developmental Perspective on Common Service in Adolescence", *Social Developnent*, Vol. 5, No. 1, 1996, pp. 85 – 111.

愿组织中的任务；确定录取并进行注册登记。

第二，完善培训制度。通常培训内容可分为认识培训、技能培训和理念培训三部分。认识培训即向志愿者介绍基本的组织内部概况；技能培训针对志愿者特定岗位服务的要求，通过讲解和示范提升志愿者的服务技能；理念培训则注重志愿者精神的培养，优化志愿者的服务动机，提升志愿者的服务境界。培训队伍可建立专兼结合的师资队伍。从团委干部和辅导员中选拔专职的指导教师，并定期参加志愿服务工作师资培训。专业教师队伍，让教师结合本专业学习，设计志愿服务项目。针对具体项目邀请专家、学者进行专业化的培训。

第三，完善组织管理制度。志愿服务的组织制度。服务前应对志愿服务项目分类，区分长期项目和短期项目。针对不同的项目，组织相应志愿者开展服务，对于长期项目志愿者相对固定，专业化。对于短期志愿服务项目，进行岗前培训后即可安排志愿者上岗。志愿服务的管理制度包括日常管理和志愿服务过程管理。日常管理如志愿者培训、志愿者会议等。服务过程管理则包括对志愿者的评价、总结汇报、奖惩等。

第四，完善保障制度。保障制度包括保障志愿者人身安全与人身权益，以及保证志愿服务活动顺利进行的资金支持两方面制度。一方面，结合培训，在培训内容上注重对大学生志愿者开展自我保障方面的教育，普及志愿者相关的法律规章，加强大学生志愿者自我保障意识。另一方面，广泛吸纳和利用社会资源，积极与政府建立合作关系，争取大学生志愿组织专项基金，参与政府推广的志愿项目。借助社会和企业的支持，可定期举行义卖活动，募集资金，或是寻求有志愿意向的企业的帮助，获取资源。

总而言之，在积极倡导志愿精神"奉献、友爱、互助、进步"的同时，高校、社区和社会部门可以开展志愿服务工作站，规范其筹备、监管等制度，解决志愿服务的领导协调、宣传、立项、招募培训、资金保障、激励表彰和权益维护等制度性问题。帮助高校志愿服务团体与非政府组织合作，独立的、具有职业性质的社会工作机构是志愿者活动赖以持久发展的重要组织基础，因此，高校在新的社会环境下，与非政府组织进行持续的、有规划的合作是保障大学生志愿服务的有利途径。高校在具体的活动中需加强对大学生志愿者的权益维护，这是高校在鼓励大学生参与志愿服务时保护和教育大学生的责任。

结　语

一　研究综述与理论探讨

关于道德与自我的研究一直是研究者们关注的主题，特别是处在道德危机困境的时代背景下，重新审视道德与自我具有一定的时代意义与应用价值。关于自我的探索渊源已久，古希腊哲学家柏拉图说"自我征服是最大的胜利"，法国思想家蒙泰尼认为"世界上最重要的事就是认识自我"，挪威戏曲家易卜生说："什么是人的首要责任？答案是简单的：保持自我"……哲学家、思想家、社会学家、诗人等对自我进行了阐释，表明自我是个体思想行为的渊源，理解自我就可以揭开个体心理与行为深层次的面纱。本书从自我的角度出发，试图将自我认同引入道德领域，探讨道德认同现状与建构问题，促进个体反思自身的道德品质，为当代大学生培养道德人格提供有效的培育路径。

本书开篇提出了时代背景，指出，随着经济快速发展、中西文化碰撞，对大学生的道德准则带来了巨大的撞击。在复杂多变的多元文化背景下，政府从国家宏观角度提出了相应的政策与计划，党的十八大报告将立德树人作为教育的根本任务，分别从国家、社会和公民三个层面提出社会主义核心价值观，也为培育大学生道德人格提供了标准和要求。

在导论部分，本书对国内外关于道德自我、道德情绪、道德判断和道德行为研究进行了梳理。道德行为是道德研究的最终点，所有关于道德的研究都是为了促进道德行为，抑制不道德行为。因此，围绕着道德行为这个终极目标，本书对道德行为的相关研究分别进行梳理与探讨。关于道德自我与道德行为的研究，可以发现道德自我具有自我调节的功能，而道德认同机制可看作是道德自我调节的正反馈机制，能促进人们感知到自己是一个道德的人，从而从事道德行为。道德情绪与道德行为的研究发现，道德情绪（自我意识情绪）与道德自我相互作用，道德情绪能促进个体的道德行为和道德品德发展，也可以阻断不道德行为的产生和发展。道德判断与道德行为之间的关系，是道德教育实践中的难题，即所谓的"知行脱节"的问题。为了填补道德判断和道德行为之间的缝隙，布拉德提出了道德认同模式，并认为在道德认同的基础上，通过自我一致性推动行为，经过责任险的过滤，道德判断能更有效地预测道德行为。

在本书第一章，关于道德认同的理论溯源，是建立在道德自我理论研究基础之上，分别从哲学、伦理学、社会学和心理学角度进行了理论回溯，从休谟的"自我同一性"、康德的"道德自律"、麦金太尔的"自我内在统一性"、吉登斯的"自我认同理论"、米德和库利的"自我"理论到弗洛伊德的"自我"与"认同"、埃里克森的"自我认同"、科尔伯格的"道德认知发展理论"，为认识和理解道德认同理论提供良好的思想来源与理论基础。

二 道德认同的概念、结构、形成与发展

本书第二章重点对道德认同的概念进行了深入分析，分别从特质论、图式和内化三种视角对道德认同进行了整合与界定，并分析优缺点。特质论观点强调道德认同类似于人格特质，是激发道德行为的内在动力，并且特质论为选择和宣传道德榜样的道德品质提供了理论支持，然而特质论过分注重心理品质而忽视了外在的社会道德变化发展对道德认同的影响。图式论将道德认同视为围绕着道德特质联结而组织起来的一种自我图式，该取向强调了社会情境因素和个体因素，能说明个体产生"知行不一"问题的根源，但是该视角对典型道德行为一致性缺乏有力的解释。内化论观点强调道德是由外向内的移入过

程，认为道德认同就是道德内化的过程。内化论强调社会道德转化为个体道德过程，但是，不关注个体主体性参与，不关注道德内化后是否会产生道德行为。道德认同虽然与道德内化有相似之处，但是，道德认同强调了主体的参与并指向行为后果。本书在对道德认同概念界定、辨析的基础上，指出道德认同具有个体性、社会性、统一性、连续性、过程性和指向性六种基本特征。

关于道德认同的结构，本书分析了科尔伯格的道德判断和道德行为关系模型、莱斯特的道德四阶段发展模型、布拉西的道德认同三成分模型以及阿奎诺的道德认同二因素模型。其中，布拉西认为道德认同由道德责任判断、自我认同和自我一致性三个成分构成，并认为道德认同对道德行为的推动力由这三个成分相互作用而实现。布拉西的道德认同三成分模型强调了自我在道德行为的核心作用，并认为道德认同是激发道德行为的重要动机。虽然该模型具有高度的影响力，但是由于布拉西的模型和思想并未完全具体化，所以很难运用到实际的实证研究中。阿奎诺认为道德认同具有内化（隐私经验）和象征化（公共表达）两个维度，其中，内化维度代表道德相关特质对个体自我概念的重要性程度，象征化维度则表明个体在实际的行动中反映其道德特质的程度。阿奎诺将道德认同具体化，编制了测量道德认同的问卷，获得较多的实证研究支持。

本书第三章对道德的起源与发展的"先天"和"后天"问题进行了探讨，其中支持"先天"观点主要有道德语法研究构架（UMG）和道德基础理论，而支持"后天"观点的主要有品格伦理学家，其中马克思、恩格斯和列宁的经典论述也表明他们是支持道德"后天"观。随后，本章分析了自我认同的形成、发展阶段以及面对的危机。本章重点强调了道德自我的形成、发展阶段，以及道德认同的形成与发展条件，并认为道德认同的形成离不开个体自我意识情绪的发展、社会实践和道德教育。

三　道德认同的影响因素、作用机制与测量

本书第四章分析了哈特的道德认同形成模型，该模型强调了人格、社会影响、道德判断、自我概念与道德行动机会五个因素的作用，并认为在道德活动机会上，道德认同受制于外部因素影响。在哈特的道德认同形成模型的基础上，本书将道德认同的影响因素区分为个体内环境影响因素（包括道德认知、人格和自我）和外部环境影响因素（包括家庭环境、社会结构等），通过整理国内外相关文献，可以发现，在个体内环境影响因素方面，个体人格、自我认同、移情与自尊影响着道德认同的形成，在外部环境影响因素方面，家庭氛围、同伴群体、社区环境和网络环境影响着道德认同的形成。

本书第五章对道德认同的作用机制进行了探讨，而落脚点则是道德行为。一般而言，将道德行为区分为道德行为（包括助人行为、亲社会行为等）和不道德行为（包括攻击行为、欺骗行为、反社会行为等），本书梳理国内外相关文献发现，道德认同能激发道德行为，内隐的道德认同（通过心理联想测验）可以预测无意识的道德行为。道德认同与不道德行为之间存在负相关，对反社会行为起抑制作用。其中，道德推脱是个体产生攻击行为、反社会行为的认知基础，道德认同会对道德推脱产生显著的负向影响，并且高道德认同者更倾向于维持自己内部的道德准则，更不易产生道德推脱，因此会减少不道德行为的发生。个体启动或者发生不道德行为之后，还会产生"道德补偿"的自我防御机制，表现出更倾向于做出利他行为的表现，或者表现出较好的道德品质，并且道德认同内化程度高的个体更容易进行道德补偿行为。

本书第六章对道德认同的测量方法进行了归纳，一般而言，主要有三种测量方法。最常用的是阿奎诺等编制的道德认同量表，用来测量道德认同的自我重要性，包括内在化和表征化两个维度，每个维度五道题，采用李克特七点计分，经检验发现该量表具有较好的信度和效度。我国学者万增奎在阿奎诺道德认同量表基础上进行了修订，开

发了本土化的道德认同问卷，修订后的问卷包括 16 个题目，并将该问卷分为两个维度：内隐维度（即内在化维度）和外显维度（即表征化维度），检验结果发现，该问卷具有较好的信度和效度，适合测量中国青少年的道德认同状况。第二种测量方式是通过内隐联想测验，该方法主要是通过考察反应时来发现内隐自我概念与某一属性联结强弱，相比于问卷调查，内隐联想测验具有更好的预测效度并且非常客观，但是对于大样本研究较难实现。第三种方法是隐含于叙事中的价值法，该方法主要是运用访谈法，通过生活叙事发现隐含的道德价值，主要采用开放式访谈题目来了解个体日常生活事件，在获取访谈结果后，利用道德编码手册来发现个体道德在自我价值体系中的核心性程度。该方法的优点是能真实挖掘被试的道德认同程度，但是缺点是只适合做小样本测验，并且信度和效度有待检验。

四 实证研究的结论

本书第七章主要采用问卷调查法，对大学生道德认同现状、内环境道德认同作用机制、外环境道德认同作用机制和大学生道德认同构建模型进行了深入探讨，研究结果如下：

（一）大学生道德认同的现状

采用我国学者万增奎修订的道德认同问卷，对 1008 名在校大学生道德认同现状进行考察，结果发现，大学生整体而言道德认同水平较好，大学生道德内隐水平得分要高于道德外显水平。大学生道德认同总分和内隐维度存在显著的性别差异，女生得分显著高于男生。大学生在内隐维度和道德认同总分上均存在显著的年级差异，在内隐维度、外显维度和道德认同总分上均存在显著的专业差异。家庭对大学生道德的影响中，城镇大学生在道德外显水平上显著高于农村学生。父母的文化程度越高，大学生道德外显水平越高。网络对大学生道德认同的影响中，网龄的时间越长、每周上网时间越多，大学生道德认同水平越高，道德内隐水平和外显水平也越高。

（二）内环境下道德认同的作用机制

采用万增奎修订的道德认同问卷、自尊量表和大学生精神信仰问卷，考察道德认同在内环境下的作用机制，结果发现，道德认同总分与自尊呈显著正相关，与大学生信仰总分呈显著正相关。内隐维度与超自然信仰显著负相关，与自尊、实用信仰、社会信仰和信仰总分显著正相关。外显维度与超自然信仰不相关，与自尊、实用信仰、社会信仰和信仰总分显著正相关。中介效应检验发现，道德认同在自尊和精神信仰之间起着完全中介作用，说明自尊影响道德认同进而影响精神信仰。

（三）外环境下道德认同的作用机制

采用万增奎修订的道德认同问卷、网络社会支持问卷和网络亲社会行为问卷，考察外环境下道德认同的作用机制，结果发现，网络社会支持能显著正向预测道德认同总分、内隐维度和外显维度，网络社会支持可以更多地解释外显维度的变化。道德认同总分、内隐维度和外显维度能显著正向预测网络亲社会行为总分和六个维度，其中，道德认同可以较多地预测紧急型网络亲社会行为，其次是利他型和情绪型。相关研究发现，道德认同总分与网络社会支持总分显著正相关，与网络社会支持各维度中的信息支持、友伴支持和情感支持现状正相关，与工具支持显著负相关。道德认同总分、内隐维度和外显维度与网络亲社会行为六个维度以及总分显著正相关。中介效应检验发现，道德认同在网络社会支持和网络亲社会行为之间起着部分中介作用，意味着网络社会支持可以影响网络亲社会行为，也可以通过影响道德认同进而影响网络亲社会行为。

（四）大学生道德认同的构建模型

综合考察内部因素、外部因素和道德认同的关系，采用结构方程模型，构建道德认同的作用机制模型。结果发现，自尊、网络社会支持、道德认同、精神信仰和网络亲社会行为之间存在显著正相关。通过结构方程模型分析，自尊、网络社会支持影响道德认同进而影响精神信仰与网络亲社会行为。可以认为，在网络环境下，高社会支持和高自尊个体意味着其道德认同水平较高，而道德认同的形成有利于精神信仰与网络亲社会行为。随着互联网在人们生活中的重要性增强，网络环境中的亲社会行为将成为大学生道德发展水平和道德品质的重要表现，因此，发展网络社会支持、提高大学生自尊水平，有助于道德认同水平提升，进而影响网络亲社会行为，以及发展大学生精神信仰。

五　大学生道德认同的培养与未来的展望

本书第八章，在实证研究的基础上，结合理论探讨，分别从五个方面提出大学生道德认同培育路径。一是帮助大学生形成良好的道德自尊感，通过树立科学的理想信念与人生目标、把握正确的自尊激励和培养个人诚实态度与行为，建造起羞耻心和过失心的心理防线三种途径来培养大学生道德自尊感。二是为大学生提供有效的社会支持系统，有针对性地提供文化支持、社会组织机构支持、学校支持、家庭支持和同伴支持，帮助大学生建立良好的社会支持，对培育大学生道德认同提供有力的社会支持系统。三是为大学生加强自我认同辅导，通过增加现实交流互动、培养正确的网络价值观、培育大学生的理性精神和建立大学生专属的网络社区，帮助大学生提高自我认同。四是积极开展道德信仰教育，通过学校教育与社会教育相结合方式、学校教育与家庭教育相结合方式和学校教育中的道德资源建设，积极开展道德信仰教育，丰富和内化大学生道德信仰。五是完善志愿服务制度，通过完善招募制度、完善培训制度、完善组织管理制度和完善保障制度，帮助完善大学生志愿服务制度，有利于提高大学生参与志愿服务的积极性，有利于道德认同的形成。

本书对大学生道德认同现状、影响机制与作用机制进行了实证分析，在实证调查数据基础上，提出了大学生道德培育的五条路径，为大学生道德教育提供了有效的德育途径。然而，关于道德认同的研究，国内的实证研究较少，并且普遍采用的是问卷调查法，对于道德认同问题，未来的研究可以尝试使用质性研究，通过问题设置来获取道德品质在自我概念中的中心位置程度，以此来真实了解被试者的道德认同水平。抑或是结合内隐联想测验、眼动实验、脑电实验等方法，结合反应时、正确率、眼动轨迹等生理性指标来考察道德敏感词联结程度，用更客观的方式来测量个体的道德认同水平。此外，关于研究群体，国内道德认同研究中考察大学生、青少年群体较多，而特殊群体的研究较少，可以扩展到少年犯、网络主播等群体，以此了解特殊群体的道德认同状况。关于道德认同的横向研究较多，而纵向追踪研究较少，可以建立道德认同研究数据追踪库，从儿童期开始追踪数据，以此了解道德认同形成与作用的发展机制，丰富道德认同研究。最后，关于道德认同与道德行为的研究，特别是补偿行为的研究，国内的实证研究较少，可以扩展此类研究，以此了解道德认同补偿行为影响的内在机制。

附　　录

指导语

亲爱的同学：

你们好！本次问卷调查由基本信息与五份量表构成，请按照实际情况进行填写，填表不记名字，完全保密，用于学术研究，谢谢你的支持！

基本情况

1. 性别：男□　　女□

2. 年龄：＿＿＿＿＿＿

3. 年级：大一□　大二□　大三□　大四□　其他＿＿＿＿＿

4. 专业：文史类□　理工类□　艺体类□　医药类□

5. 生源地：农村□　城镇□

6. 父亲受教育情况：小学及以下□　初中□　高中□　大学及以上□

7. 母亲受教育情况：小学及以下□　初中□　高中□　大学及以上□

8. 家庭收入：1000—3000 元□　3000—5000 元□　5000—8000元□　8000 元以上□

9. 你接触网络的时间：低于 1 年□　1—3 年□　3—5 年□ 5 年以上□

10. 你每周上网约：少于 3 小时□　3—7 小时□　7—21 小时□ 21 小时以上□

11. 你上网通常在：自由支配的空闲时间□　周末□　随时□

缺课□

12. 你对网络环境：非常满意□　满意□　不太满意□　很不满意□

量表一（请在每道题后相应的数字上画"√"）

下列词语是用来描述一个人的特征的：

守信的、诚实的、孝顺的、负责的、真诚的、礼貌的、善良的、助人的、正直的、忠诚的。

拥有这些品质的人可能是你，也可能是他人。现在，在你的头脑中想象这样一个人，想象这个人会怎么思考、生活和行动。当你在脑海中对他（她）有一个栩栩如生的形象时，回答下列问题。

题目	完全不同意	有些不同意	中立	有些同意	完全同意
1. 做一个有如上品质的人会让我感觉很好	1	2	3	4	5
2. 成为拥有这些特征的人对我来说很重要	1	2	3	4	5
3. 我在空闲时间做的事情能清楚地反映我有如上品质	1	2	3	4	5
4. 我读的书、杂志能清楚地表现我有如上品质	1	2	3	4	5
5. 有这些品质对我不是十分重要	1	2	3	4	5
6. 在我的工作学习环境中，平时别人知道我拥有这些特征	1	2	3	4	5
7. 我积极参加能表现这些品质的活动	1	2	3	4	5
8. 我强烈渴望拥有这些品质	1	2	3	4	5
9. 因为我有以上的人品，所以每个接触我的人都特别认可	1	2	3	4	5
10. 我想尽力实现上述品质，这样才能对自己的品行感到很满意	1	2	3	4	5
11. 具有了以上的品质会让我感到自豪	1	2	3	4	5
12. 我认为具有如上品质会使我的一生很有意义	1	2	3	4	5
13. 我认为有如上的品质而让我感到快乐	1	2	3	4	5
14. 我常常想希望自己能成为如上品质的人	1	2	3	4	5
15. 周围的邻居都曾经夸奖我有上述品质	1	2	3	4	5
16. 我有如上品质，所以赢得大家的信赖	1	2	3	4	5

量表二（请你根据实际情况，如实完成以下问题）

	完全 不同意	大部分 不同意	部分 不同意	部分 同意	大部分 同意	完全 同意
1. 人活着就是为了挣更多的钱	1	2	3	4	5	6
2. 民族利益比个人生命还重要	1	2	3	4	5	6
3. 在任何情况下都不应该舍生取义	1	2	3	4	5	6
4. 个人的最大希望就是享受荣华富贵	1	2	3	4	5	6
5. 选择工作最重要的因素是工资待遇	1	2	3	4	5	6
6. 愿意成为优秀民族的一员	1	2	3	4	5	6
7. 政权交接是重要的事	1	2	3	4	5	6
8. 金钱是衡量个人价值的最重要标准	1	2	3	4	5	6
9. 确实有灵魂附体的事	1	2	3	4	5	6
10. 有钱什么都能买到	1	2	3	4	5	6
11. 为过上豪华舒适的生活可以不择手段	1	2	3	4	5	6
12. 人生确实存在来世	1	2	3	4	5	6
13. 活着比其他一切事情都重要	1	2	3	4	5	6
14. 家庭不幸福的人，其他方面再成功也是 不幸的	1	2	3	4	5	6
15. 对国家领导人选举应投入极大的热情	1	2	3	4	5	6
16. 信仰是人人都应该有的一种需要	1	2	3	4	5	6
17. 生活中没有比生命更重要的事情	1	2	3	4	5	6
18. 身体健康才是最重要的	1	2	3	4	5	6
19. 鬼魂是不存在的	1	2	3	4	5	6
20. 光宗耀祖对一个人的人生很重要	1	2	3	4	5	6
21. 主动参与各种政治活动是生活中的大事	1	2	3	4	5	6
22. 国家发展是个人发展的前提	1	2	3	4	5	6
23. 家庭美满幸福应是学习、工作的唯一 目标	1	2	3	4	5	6
24. 没有公共道德的人最终将导致人生根本 的失败	1	2	3	4	5	6
25. 人有义务回报他或她的民族	1	2	3	4	5	6
26. 政府将领导国民富强	1	2	3	4	5	6
27. 无论什么时候存活下来都是最重要的	1	2	3	4	5	6

续表

	完全 不同意	大部分 不同意	部分 不同意	部分 同意	大部分 同意	完全 同意
28. 人类无论什么民族都是平等的	1	2	3	4	5	6
29. 工作和家庭幸福发生冲突时，应该首先选择家庭	1	2	3	4	5	6
30. 报效祖国是每个人不可推卸的责任	1	2	3	4	5	6
31. 世间有神灵存在	1	2	3	4	5	6
32. 其他优秀民族能办到的事中华民族都能办到	1	2	3	4	5	6
33. 不热爱自己国家的人不会有真正的自信	1	2	3	4	5	6
34. 国家现行的体制是合理的	1	2	3	4	5	6
35. 宗教能拯救人类的道德危机	1	2	3	4	5	6
36. 信教是人人都有的一种需要	1	2	3	4	5	6
37. 不祭奠先祖的亡灵会遭到厄运	1	2	3	4	5	6
38. 愿意参加宗教仪式	1	2	3	4	5	6
39. 人死后有灵魂	1	2	3	4	5	6

量表三（以下是一些句子，这些句子描述的内容可能像你，也可能不像你。请衡量一下，看看每个句子在多大程度上描述了你，并在最符合你情况的选项上画"√"）

题目	非常 不像我	比较 不像我	一般	比较 像我	非常 像我
1. 在网上，当别人知道我的身份时，我会竭尽全力帮助别人	1	2	3	4	5
2. 当我在网上能安慰一个情绪不好的人时，我感觉非常好	1	2	3	4	5
3. 在网上，当别人请我帮忙时，我很少拒绝	1	2	3	4	5
4. 在网上，当别人知道我的身份时，我更愿意帮助别人	1	2	3	4	5
5. 在网上，我倾向于帮助那些真正遇到麻烦、急需帮助的人	1	2	3	4	5

续表

题目	非常 不像我	比较 不像我	一般	比较 像我	非常 像我
6. 在网上的公众场所（例如，多人正在参与的聊天室/论坛/社区等）中我更愿意帮助别人	1	2	3	4	5
7. 在网上，当别人请我帮忙时，我会毫不犹豫地帮助他们	1	2	3	4	5
8. 在网上，我更愿意在匿名的情况下帮助别人	1	2	3	4	5
9. 在网上，我愿意帮助那些急需帮助的人	1	2	3	4	5
10. 我在网上帮助他人不是为了能从中有所获益	1	2	3	4	5
11. 在网上，别人求我帮助他们时，我会很快放下手头的事情去帮助他	1	2	3	4	5
12. 在网上，我倾向于帮助那些需要帮助的人而不留下我的真实信息	1	2	3	4	5
13. 在网上，我倾向于帮助别人，尤其是当对方情绪不稳定的时候	1	2	3	4	5
14. 在网上，在有其他网民知道的情况下，我会竭尽所能帮助他人	1	2	3	4	5
15. 在网上，当别人处于危难之时，我会很自然地帮助他们	1	2	3	4	5
16. 在网上，大多数情况下，我帮助别人不留下自己的信息	1	2	3	4	5
17. 在网上，我投身论坛/社区服务，付出时间和精力，不是为了获得更多的回报	1	2	3	4	5
18. 在网上，在他人情绪激动时，我更有可能去尽力帮助他们	1	2	3	4	5
19. 在网上，当别人要求我帮助他们时，我从不拖延	1	2	3	4	5
20. 我认为在网上对他人的帮助最好是不让他人知道	1	2	3	4	5
21. 在网上，在让人情绪激动的情境下，我更想去帮助那些需要帮助的人	1	2	3	4	5
22. 在网上，我经常在别人不知道我是谁的情况下去帮助他们，因为这样让我感觉很好	1	2	3	4	5

续表

题目	非常不像我	比较不像我	一般	比较像我	非常像我
23. 在网上，我帮助别人不是为了将来他们能回报我	1	2	3	4	5
24. 在网上，别人提出要我帮忙时，我会尽我所能地帮助他们	1	2	3	4	5
25. 在网上，我经常帮助别人，即使从中得不到任何好处	1	2	3	4	5
26. 在网上，当别人心情很不好时，我常常帮助他们	1	2	3	4	5

量表四（下面这个测试是与你一周内的情绪体验有关，根据自己的实际情况对下列问题做出判断。请逐题在相应的地方画"√"）

题项	非常不符合	不符合	符合	非常符合
1. 我感到我是一个有价值的人，至少不比别人差	1	2	3	4
2. 我感到我有许多好品质	1	2	3	4
3. 归根结底，我倾向于觉得自己是一个失败者	1	2	3	4
4. 我能像大多数人一样把事情做好	1	2	3	4
5. 我感到自己值得自豪的地方不多	1	2	3	4
6. 我对自己持肯定态度	1	2	3	4
7. 总的来说，我对自己是满意的	1	2	3	4
8. 我希望能够为自己赢得更多尊重	1	2	3	4
9. 我确实时常感到毫无作用	1	2	3	4
10. 我时常认为自己一无是处	1	2	3	4

量表五（请您根据实际情况，如实完成以下问题）

题项	完全不符合	比较不符合	一般	比较符合	非常符合
1. 通过网络交往，可以从他人那里得到一些学习资料	1	2	3	4	5
2. 通过网络交往能从他人那里获得新的生活信息	1	2	3	4	5

续表

题项	完全 不符合	比较 不符合	一般	比较 符合	非常 符合
3. 通过网络交往能从他人那里获得感兴趣的体育、娱乐信息	1	2	3	4	5
4. 通过网络交往能从他人那里获得新的社会信息	1	2	3	4	5
5. 通过网络交往能获得自己感兴趣的技术信息	1	2	3	4	5
6. 当我感到孤独时，能通过网络向他人倾诉	1	2	3	4	5
7. 许多和身边人不能说的话，能在网络上得到很好的交流	1	2	3	4	5
8. 当情绪低落或烦恼时，可以获得网上朋友的情感支持	1	2	3	4	5
9. 在网络中能找到共同兴趣的朋友交流心得	1	2	3	4	5
10. 在网络上能找到人倾听我诉说个人隐私的感受	1	2	3	4	5
11. 通过网络能结交与自己兴趣相投的人	1	2	3	4	5
12. 在网络中能找到朋友交流共同的兴趣爱好	1	2	3	4	5
13. 通过网络与人交流，可以宣泄自己的不良情绪	1	2	3	4	5
14. 有很多人在我的博客、QQ空间留言	1	2	3	4	5
15. 在网络（贴吧、论坛）中，很多人对我的言论表示赞同	1	2	3	4	5
16. 当在网上发布自己成功的消息时，会有人向我祝贺	1	2	3	4	5
17. 当我的作品放到网上时容易得到别人的认可	1	2	3	4	5
18. 将遇到的问题写在论坛、贴吧里能得到很多人的回应	1	2	3	4	5
19. 通过博客、QQ空间能与他人分享彼此的思想、感受、体验	1	2	3	4	5
20. 我能通过网络与人进行物品交换	1	2	3	4	5
21. 玩网络游戏时有人会借我装备	1	2	3	4	5
22. 玩网络游戏时有人给我买装饰	1	2	3	4	5
23. 通过网络可以得到一些厂家的试用品、优惠券	1	2	3	4	5

参考文献

一　中文部分

（一）参考资料类

中共中央办公厅、国务院办公厅：《关于适应新形势进一步加强和改进中小学德育工作的意见》，2000年。

中共中央、国务院：《关于进一步加强和改进未成年人思想道德建设的若干意见》，2004年。

中共中央、国务院：《关于进一步加强和改进大学生思想政治教育的意见》，2004年。

共青团中央：《关于进一步加强和改进大学生思想政治教育的实施意见》，2005年。

中国青年联合会：《关于进一步加强和改进大学生社会实践的意见》，2005年。

教育部、卫生部、共青团中央：《关于进一步加强和改进大学生心理健康教育的意见》，2005年。

教育部、共青团中央：《关于加强和改进高等学校校园文化建设的意见》，2004年。

教育部：《关于加强高等学校辅导员班主任队伍建设的意见》，2005年。

中共中央宣传部、教育部：《关于进一步加强和改进高等学校思想政治理论课的意见》，2005年。

中共中央宣传部、教育部：《关于进一步加强高等学校学生形势与政策教育的通知》，2004年。

中共中央办公厅：《关于培育和践行社会主义核心价值观的意见》，2013年。

中共中央文献研究室：《十六大以来重要文献选集》（下），中央文献出版社 2008 年版。

中共中央宣传部编：《习近平总书记系列重要讲话读本》，学习出版社、人民出版社 2016 年版。

中央有关部门党章研究专家编：《十八大党章学习读本》，人民出版社2012 年版。

中共中央文献研究室：《十八大以来重要文献选编》（上），中央文献出版社 2014 年版。

中共中央对外联络部研究室：《中共十八大：中国梦与世界》，外文出版社 2014 年版。

（二）专著

鲍宗豪：《数字化与人文精神》，上海三联书店 2003 年版。

北京大学哲学系外国哲学史教研室：《西方哲学原著选读》，商务印书馆 1982 年版。

岑国桢：《品德心理学新进展》，学林出版社 1999 年版。

陈谷嘉、朱汉民：《中国德育思想研究》，浙江教育出版社 1998 年版。

陈会昌：《道德发展心理学》，安徽教育出版社 2004 年版。

戴钢书：《大学生社会主义核心价值理念培育质性研究》，人民出版社2008 年版。

杜时忠：《德育十论》，黑龙江教育出版社 2003 年版。

冯刚：《高校思想政治教育创新发展研究》，中国人民大学出版社2009 年版。

郭本禹：《道德认知发展与道德教育：科尔伯格的理论与实践》，福建教育出版社 1999 年版。

黄钊：《儒家德育学说论纲》，武汉大学出版社 2005 年版。

李伯黍：《品德心理研究》，华东工学院出版社 1992 年版。

李三虎：《十字路口的道德抉择》，广州出版社 2006 年版。

林崇德：《品德发展心理学》，上海教育出版社 1989 年版。

鲁洁：《超越与创新》，人民教育出版社 2001 年版。

鲁洁：《道德教育的当代论域》，人民出版社 2005 年版。

罗刚、刘象愚：《文化研究读本》，中国社会科学出版社 2000 年版。

罗国杰：《马克思主义伦理学》，人民出版社 1980 年版。

罗义俊：《评新儒家》，人民出版社 1989 年版。

马戎、周星：《中华民族凝聚力形成与发展》，北京大学出版社 1999
年版。

马向真：《道德心理研究》，江苏人民出版社 2007 年版。

牟宗三：《康德的道德哲学》，吉林出版集团有限责任公司 2013 年版。

秦在东：《思想政治教育管理论》，湖北人民出版社 2003 年版。

时蓉华：《社会心理学》，浙江教育出版社 2003 年版。

宋惠昌：《马克思恩格斯的伦理学》，红旗出版社 1986 年版。

宋希仁、陈劳志、赵仁光：《伦理学大辞典》，吉林人民出版社 1989
年版。

万增奎：《道德同一性的心理学研究》，上海教育出版社 2009 年版。

王健敏：《道德学习论》，浙江教育出版社 2002 年版。

徐向东：《道德哲学与实践理性》，商务印书馆 2006 年版。

杨国枢：《中国人的家族主义：概念分析与实证衡鉴》，中国人民大学
出版社 2004 年版。

杨韶刚：《存在心理学》，南京师范大学出版社 2000 年版。

杨韶刚：《西方道德心理学的新发展》，上海教育出版社 2007 年版。

袁贵仁、韩庆祥：《论人的全面发展》，广西人民出版社 2003 年版。

张春兴：《青年的认同与迷失》，世界图书出版社 1993 年版。

张文新：《儿童社会性发展》，北京师范大学出版社 1999 年版。

张文新：《青少年发展心理学》，山东人民出版社 2003 年版。

张耀灿、郑永廷等：《现代思想政治教育学》，人民出版社 2006 年版。

章志光：《学生品德形成探新》，北京师范大学出版社 1993 年版。

赵祖地：《高校德育评估概论》，浙江人民出版社 2003 年版。

章海山：《马克思主义伦理思想发展的历程》，上海人民出版社 1991
年版。

周辅成：《西方伦理学名著选辑》，商务印书馆 1996 年版。

朱小蔓：《情感教育论纲》，人民出版社 2007 年版。

朱智贤：《心理学大词典》，北京师范大学出版社 1989 年版。

（三）译著

S. T. 菲斯克等：《社会认知：人怎样认识自己和他人》，张庆林、陈兴强译，贵州人民出版社 1994 年版。

埃里克·H. 埃里克森：《同一性：青少年与危机》，孙名之译，浙江教育出版社 1998 年版。

埃里克·H. 埃里克森：《童年与社会》，罗一静译，学林出版社 1992 年版。

安东尼·吉登斯：《现代性与自我认同》，赵旭东、方文译，生活·读书·新知三联书店 1998 年版。

保罗·扎克：《道德博弈》，黄延峰译，中信出版社 2016 年版。

查尔斯·泰勒：《自我的根源：现代认同的形成》，韩震等译，译林出版社 2001 年版。

笛卡尔：《谈谈方法》，王太庆译，商务印书馆 2001 年版。

弗里德里希·鲍尔生：《伦理学体系》，何怀宏、廖申白译，中国社会科学出版社 1988 年版。

弗洛姆：《为自己的人》，孙依依译，生活·读书·新知三联书店 1988 年版。

弗洛姆：《自我的追寻》，孙石译，上海译文出版社 2013 年版。

简·卢文格：《自我的发展》，韦子木译，浙江教育出版社 1998 年版。

康德：《道德形而上学原理》，苗力田译，上海人民出版社 1986 年版。

康德：《实践理性批判》，关文运译，商务印书馆 1960 年版。

科尔伯格：《道德发展心理学》，郭本禹等译，华东师范大学出版社 2004 年版。

科尔伯格：《道德教育的哲学》，魏贤超、柯森等译，浙江教育出版社 2000 年版。

奎迈·安东尼·阿皮亚：《荣誉法则：道德革命是如何发生的》，苗华建译，中央编译出版社 2011 年版。

拉什沃思·M. 基德尔：《道德勇气：如何面对道德困境》，邵士恒译，北京时代华文书局 2016 年版。

拉瑞·努奇：《道德领域中的教育》，刘春琼等译，黑龙江人民出版社 2003 年版。

莱恩：《分裂的自我》，林和生、侯东民译，贵州人民出版社 1994
年版。

路德维希·维特根斯坦斯：《文化与价值》，许海峰译，清华大学出版社
1988 年版。

罗伯特·凯根：《发展的自我》，韦子木译，浙江教育出版社 1999
年版。

乔纳森·布朗：《自我》，陈浩莺等译，人民邮电出版社 2004 年版。

乔治·范伦特：《自我的智慧》，张洁、宋欣欣、童俊译，世界图书出
版公司 2016 年版。

马丁·L. 霍夫曼：《移情与道德发展》，杨韶刚、万明译，黑龙江人
民出版社 2003 年版。

麦金太尔：《德性之后》，龚群等译，中国社会科学出版社 1995 年版。

麦金太尔：《追寻美德》，宋继杰译，译林出版社 2003 年版。

曼纽尔·卡斯特：《认同的力量》，夏铸九、黄丽玲等译，社会科学文
献出版社 2003 年版。

米德：《心灵、自我与社会》，霍桂桓译，华夏出版社 1999 年版。

皮亚杰：《儿童的道德判断》，傅统先、陆有铨译，山东教育出版社
1984 年版。

皮亚杰：《发生认识论原理》，王宪钿等译，商务印书馆 1981 年版。

瑞斯特：《真正的伦理学——重审道德之基础》，向玉乔等译，中国人
民大学出版社 2012 年版。

泰勒：《自我的根源：现代认同的形成》，韩震等译，译林出版社
2001 年版。

瓦·费·阿斯穆斯：《康德》，孙鼎国译，北京大学出版社 1987 年版。

休谟：《道德原则研究》，曾晓平译，商务印书馆 2001 年版。

休谟：《人性论》上册，关文运译，商务印书馆 2015 年版。

休谟：《人性论》，关文运译，商务印书馆 1983 年版。

亚当·斯密：《道德情操论》，余涌译，中国社会科学出版社 2003
年版。

亚里士多德：《尼各马科伦理学》，苗力田译，中国社会科学出版社
1999 年版。

（四）论文类

陈晓强、潘爱华：《大学生网民的基本状况、存在问题及综合治理》，《高等理科教育》2003 年第 4 期。

从文君：《大学生亲社会行为类型的研究》，硕士学位论文，南京师范大学，2008 年。

丁道群、张湘一：《情绪作为道德判断的"催化剂"：道德判断中的评价倾向与特异性效应》，《心理学探新》2013 年第 6 期。

杜林致、韩威、刘鹤妍：《大学生金钱心理特征与不道德工作行为可能性关系研究》，《西北民族大学学报》（人文社会科学版）2012 年第 11 期。

杜林致、乐国安：《中国大学生金钱心理特征及其与自我价值关系研究》，《心理科学》2003 年第 5 期。

段慧兰、陈利华：《道德自我研究综述》，《当代教育论坛》2010 年第 12 期。

樊召锋、俞国良：《自尊、归因方式与内疚和羞耻的关系研究》，《心理学探新》2008 年第 4 期。

郭金山：《西方心理学自我同一性概念的解析》，《心理科学进展》2003 年第 2 期。

郭一扬、陈宇等：《某医科大学学生生命态度及其影响因素分析》，《中国学校卫生》2010 年第 11 期。

郭永玉：《关于"人格"的界说及有关概念的辨析》，《常州工学院学报》2005 年第 6 期。

何香仪：《地方师范院校学生学习倦怠、学习压力与学业成绩的关系研究》，硕士学位论文，东北师范大学，2010 年。

黄华：《社会认知取向的道德认同研究》，《心理学探新》2013 年第 6 期。

姜永志、白晓丽：《大学生手机互联网依赖与孤独感的关系：网络社会支持的中介作用》，《中国特殊教育》2014 年第 1 期。

寇彧、王磊：《儿童亲社会行为及其干预研究述评》，《心理教育与发展》2003 年第 4 期。

雷雳、李冬梅：《青少年网上偏差行为的研究》，《中国信息技术教育》2008 年第 10 期。

李菲、李保强：《高校女大学生"中性化"问题探讨》，《黑龙江高教研究》2007 年第 2 期。

李红梅：《大学生道德同一性特点及相关因素研究》，硕士学位论文，陕西师范大学，2010 年。

李雪峰、关香丽：《大学生尊严感现状与对策的实证研究》，《山东商业职业技术学院学报》2013 年第 4 期。

李幼穗：《信仰现状的心理学研究》，《心理科学》2002 年第 6 期。

梁栋青：《大学生网络社会支持与主观幸福感的相关研究》，《中国健康心理学杂志》2010 年第 8 期。

梁丽萍：《中国传统社会汉民族的宗教观与宗教信仰——历史与文化的考察》，《中州学刊》2002 年第 6 期。

梁晓燕：《网络社会支持对青少年心理健康的影响机制研究》，博士学位论文，华中师范大学，2008 年。

廖非：《从金钱观来看当代大学生的价值观》，硕士学位论文，广西师范大学，2006 年。

林彬、岑国桢：《建构学生道德自我初探》，《心理科学》2002 年第 1 期。

刘国雄、方富熹：《关于儿童道德情绪判断的研究进展》，《心理科学进展》2003 年第 11 期。

刘建军：《传统文化中的信仰概念》，《中国人民大学学报》1998 年第 5 期。

刘莉：《大学生道德自我概念对利他行为倾向影响的实证研究》，硕士学位论文，广州大学，2013 年。

刘仁贵：《道德认同概念辨析》，《伦理学研究》2014 年第 6 期。

刘玉梅：《危机与重建：网络中的青少年同一性问题分析》，《武汉理工大学学报》（社会科学版）2008 年第 6 期。

罗喆慧、万晶晶等：《大学生网络使用、网络特定自我效能与网络成瘾的关系》，《心理发展与教育》2010 年第 6 期。

马晓辉、雷雳：《青少年网络道德与其网络亲社会行为的关系》，《心理科学》2011 年第 2 期。

梅萍：《论西方国家道德认同的方式与启示》，《广西教育学院学报》
　　2008 年第 5 期。

牡丹：《初中学生自我概念发展的调查比较研究》，《前沿》1997 年第
　　10 期。

潘红霞：《大学生自尊、道德自我认同和人际侵犯动机的关系研究》，
　　《黑龙江教育学院学报》2014 年第 8 期。

彭庆红、樊富珉：《大学生网络利他行为及其对高校德育的启示》，
　　《思想理论教育导刊》2005 年第 12 期。

钱铭怡、戚健俐：《大学生羞耻和内疚差异的对比研究》，《心理学
　　报》2002 年第 6 期。

乔建中、王蓓：《霍夫曼虚拟内疚理论述评》，《心理科学探新》2003
　　年第 3 期。

饶燕婷、张红霞、李晓铭：《家庭环境与大学生抑郁和疏离感的关
　　系》，《心理发展与教育》2004 年第 1 期。

任俊、高肖肖：《道德情绪：道德行为的中介调节》，《心理科学进
　　展》2011 年第 8 期。

任俊、周凌、罗劲：《情绪变化的最近发展探讨》，《浙江师范大学学
　　报》（社会科学版）2010 年第 1 期。

邵永选：《休谟人格同一性理论的两个维度》，《九江学院学报》（社
　　会科学版）2012 年第 2 期。

施承孙、钱铭怡：《羞耻和内疚的差异》，《心理学动态》1999 年第
　　7 期。

宋兴川、金盛华：《不同年级和专业大学生精神信仰的研究》，《心理
　　发展与教育》2006 年第 1 期。

宋兴川、金盛华：《大学生精神信仰的现状研究》，《心理科学》2004
　　年第 4 期。

孙书平：《社会主义核心价值体系建设与当代青少年的民族信仰养
　　成》，《青少年研究》2009 年第 4 期。

唐芳贵、寄国桢：《大学生德性自我意象初探》，《心理科学》2010 年
　　第 4 期。

田学红、杨群、张德玄、张烨：《道德直觉加工机制的理论构想》，

《心理科学进展》2011 年第 10 期。

万晶晶、张锦涛等:《大学生心理需求网络满足问卷的编制》,《心理与行为研究》2010 年第 2 期。

万美容、曾兰:《"90 后"女大学生心理特点的实证研究——基于与男大学生的比较》,《中国青年研究》2014 年第 4 期。

万增奎:《道德同一性的心理发展与建构》,博士学位论文,南京师范大学,2008 年。

万增奎:《道德同一性及其建构》,《外国教育研究》2009 年第 12 期。

万增奎:《论哈特道德同一性的构建观》,《理论界》2006 年第 10 期。

万增奎:《西方德育心理学研究的新主题:道德同一性》,《黑龙江高教研究》2007 年第 5 期。

王晓丽:《现代语境中的道德认同》,《道德与文明》2015 年第 4 期。

王滨、王海滨、杨爽:《大学生网络游戏成瘾与学习倦怠的关系》,《中国心理卫生杂志》2007 年第 12 期。

王小璐、风笑天:《网络中的青少年利他行为新探》,《广西青年干部学院学报》2004 年第 55 期。

王馨竹:《大学生金钱结构的特点、结构与影响因素研究》,博士学位论文,辽宁师范大学,2011 年。

王兴超、杨继平:《道德认同与大学生亲社会行为:道德认同的调节作用》,《心理科学》2013 年第 4 期。

王云强、郭本禹:《当代西方道德人格研究的两类取向》,《心理科学进展》2009 年第 4 期。

魏岚、梁晓燕、高培霞:《大学生网络交往动机与网络社会支持关系研究》,《中国学校卫生》2007 年第 7 期。

吴璟菁:《论"道德"——道德概念与定义思路》,《江西师范大学学报》(哲学社会科学版)2011 年第 1 期。

吴鹏:《内疚、同情与网络助人行为的关系及影响因素研究》,博士学位论文,华中师范大学,2013 年。

谢熹瑶、罗跃嘉:《道德判断中的情绪因素——从认知神经科学的角度进行探讨》,《心理科学进展》2009 年第 6 期。

徐安琪:《家庭价值观的变迁特征探析》,《中州学刊》2013 年第

4 期。

徐海燕、徐学俊、李启明：《大学生家族主义及其与未来时间洞察力、主观幸福感的关系》，《内江师范学院学报》2012 年第 2 期。

徐平、迟毓凯：《道德判断的社会直觉模型述评》，《心理科学》2007 年第 2 期。

许丽平等：《大学生宗教观念的特征及其引导》，《思想教育研究》2005 年第 9 期。

许丽莎：《道德同一性和敏感性对道德行为的影响研究》，硕士学位论文，杭州师范大学，2011 年。

许琼妍等：《大学生宗教信仰状况与特点调查研究报告》，《时代金融》2007 年第 5 期。

杨继平、王兴超等：《道德推脱的概念、测量及相关变量》，《心理科学进展》2010 年第 4 期。

杨韶刚：《品德教育：一种新的教育心理学研究取向》，《思想·理论·教育》2002 年第 5 期。

杨韶刚：《什么是有道德的人——当代心理学向科尔伯格提出的挑战》，《教育理论与实践》2003 年第 4 期。

杨韶刚、万增奎：《父母文化程度与职业对青少年同一性的影响研究》，《教育导刊》2009 年第 5 期。

杨桃莲：《大学生自我认同的建构——基于大学生博客分析》，博士学位论文，复旦大学，2009 年。

杨泽波：《麦金太尔解决休谟伦理难题的贡献与困惑》，《现代哲学》2002 年第 2 期。

余达淮、刘静：《道德判断与道德行为关系研究的进展分析》，《外国教育研究》2011 年第 6 期。

俞国良、赵军燕：《自我意识情绪：聚焦于自我的道德情绪研究》，《心理发展与教育》2009 年第 2 期。

张兰玲：《大学生基本素质的城乡基础差异及教育对策研究》，《开封大学学报》2001 年第 2 期。

张奇、王锦：《大学生自尊与社会支持》，《心理与行为研究》2007 年第 5 期。

张晓贤、徐琴美:《人际因素促进 5—9 岁儿童内疚情绪理解的研究》,《心理科学》2010 年第 4 期。

赵欢欢、张和云、刘勤学、王福兴、周宗奎:《大学生特质移情与网络利他行为:网络社会支持的中介效应》,《心理发展与教育》2012 年第 5 期。

赵宗宝等:《大学生宗教观现状分析及良性变化对策》,《河北科技师范学院学报》(社会科学版) 2007 年第 3 期。

郑丹丹、凌智勇:《网络利他行为研究》,《浙江学刊》2007 年第 4 期。

周详、杨治良、郝雁丽:《理性学习的局限:道德情绪理论对道德养成的启示》,《道德与文明》2007 年第 3 期。

曾晓强:《大学生道德认同、亲社会行为及影响因素研究》,《重庆工商大学学报》(社会科学版) 2012 年第 4 期。

曾晓强:《道德认同研究进展与德育启示》,《重庆工商大学学报》(社会科学版) 2011 年第 4 期。

曾晓强:《国外道德认同研究进展》,《心理研究》2011 年第 4 期。

周红梅、郭永玉:《自我同一性理论与经验研究》,《心理科学进展》2006 年第 1 期。

二　英文部分

Adams, G. R., *Adolescent Identity Formation*, London: Sage Publications, 1992.

Amato, P. R. and Rivera, F., "Paternal Involvement and Children's Behavior Problems", *Journal of Marriage and Family*, 1999, p. 61.

Amichai – Hamburger, Y. and Furnham, A., "The Positive Net", *Computers in Human Behavior*, Vol. 23, 2007, pp. 1033 – 1045.

Aquino, K. and Reed, A. II, "The Self – Important of Moral Identity", *Journal of Personality and Social Psychology*, Vol. 83, 2002, pp. 1423 – 1440.

Aquino, K., Freeman, D., Reed, A., Lim, V. K. G. and Felps, W., "Testing a Social – Cognitive Model of Moral Behavior: The Interactive Influence of Situations and Moral Identity Centrality", *Journal of Person-*

ality and Social Psychology, Vol. 97, No. 1, 2009, pp. 123 –141.

Aquino, K., McFerran, B. and Laven, M., "Moral Identity and the Experience of Moral elevation in Response to Acts of Uncommon Goodness", *Journal of Personality and Social Psychology*, Vol. 100, No. 4, 2011, pp. 703 – 718.

Aquino, K., Reed, A., Thau, S. et al., "A Grotesque and Dark Beauty: How Moral Identity and Mechanisms of Moral Disengagement Influence Cognitive and Emotional Reactions to War", *Journal of Experimental Social Psychology*, Vol. 43, 2007, pp. 385 – 392 .

Bandura, A., *Social Foundations of Thought and Action*, Englewood Cliffs, NJ: Prentice Hall, 1986.

Baron, R. M. and Kenny, D. A., "The Moderator Mediator Variable Distinction in Social Psychological Research: Conceptual, Strategic, and Statistical Considerations", *Journal of Personality and Social Psychology*, Vol. 51, No. 6, 1986, pp. 1173 – 1182.

Batson, C. D., "Prosocial Motivation: Is it Ever Truly Altruistic?", *Social Psychology*, Vol. 20, 1987, pp. 65 – 122.

Bergman, R., "Why be Moral? A Conceptual Model from Developmental Psychology", *Human Development*, Vol. 45, 2002, pp. 104 – 124.

Blasi, A., "Bridging Moral Cognition and Moral Action: A Critical Review of the Literature", *Psychological Bulletm*, Vol. 1, 1980, pp. 1 – 4.

Bosma, H. A. and Kunnen, E. S., *Identity and Emotion: Development Through Self Organization*, Cambridge, England: Cambridge University Press, 2001.

Bucciarelli, M., Khemlani, S. and Johnson – Laird, P. N., "The Psychology of Moral Reasoning", *Judgment and Decision Making*, Vol. 3, 2008, pp. 121 – 139.

Bucher, A. A., "The Influence of Models in Forming Moral Identity", *International Journal of Educational Research*, Vol. 27, 1998, pp. 619 – 627.

Calvete, E., Orue, I., Esté Vez, A., Villardón, L. and Padilla, P.,

"Cyberbullying in Adolescents: Modalities and Aggressors' Profile", *Computers in Human Behavior*, Vol. 26, 2010, pp. 1128 – 1135.

Carlo, G. and Randall, B. A. , "The Development of a MEasure of Prosocial Behaviors for Late Adolescents", *Journal of Youth and Adolescence*, Vol. 3, No. 1, 2002, pp. 31 – 44.

Carlo, G. , Hausmann, A. , Christ, Iansen S. and Randall, B. A. , "Sociocognitive and Behavioral Correlates of a Measure of Prosocial Tendencies for Adolescents", *Journal of Early Adolescence*, Vol. 23, No. 1, 2003, pp. 107 – 134.

Caspi, A. and Gorsky, P. , "Online Deception: Prevalence, Motivation and Emotion", *Cyber Psychology and Behavior*, Vol. 9, No. 1, 2006, pp. 54 – 49.

Coke, J. S. , Batson, C. D. and McDavis, K. , "Empathic Mediation of Helping: A Two – Stage Model", *Journal of Personality and Social Psychology*, Vol. 36, No. 7, 1978, pp. 752 – 766.

Colby, A. and Damon, W. , *Some Do Care: Contemporary Lives of Moral Commitment*, New York: The Free Press, 1992.

Curtis, V. , Aunger, R. and Rabie, T. , "Evidence That Disgust Evolved to Protect From Risk of Disease", *Proceedings of the Royal Society B*, Vol. 271, 2004, pp. 131 – 133.

Damon, W. and Gregory, A. , "The Youth Charter: Towards the Formation of Adolescent Moral Identity", *Journal of Moral Education*, Vol. 26, No. 2, 1997, pp. 117 – 131.

Damon, W. , "Self – Understanding and Moral Development from Childhood to Adolescence", In W. M. Kurtines and J. L. Gewirtz eds. , *Morality, Moral Behavior, and Moral Development*, New York: Wiley, 1984.

Damon, W. , "The Moral Development of Children", *Scientific American*, Vol. 281, No. 2, 1999, pp. 72 – 78.

Damon, W. , *Identity in Business, The Moral Advantage: How to Succeed in Business by Doing the Right Thing*, Berrett – Koehler Publisher,

2004, p. 174.

Damon, W. , *The Moral Advantage: How to Succeed in Business by Doing the Right Thing*, San Francisco: Berrett – Koehler Publishers, 2004.

Damon, W. and Gregory, A. , "The Youth Charter: Towards the Formation of Adolescent Moral Identity", *Journal of Moral Education*, Vol. 26, No. 2, 1997, pp. 117 – 131.

Damon, W. and Hart, D. , "Self – Understanding and Its Role in Social and Moral Development", In M. Bornstein and M. Lamb eds. , *Developmental Psychology: An Advanced Text Book*. Hillsdale, NJ: Lawrenee Erlbaum Associates, 1992, pp. 421 – 464.

Davidson, P. and Youniss, J. , *Which Comes Frist, Morality or Identitiy?* Hillsdale, NJ: Erlbaum, 1991.

de Hooge, I. E. , Zeelenberg, M. and Breugelmans, S. M. , "Moral Sentiments and Cooperation: Differential Influences of Shame and Guilt", *Cognition and Emotion*, Vol. 21, No. 5, 2007, pp. 1025 – 1042.

Denegri – Knott, J. and Taylor, J. , "The Labeling Game: A Conceptual Exploration of Deviance on the Internet", *Social Science Computer Review*, Vol. 23, No. 1, 2005, pp. 93 – 107.

Eisenberg, N. , Fabes, R. A. and Spinrad, T. L. , "Prosocial Development", In N. Eisenberg, W. Damon and R. M. Lerner eds. , *Social, Emotional, and Personality Development* (6th ed) . *Handbook of Child Psychology*. Hoboken, NJ: USA: John Wiley and Sons Inc. , 2006.

Eisnberg, N. , "Emotion, Regulation and Moral Development", *Annual Review of Psychology*, Vol. 51, 2000, pp. 665 – 697.

Fenigstein, A. , Scheier, M. F. and Buss, A. H. , "Public and Private Self – Consciousness: Assessment and Theory", *Journal of Consulting and Clinical Psychology*, Vol. 43, 1975, pp. 522 – 527.

Finfgeld, D. L. , "Therapeutic Groups Online: The Good, the Bad, and the Unknown", *Issues in Mental Health Nursing*, Vol. 21, No. 3, 2000, pp. 241 – 255.

Fiske, S. T. , "*Sehema*", In A. E. Kazdin eds. , *Encyclopedia of Psy-*

chology . Washington D. C. ： American Psychological Association，
Vol. 7， 2000， pp. 158 – 160.

Frimer， J. A. and Walker， L. J. ， "Reconciling the Self and Morality： An
Empirical Model of Moral Centrality Development"， *Developmental
Psychology*， Vol. 45， 2009， pp. 1669 – 1681.

Gibbs， J. C. ， *Moral Development and Reality： Beyond the Theories of
Kohlberg and Hoffman*， Thousand Oaks， CA： Sage， 2003.

Greene， J. ， "From Neural 'is' to Moral 'ought'： What are the Moral
Implications of Neuroscientific Moral Psychology?"， *Nature Reviews
Neuroscience*， Vol. 10， No. 10， 2003， pp. 846 – 849.

Haidt， J. ， "The Emotional Dog and Its Rational Tail： A Social Intuitionist
Approach to Moral Judgement"， *Psychological Review*， Vol. 108，
2001， pp. 814 – 834.

Haidt， J. and Graham， J. ， "When Morality Opposes Justice： Conserva-
tives Have Moral Intuitions That Liberals May Not Recognize"， *Social
Justice Research*， Vol. 20， 2007， pp. 98 – 116.

Hardy， S. A. ， "Ldentity， Reasoning， and Emotions： An Empirical
Comparison of Three Sourses of Moral Motivations"， *Motiv Emot*，
Vol. 30， 2006， pp. 207 – 215.

Hardy， S. A. ， Bhattacharjee， A. ， Reed， A. and Aquino， K. ， "Moral
identity and Psychological Distance： The Case of Adolescent Parental
Socialization"， *Journal of Adolescence*， Vol. 33， No. 1， 2010， pp.
111 – 123.

Hart， D. ， "The Development of Moral Identity"， In Carlo， G. and Ed-
wards， C. P. eds， *Moral Motivation through the Lifespan： Theory，
Research， and Application*， Lincoln， NE： University of Nebraska
Press， 2005.

Hart， D. and Fegley， S. ， "Prosocial Behavior and Caring in Adolescence：
Relations to Self – Understanding and Social Judgment"， *Child Devel-
opment*， Vol. 66， 1995， pp. 1346 – 1359.

Hart， D. and Matsuba， M. K. ， "The Development of Pride in Moral

Life", In J. L. Tracy, R. W. Robins and J. P. Tangney eds. , *The Self-conscious Emotions*: *Theory and Research*, New York: Guilford Press, 2007, Retrieved December 10, 2010, from http: //www. google. com/books.

Hart, D. and Yates, M. , Ideniity and Self in Adolescence, *Annals of Child Development*, 1997, pp. 207 – 242.

Hart, D. , Atkins, R. and Ford, D. , "Urban Ameriea as a Context For the Development of Moral Identity in Adolescence", *Journal of Social Issues*, Vol. 54, 1998, pp. 513 – 530.

Hart, D. , Burock, D. and London, B. , "Prosocial Tendencies, Antisocial Behavior, and Moral Development in Childhood", In A. Slater, and G. Bremner eds. , *Introduction to Developmental Psychology*, Oxford: Blackwell, 2003, pp. 334 – 356.

Hart, D. , Yates, M. , Fegley, S. and Wilson, G. , "Moral Commitment in Adolescence", In M. Killen and D. Hart eds. , *Morality in Everyday Life*: *Developmental Perspectives*, Cambridge, England: Cambridge University Press, 1995, pp. 317 – 341.

Harter, S. , *The Self – perception Profile for Children* (manual), Denver, Co: University of Denver, 1985.

Harter, S. , Marold, B. D. , Whitesell, R. N. et al. , "A model of the Effects of Perceived Parent and Peer Support on Adolescent False Self Behavior", *Child Development*, Vol. 67, 1996, pp. 360 – 374.

Hoffman, M. L. , "Moral Development", In P. Mussen eds. , *Handbook of Child Psychology*, New York, NY: John Wiley, 1970, 261 – 361.

Huebner, B. , Dwyer, S. and Hauser, M. , "The Role of Emotion in Moral Psychology", *Trends in Cognitive Sciences*, Vol. 13, 2009, pp. 1 – 6.

Hutcherson, C. A. and Gross, J. J. , "The Moral Emotions: A Social – Functionalist Account of Anger, Disgust and Contempt", *Journal of Personality and Social Psychology*, Vol. 100, 2011, pp. 719 – 737.

Jackson, S. and Bosma, H. A. D. , "Development Research on Adolescence: European Perspectives for the 1990s and Beyond", *British Journal of Development Psychology*, Vol. 10, No. 4, 1992, pp. 319 – 337.

Jones, A. and Fitness, J. , "Moral Hypervigilance: The Influence of Disgust Sensitivity in the Moral", *Domain Emotion*, Vol. 8, 2008, pp. 613 – 627.

Judd, C. M. and Kenny, D. A. , "Process Analysis: Estimating Mediation Intreat Ment Evaluations", *Evaluation Review*, Vol. 5, No. 5, 1981, pp. 602 – 619.

Keller, M. and Edelstein, W. , "The Development of the Moral Self From Childhood to Adolescence: Some Implications for Moral Functioning", In G. G. Naom and T. E. Wren eds. , *The Moral Self*, Cambridge, MA: MIT Press, 1993.

Kessler, R. C. , Price, R. H. and Wortman, C. B. , "Social Factors in Psychopathology: Stress, Social Support and Coping Process", *Annual Review of Psychology*, Vol. 36, 1985, pp. 531 – 572.

Kohlberg, L. , *The Philosophy of Moral Development: Moral Stages and the Idea of Justice*, San Francisco: Harper and Row, 1981.

Krettenauer, T. and Eichler, D. , "Adolescents' Self – attributed Moral Emotions Following a Moral transgression: Relations with Delinquency, Confidence in Moral Judgment and age", *Brith Journal of Development*, *Psychology*, Vol. 24, 2006, pp. 489 – 506.

Lapsley, D. K. , "Moral Self – identity as the Aims of Education", In Nucci, L. and Narvaez, D. eds. , *Handbook of Moral and Character Education*, Mahwah, NJ: Lawrence Erlbaum Associates, 2008.

Lapsley, D. K. , *Moral Psychology*, Boulder, CO: Westview Press, 1996.

Lapsley, D. K. and Hill, P. L. , "The Development of the Moral Personality", In D. Narvaez and D. Lapsley eds. , *Personality, Identity, and Character: Explorations in Moral Psychology*, New York: Cambridge University Press, 2009.

Lapsley, D. K. and Narvaez, D. , "A Social Cognitive Approaech to the Moral Personality", In D. K. Lapsley and D. Narvaez eds. , *Moral De-*

velopment, *Self, and Identity*, Mahwah, NJ: Erlbaum, 2004.

Lapsley, D. K. and Narvaez, D. , "Character Education", In R. Lerner, and W. Damon eds. , *Handbook of Child Psychology*, New York: Wiley, 2006, pp. 248 – 296,

Lee, S. W. S. and Schwarz, N. , "Dirty Hands and Dirty Mouths: Embodiment of the Moral – purity Metaphor is Specifi to the Motor Modality Involved in Moral Transgression", *Psychological Science*, Vol. 21, 2010, pp. 1423 – 1425.

Lewis, M. , "Self – conscious Emotions: Embarrassment, Pride, Shame, and Guilt", In Lewis, M. , Havil and Jones, J. M. eds. , *Handbook of Emotions* (2nd ed) . New York: Guilford, 2000, pp. 623 – 636.

Marcia, J. E. , "Development and Validation of Ego – identity Status", *Journal of Personality and Social Psychology*, Vol. 3, 1966, pp. 551 – 558.

Marquardt, N. and Hoeger, R. , "The Effect of Implicit Moral Attitudes on Managerial Decision – Making: An Implicit Social Cognition Approach", *Journal of Bussiness Ethics*, Vol. 85, No. 2, 2009, pp. 157 – 171.

Marsh, H. W. , "The Hierarchical Structure of Self – Concept and the Application of Hierarchical Confirmatory Factor Analysis", *Journal of Educational Measurement*, Vol. 24, 1987, pp. 17 – 39.

Mascolo, M. F. and Fischer, K. W. , "Developmental Transformations in Appraisals for Pride, Shame, and Guilt", In J. P. Tangney and K. W. Fischer eds. , *Self – Conscious Emotions: The Psychology of Shame, Guilt, Mbarrassment, and Pride*, New York, US: Guilford Press, 1995, pp. 64 – 113,

Mazar, N. and Ariely, D. , "The Dishonesty of Honest People: A Theory of Self – Concept Maintenance", *Journal of Marketing Research*, Vol. 45, 2008, pp. 633 – 644.

McCullough, M. E. , Kilpatrick, S. D. , Emmons, R. A. and Larson, D. B. , "Is Gratitude a Moral Affect?", *Psychological Bulletin*, Vol. 127, 2001, pp. 249 – 266.

McKenna, K. and Bargh, J. A. , "Plan 9 From Cyberspace: The Implications of the Internet for Personality and Social Psychology", *Personality and Social Psychology Review*, Vol. 4 No. 1, 2000, pp. 57 – 75.

Mitchell, M. E. , Lebow, J. R. , Uribe, R. , Grathouse, H. and Shoger, W. , "Internet Usehappiness, Social Support and Introversion: A More Fine Grained Analysis of Person Variables and Internet Activity", *Computers in Human Behavior*, Vol. 27, 2011, pp. 1857 – 1861.

Morf, C. C. and Rhodewalt, F. , "Unraveling the Paradoxes of Narcissism: A Dynamic Self Regulatory Processing Model", *Psychological Inquiry*, Vol. 12, 2001, pp. 177 – 196.

Moshman, D. , *Adolescent Psychological Development: Rationality, Morality, and Identity*, Mahwah, NJ: Lawrence Erlbaum, 2005.

Nasir, N. S. and Kirshner, B. , "The Cultural Construction of Moral and Civic Identity", *Applied Developmental Science*, Vol. 7, No. 3, 2003, pp. 138 – 147.

Nelissen, R. M. A. and Zeelenberg, M. , "When Guilt Evokes Self – Punishment: Evidence for the Existence of a Dobby Effect", *Emotion*, Vol. 9, 2009, pp. 118 – 122.

Noam, G. G. and Wren, T. E. , *The Moral Self*, Cambridge, MA: The MIT Press, 1993, pp. 310 – 336.

Nucci, L. , "Reflection on the Moral Self Construct", In D. K. Lapsley and D. Narvaez eds. , *Moral Development, Self, and Identity*, Mahwah, NJ: Erlbaum, 2004, pp. 111 – 132.

Oaten, M. , Stevenson, R. J. and Case, T. I. , "Disgust as a Disease – Avoidance Mechanism", *Psychological Bulletin*, Vol. 135, 2009, pp. 303 – 321.

Paxton, J. M. and Greene, J. D. , "Moral Reasoning: Hints and Allegations", *Topics in Cognitive Science*, Vol. 2, 2010, pp. 511 – 527.

Perugini, M. and Leone, L. , "Implicit Self – Concept and Moral Action", *Journal of Research in Personality*, Vol. 43, 2009, pp. 747 – 754.

Pratt, M. W. , Arnold, M. L. and Lawford, H. , "Growing Towards

Care: A Narrative Approach to Prosocial Moral Identity and Generativity of Personality in Emerging Adulthood", In D. Narvaez and D. K. Lapsley eds. , *Personality, Identity, and Character: Explorations in Moral Psychology*, New York: Cambridge University Press, 2009.

Reed, A. II and Aquino, K. , "Moral Identity and the Expanding Circle of Moral Regard Out – Groups", *Journal of Personality and Social Psychology*, Vol. 84, 2003, pp. 1270 – 1286.

Reynolds, S. J. and Ceranic, T. L. , "The Effects of Moral Judgment and Moral Identity on Moral Behavior: An Empirical Examination of the Moral Individual", *Journal of Applied Psychology*, Vol. 92, 2007, pp. 1610 – 1624.

Rozin, P. , Haidt, J. and Fincher, K. , "From Oral to Moral", *Science*, Vol. 323, 2009, pp. 1179 – 1180.

Rozin, P. , Lowery, L. and Ebert, R. , "Varieties of Disgust Faces and the Structure of Disgust", *Journal of Personality and Social Psychology*, Vol. 66, 1994, pp. 870 – 881.

Sachdeva, S. , Lliev, R. and Medin, D. L. , "Sinning Saints and Saintly Sinners: The Paradox of Moral Self – Regulation", *Psychological Science*, Vol. 20, 2009, pp. 523 – 528.

Sage, L. , Kavussanu, M. and Dadu, J. , "Goal Orientations and Moral Identity as Predictors of Prosocial and Antisocial Functioning in Male Asspciation Football Players", *Journal of Sports Science*, Vol. 24, No. 5, 2006, pp. 455 – 466.

Sarason, B. R. , Pierce, G. R. , Bannerman, A. and Sarason, I. G. , "Investigating the Antecedents of Perceived Social Support: Parents' Views of and Behavior Toward Their Children", *Journal of Personality and Social Psychology*, Vol. 65, No. 5, 1993, pp. 1071 – 1085.

Scarpa, A. and Haden, S. C. , "Community Violence Vitimization and Aggressive Behavior: The moderating Effects of Coping and Social Support", *Aggressive Behavior*, Vol. 32, 2006, pp. 502 – 515.

Schimel, J., Wohl, M. J. A. and Williams, T., "Terror Management and Trait Empathy: Evidence That Mortality Salience Promotes Reactions of Forgiveness Among People with High (vs. low) trait Empathy", *Motivation and Emotion*, Vol. 30, 2006, pp. 217 – 227.

Schnall, S., Benton, J. and Harvey, S., "With a Clean Conscience: Cleanliness Reduces the Severity of Moral Judgments", *Psychological Science*, Vol. 9, 2008, pp. 1219 – 1222.

Schwartz, S. H., "A theory of Cultural Values and Some Implications for Work", *Applied Psychology – An International Review*, Vol. 48, No. 1, 1999, pp. 23 – 47.

Smallbone, S. W., Wheaton, J. and Hourigan, D., "Trait Empathy and Criminal Versatility in Sexual Offenders", *Sexual Abuse: A Journal of Research and Treatment*, Vol. 15, No. 1, 2003, pp. 49 – 60.

Stets, J. E., "The Social Psychology of Moral Identitiy", In S. Hiltin and S. Vaisey eds., *Handbook of the Sociology of Morality*, New York: Springer, 2010.

Stets, J. E. and Michael, J. C., *The Moral Identity: A Principle Level Identity in Purpose, Meaning and Action: Control Systems Theories in Sociology*, Edited by Kent McClelland and Thomas J. Fararo, New York: Palgrave Macmillan, 2006.

Suter, R. S. and Hertwig, R., "Time and Moral Judgment", *Cognition*, Vol. 119, No. 3, 2011, pp. 454 – 458.

Tangney, J. P., Stuewig, J. and Mashek, D. J., "Moral Emotions and Moral Behavior", *Annual Review of Psychology*, Vol. 58, 2007, pp. 345 – 372.

Thomas R. Murray, *An Integrated Theory of Moral Development*, Westport, Connecticut: Greenwood Press, 1997.

Tichon, J. G. and Shapior, M., "The Process of Sharing Social Support in Cyberspace", *Cyber Psychology and Behavior*, Vol. 6, No. 2, 2003, pp. 131 – 170.

Tracy, J. L. and Robins, R. W., "Emerging Insights into the Nature and

Function of Pride", *Current Directions in Psychological Science*, Vol. 16, 2007, pp. 147 – 150.

Tracy, J. L. and Robins, R. W., "The Psychological Structure of Pride: A tale of Two Facets", *Journal of Personality and Social Psychology*, Vol. 92, No. 3, 2007, pp. 506 – 525.

Tracy, J. L. and Robins, R. W., "Appraisal Antecedents of Shame and Guilt: Support for a Theoretical Model", *Personality and Social Psychology Bulletin*, Vol. 32, No. 10, 2006, pp. 1339 – 1351.

Turiel, E., *The Culture of Morality*, Cambridge, UK: Cambridge Univeristy Press, 2002.

Turner, J. C. and Oakes, P. J., "The Significance of the Social Identity Concept for Social Psychology with Reference to Individualism, Interactionism, and Social Influence", *British Journal of Social Psychology*, Vol. 25, 1986, pp. 237 – 252.

Tybur, J. M., Lieberman, D. and Griskevicius, V., "Microbes, Mating, and Morality: Individual Differences in Three Functional Domains of Disgust", *Journal of Personality and Social Psychology*, Vol. 97, 2009, pp. 103 – 122.

Vitaglione and Dante, G., "Empathic Anger As a Predictor of Punishing and Helping Behaviors", *Kansas State University*, PQDD, DAI – B 59/09, 1999, p. 5172.

Walker, L. J., "The Perceived Personality of Moral Exemplars", *Journal of Moral Education*, Vol. 28, No. 2, 1999, pp. 145 – 162.

Walker, L. J. and Pitts, R. C., "Naturalistic Conceptions of Moral Naturity", *Developmental Psychology*, Vol. 34, 1998, pp. 403 – 419.

Waterman, A. S., *Identity in Adolescence: Processes and Contents*, London: Jossey – Bass Inc., 1985.

Welchman, K., *Erik Erikson: His Life, Work and Significance*, Philadephia: Open Univerisy Press, 2000, pp. 127 – 128.

Winterich, K. P., Mittal, V. M. and Ross, W. T. Jr., "Donation Behavior Toward in Groups and Out – Groups: The Role of Gender and Moral

Identity", *Journal of Consumer Research*, Vol. 36, 2009, pp. 199 – 215.

Wowra, S. A., "Moral Identity, Social Anxiety, and Academic Dishonesty Among American College Students", *Ethics and Behavior*, Vol. 17, 2007, pp. 303 – 321.

Wren, T., *Caring about Morality: Philosophical Perspectives on Moral Psychology*, MIT Press, Cambrige, MA, 1991.

Yates, M. and Youniss, J., "A Developmental Perspective on Common Service in Adolescence", *Social Developnent*, Vol. 5, No. 1, 1996, pp. 85 – 111.

Youniss, J. and Yates, M., *Community Service and Social Responsibility in Youth*, Chicago: The University of Chicago Press, 1997.

Zhong, C. B. and Liljenquist, K., "Washing Away Your Sins: Threatened Morality and Physical Cleansing", *Science*, Vol. 313, 2006, pp. 451 – 1452.

致　谢

　　终于写到最后一页，如释重负，但又百感交集。回顾写作过程，从选题时的困惑、研究进展中的收获、文本撰写时的反思，一直到本书的最终成稿，整个过程伴随了自己的成长，心中满溢感恩之情。

　　感谢我的博士后导师秦在东教授对我的指导和培养，本书在撰写过程中，秦老师提出了许多宝贵意见，让我获益颇丰。感谢敬爱的张耀灿教授，在本书的修改、定稿过程中，张老师给予了许多修改建议。张老师严谨的治学精神、精益求精的工作态度，深深感染和激励着我。感谢华中师范大学马克思主义学院的万美容教授、毕红梅教授、唐克军教授、陈华洲教授、陈万柏教授、梅萍教授、谢守成教授、覃红教授、蔡红生教授、何祥林教授、刘宏达教授、骆军教授、王茂胜教授、刘从德教授、李东升副教授等一直给予我的支持与爱护。感谢姜红老师从生活和工作诸多方面为我提供了方便和帮助。

　　在本书调查研究和写作过程中，感谢洪建中、于翔、徐淮淮、谢成宇、张红霞、丁琳、高鑫、刘阳、薛惠、王昊、肖薇薇、游志麒、潘清泉、童承乾、吕玲、刘峰、陈武、魏华、韩磊、韦应川、王晶、阳雄等老师及好友所给予的热情帮助。在本书的校对过程中，感谢我的学生易柳、周伊、胡岳芳、唐静、韩各各、李新播、曹静静，她们的辛苦工作使本书得以按时完成。我还要感谢我的家人对我的包容与支持，是他们无私的爱和默默的奉献，让我能顺利地完成任务，并让我更加坚定前进的步伐。

　　感谢张耀灿思想政治教育学术研究基金资助本书的出版！同时本书也得到国家社会科学基金教育学青年课题（CBA150157）、中国博士后科学基金、湖北省教育厅人文社会科学研究专项任务基金（15Z035）和国家留学基金资助，在本书即将面世之际，谨对全国教育科学规划办、中国博士后科学基金会、湖北省教育厅和国家留学基金管理委员会的大力支持表示衷心的感谢。

一本成果的面世凝聚着太多人的心血和汗水，想要感谢的人太多，我想唯有自己不断努力，才对得起关心、鼓励和支持我的人们！

平　凡

2016 年 11 月于南湖畔